424年

1564—1988

十大物理学家

改变了人类对宇宙的认识

  2013年，著名的《观察家报》推出了一张科学发展史上"十大物理学家"的名单。这张名单上，牛顿被列在了首位，最后一位是狄拉克。《十大物理学家》这本书按照时间顺序详细介绍了名单上的这十位最著名的天才物理学家。从最早的伽利略到最晚的费曼，探索了他们的个人生活，叙述了他们最重要的物理学发现以及他们是如何在前人的基础上建立起了自己的理论。关于谁是过去400年间最伟大的十位物理学家，从科学家到普罗大众，可能都会有自己不同的意见，但最重要的一条判断准则是他们在多大程度上推动了人类对宇宙的认知和理解。本书作者从这一点出发，很好地给出了自己的解释。

  本书生动、有趣，细挖了这十位天才物理学家生活中很多不为人知的隐秘细节。比如，牛顿在神学研究上花费的时间甚至多于物理学；玻尔因为在一次与国王的接见会上纠正国王的话而惨遭驱逐；伽利略的比萨斜塔故事含有太高编造成分；爱因斯坦从未接受量子理论；法拉第的著名课程曾有超过600人同时上课；居里夫人的绯闻；狄拉克的社交障碍……这些细节丰满了科学家的形象，拉近了他们和我们之间的距离。

  此外，本书还列数了这十位物理学家各自的卓越物理学贡献，从伽利略破除亚里士多德体系到牛顿力学的建立，从爱因斯坦的相对论到玻尔集大成的量子理论，这些理论无一不闪烁着人类最顶尖的智慧光芒，也是我们今天社会的基础所在。

  本书是一本向大师致敬的科普图书，也是一本简略的物理学史书。借由大师们的生平传记，介绍了现代物理学理论的发展历程，看大师如何站在巨人的肩膀上，前赴后继地推动人类对世界的认识。

科学可以这样看丛书

Ten Physicists
十大物理学家

他们改变了人类对世界的认识

〔英〕罗德里·埃文斯（Rhodri Evans）
布莱恩·克莱格（Brian Clegg） 著
向梦龙 译

巨人排行榜
四百年奠定物理学的基石
颠覆人类认知，推动科学进入快车道

重庆出版集团 重庆出版社

TEN PHYSICISTS WHO TRANSFORMED OUR UNDERSTANDING
OF REALITY By BRIAN CLEGG AND RHODRI EVANS
Copyright © Rhodri Evans and Brian Clegg 2015
This edition arranged with LITTLE, BROWN BOOK GROUP LIMITED
through Big Apple Agency, Inc., Labuan, Malaysia.
Simplified Chinese edition copyright © 2017 Chongqing Publishing
House Co., Ltd.
All rights reserved

版贸核渝字(2015)第 331 号

图书在版编目(CIP)数据

十大物理学家/(英)布莱恩·克莱格,(英)罗德里·埃文斯著；向梦龙译. —重庆：重庆出版社,2017.10(2020.7 重印)
(科学可以这样看丛书/冯建华主编)
书名原文：Ten Physicists
ISBN 978-7-229-12321-5

Ⅰ.①十… Ⅱ.①布… ②罗… ③向… Ⅲ.①理学家—生平事迹—世界 Ⅳ.①K816.11

中国版本图书馆 CIP 数据核字(2017)第 137154 号

十大物理学家

Ten Physicists
〔英〕罗德里·埃文斯(Rhodri Evans)　布莱恩·克莱格(Brian Clegg)　著
向梦龙　译

责任编辑：连　果
责任校对：朱彦谚
封面设计：博引传媒·何华成

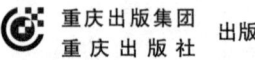 出版

重庆市南岸区南滨路 162 号 1 幢　邮政编码：400061　http://www.cqph.com
重庆出版集团艺术设计有限公司制版
重庆市国丰印务有限责任公司印刷
重庆出版集团图书发行有限公司发行
E-MAIL:fxchu@cqph.com　邮购电话：023-61520646
全国新华书店经销

开本：710mm×1000mm　1/16　印张：15.25　字数：210 千
2017 年 10 月第 1 版　2020 年 7 月第 4 次印刷
ISBN 978-7-229-12321-5
定价：39.80 元

如有印装质量问题，请向本集团图书发行有限公司调换：023-61520678

版权所有　　侵权必究

For our respective families
Maggie, Meirin, Siân-Azilis and Esyllt
Gillian, Chelsea and Rebecca

献给
我们各自的家人
玛吉、梅林、沙恩–阿泽利斯和艾施特
吉莉恩、切尔西和丽贝卡

感谢邓肯·普劳德富特(Duncan Proudfoot)和罗宾逊(Robinson)出版公司的所有人,谢谢他们的支持。感谢史蒂文·温伯格(诺贝尔物理学奖获得者)抽出时间来帮助我们。

目录

1 □ 序言
1 □ 引言

3 □ 1 伽利略·伽利雷
25 □ 2 艾萨克·牛顿
53 □ 3 迈克尔·法拉第
73 □ 4 詹姆斯·克拉克·麦克斯韦
101 □ 5 玛丽·居里
129 □ 6 欧内斯特·卢瑟福
141 □ 7 阿尔伯特·爱因斯坦
165 □ 8 尼尔斯·玻尔
185 □ 9 保罗·狄拉克
207 □ 10 理查德·费曼
223 □ 11 选哪张名单？

十大物理学家排名

1 艾萨克·牛顿（Isaac Newton）
（1643—1727）

2 尼尔斯·玻尔（Niels Bohr）
（1885—1962）

3 伽利略·伽利雷（Galileo Galilei）
（1564—1642）

4 阿尔伯特·爱因斯坦（Albert Einstein）
（1879—1955）

5 詹姆斯·克拉克·麦克斯韦（James Clerk Maxwell）
（1831—1879）

6 迈克尔·法拉第（Michael Faraday）
（1791—1867）

7 玛丽·居里（Marie Curie）
（1867—1934）

8 理查德·费曼（Richard Feynman）
（1918—1988）

9 欧内斯特·卢瑟福（Ernest Rutherford）
（1871—1937）

10 保罗·狄拉克（Paul Dirac）
（1902—1984）

序 言

史蒂文·温伯格

这是一张相当不错的名单。或许有点"盎格鲁中心主义"（Anglocentric）。没人会想着把牛顿（Newton）或者麦克斯韦（Maxwell）从十大物理学家中剔去，而我想要保留卢瑟福（Rutherford）和法拉第（Faraday）。但为什么有狄拉克（Dirac）而没有维尔纳·海森堡（Werner Heisenberg）或者埃尔温·薛定谔（Erwin Schrödinger）？我会在现在这个名单上剔去两个名字（我不会说他们是谁），留下狄拉克，再加上海森堡和薛定谔。我还会加上克里斯蒂安·惠更斯（Christiaan Huygens）和路德维希·玻尔兹曼（Ludwig Boltzmann）。是的，我知道这成了十二大物理学家，但物理学有足够的理由在一张十大名单上列出一打名字。我和我的妻子时常会玩历史十佳电影排名的游戏，到最后却发现我们经常会囊括大约一百部电影。

任何一张这样的名单都会促使人们反思科学和艺术的区别。科学是一种需要积累的事业，不会为先锋们留下什么空间。我们根据以往的科学家对我们现今认知的贡献来评价他们。有一千多年，自然哲学

Ten Physicists

家言及的"物理学"都意指为亚里士多德的物理学。但我们当前的物理学并没有亚里士多德的丝毫贡献（还不如说正好相反），如果要把他放进十大物理学家里面，就是疯了。与之相反的是，我们尊敬 J. M. W. 特纳（J. M. W. Turner）不是因为他是印象派（Impressionism）的先驱，而是因为他画出了美丽的作品。而将荷马（Homer）或者萨福（Sappho）放到十大诗人里面一点都不足为奇。在一张十大（或者十二大）天才物理学家的名单里，我们可以追溯人类在理解世界的进程中留下的历史。

——史蒂文·温伯格（Steven Weinberg）

[美国理论物理学家，他和谢尔登·格兰肖（Sheldon Glashow）及阿卜杜勒·萨拉姆（Abdus Salam）一起，因为对基本粒子间的统一弱相互作用和电磁相互作用理论的贡献，获得了1979年的诺贝尔物理学奖。温伯格先后在康奈尔大学（Cornell）获得学士学位、普林斯顿大学（Princeton）获得博士学位。之后在哥伦比亚大学（Columbia）、加州大学伯克利（Berkeley）分校、麻省理工学院（MIT）、哈佛大学（Harvard）工作，最近是在奥斯丁（Austin）的得克萨斯大学（University of Texas）工作。]

引 言

没有什么比排名更受我们的喜爱了。众多报纸和电视台发现他们策划的大型、廉价的排名游戏总能让人们产生兴趣点。媒体用百佳古典音乐、死前必读的二十本书或者十佳酒店来轰炸我们。读者和观众也喜爱它们。推荐理由和潜在争议混杂在一起产生的吸引力让人很难去拒绝。我们都会想:为什么他们选了这个?为什么他们落下了那个?

如果要给物品排名,你可以轻易地尝试不同的选择并不断地自我检验自己是否认同,但如果涉及到人物,情况就会更加微妙。给富豪排名没有问题,但如果考虑到学术成就,就非常不同了。怎样才能从人类历史上全部的物理学家中选出一个绝对的前十名——就像 2013 年《观察家报》(Observer) 所做的一样?某些人物很难被忽略——牛顿 (Newton) 和爱因斯坦 (Einstein) 涌入脑海——但在稍微不那么著名的水平上,将有足够多的人够资格填补剩下的位置。

更糟糕的是,最伟大的物理学家并不一定是最著名的。例如,一些人可能会惊讶地发现史蒂文·霍金 (Stephen Hawking) 不在其中。毫无疑问,他是尚在世的最有名的物理学家。大众投票很有可能会把他置于前十名的高位上——然而他没有出现在我们的名单上。这并不是因为我们认为他的工作不重要,而是因为另外有一大批物理学家也没有入选——任何熟知该领域的人都会把他们置于霍金之上。

对于这样一张名单牵涉到的紧张状况，一个很好的例证是我们在创作本书时听到的这样的问题："你为什么没把特斯拉（Tesla）放进去？"答案很简单：不能放。尼古拉·特斯拉（Nikola Tesla）没被放入原始名单，而且很难想见他可以进入，因为特斯拉不是一名物理学家。特斯拉从一开始就是一名电气工程师，他在交流电的开发上面迈出了重大的一步，并发明了卓越的交流电动机、高压发电机、无线电控制设备及更多的东西。但他对20世纪的物理学所知甚少。关键在于，尽管某些个人在大众的想象中占有一席之地，但这并不意味着他们够格加入这样一张富有声望的名单。

那么，谁够格呢？让我们再看一看这张完整的名单，它发表在2013年5月12日的《观察家报》，由罗宾·麦凯（Robin McKie）所写的一篇文章上——他是《观察家报》的科技编辑。

1 艾萨克·牛顿（1643—1727）

2 尼尔斯·玻尔（1885—1962）

3 伽利略·伽利雷（1564—1642）

4 阿尔伯特·爱因斯坦（1879—1955）

5 詹姆斯·克拉克·麦克斯韦（1831—1879）

6 迈克尔·法拉第（1791—1867）

7 玛丽·居里（1867—1934）

8 理查德·费曼（1918—1988）

9 欧内斯特·卢瑟福（1871—1937）

10 保罗·狄拉克（1902—1984）

如果要更好地理解为什么这些人物能进入这张名单，我们就需要了解一下物理学的本质及其融入更普遍科学世界的方式。我们可以将自然科学视作一个金字塔，物理学（与数学携手）组成了地基——最基础的一层。化学吸收了物理学中原子和分子的概念，并在更大的尺

引 言

度上研究它们的行为,生物学结合了化学和物理学的工作层面,研究独特的复杂现象,即生命。

这一名单上的男人和女人们在促进我们对于这些基础的理解方面做出了真正的进展。没有物理学——没有这些物理学家的工作(以及其他很多人)——我们现今所知的科学就不会存在,现代世界所依存的技术也不会存在。直到19世纪,科学在工业中的角色仍微不足道。但是,随着机械化的投入使用,物理学就出人头地了——而且它现在还是万物的核心,从智能手机中复杂巧妙的电子技术到冰箱的简单工作原理都离不开它的身影。

正如史蒂文·温伯格在前言中澄清的一样,这一名单并不是唯一可能的选择。麦凯做了一些有趣的决定,最有争议的一个方面就是把尼尔斯·玻尔放在了第二位。很少有人会争论伽利略、牛顿和爱因斯坦的巨大贡献,但玻尔的工作更加微妙,他给了我们第一个可行的原子模型,他还是量子理论发展过程中的首席架构师(如果不是最大的贡献者)。但在整个人类历史上,他能排到第二名?真的可以吗?

阅读这篇原文下面的评论很有意思。撇开对特斯拉被忽略的惊讶反应不谈,许多人指出名单缺少20世纪其他大腕的名字,特别是量子物理学的奠基人们。而且还有一种热烈的请求——不无理由——请求纳入阿基米德(Archimedes)。我们将在终章回顾这一名单的排序,并讨论谁应该或者谁不应该在其上。

一个可以用来筛选20世纪早期以来潜在候选者的指南是诺贝尔奖。当瑞典出生的发明家和炸药大亨阿尔弗雷德·诺贝尔(Alfred Nobel)将他大部分的资产作为奖金颁给那些"在前一年为人类作出巨大贡献"的人时,他不仅仅震惊和伤害了他的家人,他还创造了一个新的机制:宣扬多个领域里那些重大的进展,特别是——对于我们而言的——物理学。

尽管我们不得不在尚无诺贝尔奖参考的基础上选出名单上早期的名字——第一个物理学奖于1901年才被颁布[给了发现X射线的威廉·伦琴(Wilhelm Röntgen)],但从那时起,诺贝尔奖就是杰出的标志。当然，也存在一些问题。这个奖的限制是只能同时颁给最多三个获奖者，且他们在颁奖时必须在世。对于科学研究牵涉到的越来越大的团队来说，这引发了问题——而且研究成果和颁奖时间常发生的滞后也导致了部分潜在的接受者活不到颁奖典礼举行的时候。

此外，虽然物理学界许多著名的人物都成为了诺贝尔获奖者的一员，但浏览获奖者的名单，你会看到许多鲜为人知的名字。问问任何一个人（包括物理学家在内），尼尔斯·古斯塔夫·达伦（Nils Gustaf Dalén）工作的重要性，你会得到一个茫然的表情。这并不令人惊讶，因为尼尔斯·古斯塔夫·达伦发明了"用于灯塔和浮标的自动控制气体照明器"，故而在1912年获得了诺贝尔物理学奖。但事实上，特斯拉比达伦更有资格获得诺贝尔奖，而诺贝尔物理委员会冒险进入技术领域总是令人担忧（例如，因激光获得诺贝尔奖的三个获奖者不包括专利持有人或者建造第一个可行激光器的人）。甚至在纯物理学领域也有争议，比如脉冲星的发现者乔斯琳·贝尔（Jocelyn Bell）被忽略了，而她的老板得到了奖。不过，大部分人都同意诺贝尔奖为寻找十大物理学家的现代成员提供了一个良好的起点。

我们最开始的思路是以与《观察家报》相反的顺序来探索这一名单，一直往上追溯，将金牌献给艾萨克·牛顿。但这又产生了一个新的困惑，这可能意味着要从保罗·狄拉克开始。然而狄拉克的工作是建立在他之前的一切知识的基础上。所以，如果我们要明智地探索为什么这些人物取得了这些荣誉，以时间顺序来检视这十位物理学家则更为科学。

这意味着我们会以一个和牛顿一样被人熟知的名字来展开对这个名单的探索。一个与想象力紧密相连的名字慢慢浮出水面——伽利略。无论是比萨斜塔上扔铁球还是反抗教会坚持的"地心说"，无不展现了他那惊人的想象力。

伽利略・伽利雷

生命有如铁砧，愈被敲打，愈能发出火花。

——伽利略·伽利雷

1　伽利略·伽利雷

将伽利略尊称为现代物理学甚至是现代科学的奠基人,一点也不夸大其辞。在伽利略出生的时代,"自然哲学家"(当时对科学家的称呼)遵循古希腊哲学家亚里士多德的教导是一种传统。意大利诗人但丁(Dante)称亚里士多德是"一切有识之士的老师"(the Master of those who know)。对他的评价如此之高,以至于在当时的世界无人敢质疑他的理论,直到伽利略的出现。

亚里士多德哲学的核心,即力图为大家解释为什么万物是我们发现它们时的样子。亚里士多德主张掌握自然事件背后的终极原因。他追随先贤恩培多克勒(Empedocles),相信世界由四种元素组成——地、气、水、火。而我们世界的上方是天球,它包含了月亮、太阳、行星和恒星。天球是由第五元素组成的国度,亚里士多德教导,天空是永恒和完美的。

与地元素有关的是以成对相反的形式存在的四种"特性"——热与冷、湿与干。四种元素归属于自然位置,通过重力或者轻力(levity,重力假定的自然反面,有上浮的倾向),这些元素会试图回归自己的自然位置。亚里士多德建立的逻辑规则是寻找可以决定自然事件的原因——通过推理而不是实验来得到原因。摒除实验是因为它们依赖的是易犯错的感官,反之,思想可以确定统治自然的规律。伽利略在证据与传统观念发生矛盾时,往往选择挑战那些陈旧的世界秩序。

1564年2月15日,伽利略·伽利雷出生于比萨(Pisa)。他的父亲温琴佐(Vincenzo)是职业鲁特琴(Lute)乐手以及音乐理论家。温琴佐在1562年娶了伽利略的母亲朱莉娅·阿曼纳提(Giulia Ammannati)。伽利略的名字取自一个当医生的远房亲戚伽利略·博纳尤蒂(Galileo Bonaiuti),他还是七个(也许有八个)孩子中的长子,与一个中产家庭孩子的情况相似,他接受的是私人教育。大约10岁时,他家从比萨搬到了佛罗伦萨(Florence),伽利略在那里继续他的学业,而后又被送到了瓦隆布罗萨(Vallambroso)的卡马多莱斯修道院(Camaldolese monastery)。伽利略告诉他的家人,他希望受训成为传教士,但他的父亲希望伽利略追随他的同名人的脚步,成为一名医生。温琴佐将伽利略送回佛罗伦萨,在那里,他通过函授继续学习宗教。

1581年,17岁时,伽利略上了比萨的大学。这是相当晚的年纪——学生一般要在13岁或14岁开始学习。没花多长时间,伽利略就意识到自己对科学的向往远大于牧师,这要部分归功于意大利最著名的自然哲学家之一安德烈亚·切萨尔皮诺(Andrea Cesalpino)的教导。他的课程对伽利略从医学研究转为数学研究起了重要作用。

伽利略具有敏锐的眼光,这使得他时常对周围事物产生着好奇心。围绕伽利略的生活和工作流传着诸多故事,很难知道这其中哪些真实发生过。到了晚年,他获得了越来越多的成功,以至于许多故事被编造出来用以纪念和增加他的传奇性。例如,关于他从比萨斜塔上扔下不同质量的铁球来观察它们是否以相同速率下落的叙述是否真实就存在争议。另一个同样缺乏可信来源的故事叙述的是他对比萨天主大教堂枝形吊灯的观察。伽利略本应该坐在那里倾听一次特别冗长的布道,突然注意到教堂的吊灯前后摇摆的时间似乎由其悬链的长度决定。那些悬链更长的吊灯做一个周期性摆动所花费的时间比悬链更短的吊灯更长。

无可争议的是，在他大学第一年后的那个夏天，伽利略完全沉浸在了研究钟摆特性的实验里。他曾见过他的父亲用乐器做实验，每次仅改变实验的一个小条件，而后细心地记录实验结果。受此启发，伽利略制造了摆锤重量和垂线长度不同的钟摆，根据自己的脉搏来设置不同规模和不同时点的摆动动作。他得出结论，钟摆周期只取决于垂线的长度，而与摆动幅度的大小、摆锤的重量没有关系。（实际上，伽利略关于钟摆周期独立于摆动幅度的大小的理论是错误的——他的观察只适用于小的位移。）

伽利略从未直接应用过这个发现，虽然他会利用这个观察结果帮助揭示亚里士多德所言轻重不同的重物会以不同速度下落的观点是错的。但是，伽利略的钟摆研究后来成为了十七世纪荷兰科学家克里斯蒂安·惠更斯（Christiaan Huygens）发明摆钟的基础。

作为学生的伽利略非常聪明，且好争辩，除数学之外大部分的课程都不及格。然而，他仍用功地学习医学知识，直到他在比萨的老师建议他转为全日制学习数学为止，而温琴佐不情愿地同意了。他知道数学家不会比鲁特琴乐手更赚钱，但他认识到了自己儿子的真正天赋并不在医学上。

伽利略在比萨继续学习了一段时间，但是1585年他没有完成学位就离开了。这主要是由于温琴佐遭受了厄运，突如其来的家变导致伽利略只能辍学回家以照顾自己的父亲。没有获得学位对于伽利略这样背景的绅士来说并不罕见：当时大学是一种为中产阶级男士准备的精修学校，人们并不认为毕业特别重要。上大学以及在大学里建立的人脉关系才是根本。

伽利略着手准备让自己进入数学教授的角色。他在佛罗伦萨和锡耶纳（Siena）担任家教工作，并在1587年底前发现了一种可以确定某些固体重心的巧妙方法。这让他的名声第一次传到了意大利之外的国家。可伽利略在1588年凭借这一工作申请富有声望的博洛尼亚大学

（University of Bologna）一个空缺的教授职位却未能成功。

虽然没能得到这个职位，伽利略的工作还是引起了吉多贝多·德尔蒙特（Guidobaldo del Monte）的关注——一个显赫的男侯爵，直到1607年死前，他都是伽利略的赞助人之一。同时，伽利略还得到了克里斯托弗·克拉维于斯（Christopher Clavius）的关注——罗马耶稣派学院（Rome Jesuit college）的数学家和天文学家。在德尔蒙特和克拉维于斯的帮助下，伽利略在1589年得到了比萨大学的一个讲师职位——在作为学生离开的四年之后。这一职位的薪水很低，但拥有一个学术职位（讲师）可以让伽利略的赞助人努力为其在帕多瓦（Padua）争取一个更好的状况，那里很推崇数学。

1590年，伽利略撰写了他的论文《论运动》（De Motu）。论文讨论了亚里士多德关于物体运动的思想，混合了他来自阿基米德的数学思想——他是伽利略的英雄。《论运动》没有包含很多的原创工作，从他对希腊-埃及天文学家克罗狄斯·托勒密（Claudius Ptolemy）的《数学汇编》（Syntaxis Mathematica）（它的阿拉伯名字众所周知——《天文学大成》）的论述就可以看出来，此时的伽利略接受地球是宇宙中心的观点。

正是在《论运动》中，伽利略第一次概述了他的论证：不同质量的物体以同一速率下落。亚里士多德的哲学主张，如果物体具有水和土的优势元素——这两者都想要找到自己在宇宙中心的自然位置——就会下落。更重的物体比更轻的物体包含有更多的水和土元素，所以更重的物体下落速度会大于更轻的物体。令人惊奇的是，这种论证从未被证实过，仅是作为一种定理被传承了下来。尽管《论运动》比当时任何其他关于运动的研究都更为完善，伽利略却从未发表过它。这可能是因为他对自己的关于斜面上物体运动的理论不太满意，这些理论还没有得到实验的证实。

伽利略在比萨的三年讲师生涯渐渐步入尾声，尽管他和几个同事成为了亲密的朋友，但他也得罪了许多教授。他有充分的理由认为自己的职位将不会再延续。更糟糕的是，1591年温琴佐去世，而伽利略作为长子，有责任支付他的大妹妹维尔吉尼娅（Virginia）的嫁妆。幸运的是，帕多瓦大学空缺了一个薪酬更高的职位，在德尔蒙特和克拉维于斯的帮助下，伽利略得到了这个职位。他在1592年入职，薪水是原来的三倍。

除却在大学的学术生活，帕多瓦是一座有着繁荣知识分子社群的城市。大半个知识界的中心在皮内利（G. V. Pinelli）的家里，他定期邀请人们在他家中进行学术讨论。当伽利略第一次抵达帕多瓦时，他和皮内利简短地共处了一会儿，可能就是在那里，他遇到了修士保罗·萨尔皮（Paolo Sarpi）和枢机主教罗伯特·贝拉尔米内（Robert Bellarmine），他们后来在伽利略的生活里扮演了重要角色。

直到1595年，才有证据表明伽利略对天文学发生了兴趣，在那年他开始思考地球潮汐现象的解释。诸多世纪以来，科学家们勉力解释每天发生的两次涨潮和退潮，以及这些潮汐改变的时点。伽利略想出来的（不准确）解释要求地球要围绕自己的轴心转动，并绕太阳进行轨道运动。这标志着伽利略第一次开始思考哥白尼（Copernicus）在1543年提出的日心说。这一宇宙理论被教会和自然哲学家们共同反对，他们的亚里士多德派教条规定地球是万物的中心，这样重物就会被拉向它。此外，地球快速运动的思想似乎是离奇古怪的。我们怎么会感觉不到这种运动？从十六世纪末的情况来看，几乎没人接受哥白尼的模型。十六世纪末最佳的可行数据来自丹麦天文学家第谷·布拉赫（Tycho Brahe），但他的成果实际上与一种几何模型更为契合，而不是日心说。布拉赫提出了一种混合模型：太阳和月亮围绕一个固定的地球运动，而其他行星围绕太阳运动。

1597年，一名来访者赠予了伽利略一本约翰内斯·开普勒（Johannes Kepler）的书《宇宙的奥秘》（*Mysterium Cosmographicum*）（出版于1596年）。这本书强烈地支持哥白尼，并极大程度上引起了伽利略的思考。伽利略给开普勒写信，细述自己长久以来就是这一"新天文学"的支持者，通过此理论，他能解释一些其他理论解释不了的现象（他没有特别说明）。伽利略还提到，因为担心无数反对者的反应,他没有公开进行这种新天文学的教学。

这是伽利略和开普勒之间漫长通信的开始。开普勒准确地猜到伽利略感觉他能解释潮汐现象,开普勒相信伽利略能接触到更精确的仪器,他请求伽利略替他做一些天文学的观察。

其中一条请求是伽利略应该试着观察一下恒星视差①,这是一个经常被用来辩护旧天文学的论据。这条论据相当简单,如果地球围绕太阳转,我们在太空中的位置就会发生变化,这种位置变化会使得与地球邻近的恒星看起来与更远的恒星相比发生移位。相对参照物更近的物体与相对同一参照物更远的背景,在视觉上出现位置变化的现象,即为视差。如:你乘坐在呼啸越过郊区的汽车或火车上,透过窗户向外望去,就会观察到这样的现象。与此相似的是,如你伸长手臂竖起一根手指,左右眼交替睁、闭,会发现手指相对背景产生了位移。

从未有人在一年的周期内观察到过某颗恒星相对更远的恒星发生位置移动的现象。这种恒星视差现象证据的缺乏似乎暗示着地球并没有运动。该领域中的好手都发现不了的东西,伽利略也不指望自己能发现,所以并没有尝试去观察。直到1838年,恒星视差才被德国数学家及天文学家弗里德里希·贝塞尔(Friedrich Bessel)发现。他测量到"天鹅座61(61 Cygni)"恒星有0.314弧秒的视差。(这是极为微小的角度,因为满圆有360度,1度有3 600弧秒,0.31弧秒相当于33公里外的10美分硬币上下缘在观察者眼中产生的夹角)

正是与开普勒通信期间,伽利略与名叫玛丽娜·甘巴(Marina Gamba)的威尼斯女人开始了一段关系,虽然他们并未结婚,但在1600年他们诞下了第一个女儿维尔吉尼娅——以伽利略的姐姐命名。1602年,又迎来了名叫利维娅(Livia)的第二个女儿(以伽利略的妹妹命名),1606年以他的父亲温琴佐命名的儿子也出生了。伽利略

---

①恒星视差,天文学中因为恒星距离产生视差的效应。它是恒星际尺度的视差,经由天文测量学,视差可以直接测量出一颗恒星与地球的准确距离。(译者注)

的薪水对于一名数学家来说已相当不错,他还兼职赚了不少外快,即便如此,他的生活仍然较为拮据。他不仅要养他的情妇和孩子,还要养他的母亲和兄弟姐妹。

他姐妹们的嫁妆本应由伽利略和他弟弟米凯兰杰洛(Michelangelo)共同分担,但米凯兰杰洛没钱,米凯兰杰洛在波兰结婚还是伽利略为他提供的资助,后来米凯兰杰洛把家搬过来与伽利略同住,更加恶化了伽利略的财务状况。为了维持生活,伽利略不得不接了更多的家教工作,并从一名威尼斯朋友乔瓦尼·弗朗切斯科·萨格雷多(Giovanni Francesco Sagredo)那里借钱。

从1592年伽利略来到帕多瓦,便开始集中精力完善他关于运动的研究。他回顾了对钟摆以及物体从斜面往下运动的研究。1602年底,他写给德尔蒙特的信中提到了这件事,显然,伽利略在关注实验证实他的理论。例如,伽利略认识到,如果他使用一个重摆锤及长垂线使钟摆摇摆的角度较小的话,钟摆实验的结果会更一致。似乎有点矛盾的是,随着摇摆越来越小,每次摇摆时间并没有改变。这些观察可能导致伽利略产生了对惯性的思考。

惯性是我们理解运动的基础,它是牛顿第一运动定律的核心。这一定律可以表述为"任何物体都要保持匀速直线运动或静止状态,直到外力迫使它改变运动状态为止",这是反直觉的。我们知道,如果我们给某个物体一个推力,它会运动起来,并慢慢降低速度直到静止。但伽利略却认识到,如果没有摩擦力和空气阻力,运动会一直持续下去。他还认识到惯性或许就是一个静止的物体在初始状态下很难移动的原因。

1603年,伽利略发明了研究物体下落时加速过程的实验。物体在加速下落的过程中速度变化太快,导致实验进行不太顺利。但很快,伽利略意识到,如果将球体从一个平缓斜面上滚下,他就能以慢动作研究同样的效应。即便小于两度的斜面也足以观察到球体滚动时的加速运动。当时,虽然人们广泛接受物体下落时会进入加速状态,但当时的人们认为这种加速是由连续性的小型速度爆发所构成的,每两次速度爆发之间的运动是匀速的。伽利略很快发现这是错误的。

1604年,伽利略发明了一种方法去测量球体从斜面滚落的加速运动。他使用大约半秒间隔的音乐节拍,标记了每一次间隔时间球体所在斜面上的位置,通过这些标记可以测量每一间隔时间内球体的速度。他发现,球体在连续间隔时间内运动的速度呈奇数分布,例如,1(S_1/t)、3(S_2/t)、5(S_3/t)、7(S_4/t)等;球体经过的总路程以 1(S_1)、4(S_1+S_2)、9($S_1+S_2+S_3$)、16($S_1+S_2+S_3+S_4$)等的倍数增加。这得到了一个定律:一个下落物体经过的距离与运动时间的平方成正比。

这些实验代表了伽利略与他同时代人相比所取得的突破,他用实验和测量替代了亚里士多德哲学的推理。那种对原因的探求现在变成了对物理定理的探求——这是伽利略相对过去所取得的关键突破。甚至天文学——其总是需要精确的测量——也曾将解释留给了宇宙学,那也是亚里士多德派的领域。

1604年10月,伽利略正在进行这些实验的途中,一颗恒星(我们现在知道是一颗超新星)出现在夜空的蛇夫星座(constellation Ophiuchus)。超新星实际上是正在发生爆炸的恒星,但伽利略的观点认为这是一颗全新且非常明亮的恒星。亚里士多德派的宇宙学为我们定义天空是不变的,所以新恒星必然处于月亮的轨道之下。如果这是真的,人们应该可以期望看到这个物体与固定恒星间的视差。但伽利略查询了全欧洲各个地方多个天文观察者的观察记录,并没有发现视差。于是,他得出了这颗新恒星位于天球上的结论——有悖于亚里士多德哲学。

伽利略对亚里士多德的摒弃很快使他陷入与帕多瓦的哲学教授塞萨雷·克雷莫尼尼(Cesare Cremonini)的争执之中。他们曾有过很好的私交,但他们的争论很快变得公开化,并恶化成了宿怨。克雷莫尼尼在1605年初在帕多瓦出版的一本手册里提出了论据,这本手册表面上是由安东尼奥·洛伦齐尼(Antonio Lorenzini)所写。伽利略认出了书上的文字段落,感觉一定是由克雷莫尼尼所写,并用化名对此进行了公开回应。

克雷莫尼尼提出，在地球上的测量规则不能适用于天堂所在的遥远距离处。他还采用了这个论点：第五元素——天堂就由其构成——从根本上就与地球元素不同，这意味着对他们的测量不可能相提并论。伽利略并没有被说服。

接下来几年里，伽利略进一步地完善了他的运动实验。他确立了抛射物的抛物线运动轨迹，这对军事上的应用非常关键。他还指出，球体从斜面向下滚动会加速而向上滚动会减速，这为他的惯性概念提供了证据——也即，物体在平面上既不加速也不减速。1609年，他开始勤奋不倦地撰写一本关于自然运动的书，虽然很多年都没有完成出版。

这个时候，望远镜的出现导致伽利略的职业生涯发生了一个急促的转变。有传闻说是伽利略发明了望远镜，这显然是一个虚构的故事。汉斯·利珀斯海（Hans Lippershey）在1608年为此仪器申请了一个荷兰专利，但申请失败，因为当时望远镜已经存在。伽利略的朋友保罗·萨尔皮在1608年底听说了这个发明，1609年7月到访威尼斯时将细节透露给了伽利略。伽利略当即发现了望远镜的商业用途——商人可以用望远镜来瞭望靠近港口的船只，这比裸眼观察到船只的时间大大提前。

伽利略随后回到帕多瓦打算制作萨尔皮口中的这种设备。还没制作完成，他就听说已有一位荷兰访客带着一个侦察望远镜途经帕多瓦，并准备将其售卖给威尼斯政府。与此同时，一些威尼斯人也在向他的朋友萨尔皮咨询是否应该投资这项荷兰发明。萨尔皮建议大家暂且观望，这客观上为伽利略争取了时间，伽利略带着一个改良的设备在8月底赶到了威尼斯，他的望远镜使用了一个凸透镜和凹透镜，可以得到正立的图像。他给威尼斯的达官贵人演示，能比裸眼提前两个小时看到进港船只。作为奖励，伽利略被授予了帕多瓦大学的终身教授职位，薪水也得到了翻倍。

不过，这是有条件的。在现有合同结束前他必须维持加薪之前的薪水，而在现有合同结束后的续约合同才开始执行加薪后的薪水（即之前薪水的两倍），且不得再继续增加。同时，聘书还规定他要终身留在帕多瓦任教。虽然伽利略非常喜欢帕多瓦，但他想在合适的时候回到佛罗伦萨，并打算把更多的时间投入到研究和写作中去，而不是教学。他着手寻找另一个职位，想争取到佛罗伦萨的宫廷数学家工作，在那里他的朋友科西莫·德·美第奇二世（Cosimo II de' Medici）已成为了托斯卡尼大公（Grand Duke of Tuscany）。

带着这个想法，伽利略为自己安排了一次到佛罗伦萨的访问，给科西莫演示了他的新设备，然后回到帕多瓦继续研制改进他的新设备。他秘密地获取镜片毛坯（以使他的竞争对手不知道他的研制方向），并亲自动手打磨透镜。到了12月初，他制成了他的第三个，也是最强大的一个望远镜，该望远镜放大倍数可以达到二十倍——几乎是他第一个望远镜的十倍。使用这架新式望远镜，他开始进行第一次天文学观察，他的目标是月球。

伽利略现在可以清楚地看到月球表面并不平整，这和亚里士多德派哲学家所说的完全不同。经过伽利略改良的放大镜额外的放大倍数显示了人们裸眼不可见的细节，包括出现在可能是月球明暗界线（将亮区和暗区分开的线）附近阴影位置的高光区域。伽利略准确如实地对此进行了解释：我们观察到的亮区的实际地理位置要高于暗区，所以亮区能捕捉到更多的日光；而周围的山谷则陷入黑暗之中，即我们观察到的暗区。

1610年1月7日，伽利略的视线转向了木星，他注意到这颗行星的轨道面附近有三颗类星体。起初他认为这些类星体是背景恒星（background stars），但1月10日，他观察到其中一颗类星体消失了，而到了1月13日，这个曾经消失了的类星体又再次出现，且还伴随出了第四颗类星体。他继续观察了几周，得出这些类星体肯定不是恒星的结论：它们跟随木星划过天空，好像是在这颗行星周围舞蹈，有时两颗在右两颗在左，有时全部四颗都在一边。

伽利略意识到这些光点实际上是围绕木星轨道旋转的卫星，就像围绕地球旋转的月球一样。最初他将它们称为美第奇星（Medicean stars）——为了向科西莫致敬。现在它们则被称为伽利略卫星（Galilean satellites），我们用双筒望远镜可以轻松捕捉到这四颗卫星。距离木星最近的10号卫星不到两天就能围绕木星旋转一周，故而，伽利略只需通过望远镜观察几个小时，就可发现它的位置变化。发现围绕另一颗行星旋转的卫星对亚里士多德的哲学体系是一个巨大冲击，因为在亚里士多德的体系里万物都应围绕地球而转动。

接下来，伽利略将目标转向了银河，并用望远镜进行天文观察。他看到这条光带由成千上万的单个恒星组成，它们太过微小以至于人类裸眼无法看到。他匆匆地把他的发现写进《星际信使》（Sidereus Nuncius）里，用拉丁语发表于1610年3月，并将此书献给了科西莫。这是第一本使用望远镜进行天文观察并详细记录的出版物。图书上市后，大众反应热烈，但当时的许多哲学家和天文学家不屑一顾，辩称伽利略的观察是视错觉。

1610年夏天，伽利略离开帕多瓦前往佛罗伦萨，与他的母亲住在一起，并就任美第奇宫廷的数学官。他已经把女儿提前送过去，儿子留给了玛丽娜，温琴佐还只有4岁大。在搬去佛罗伦萨后不久，伽利略开始观察最亮的那颗行星——金星。那年的早些时候它靠太阳太近所以看不到，但现在它已经从太阳的光芒中脱身而出，伽利略可以用他的新设备对它进行观察了。

人们只有在早上或晚上才看得到金星。希腊人将早上和晚上看到的金星分别称为"晨星"和"赫斯珀洛斯/黄昏星"（Hesperus），罗马人则分别将它们称为"路西法"（Lucifer）和"维斯帕"（Vesper）。但早在公元前1581年，一块巴比伦石板就清楚地记录了"晨星"和"黄昏星"是同一颗星。有几个月时间，人们可以在早上观察到金星，它在日出前出现，之后消失在日出的光芒里。几个月后它会再次出现，而这次则是在日落之后实现起落。

伽利略用望远镜对金星的观察证明了地球不是宇宙的中心。很明显金星像月球一样，会经历一个完整的位相周期变化。金星具有位相

Ten Physicists

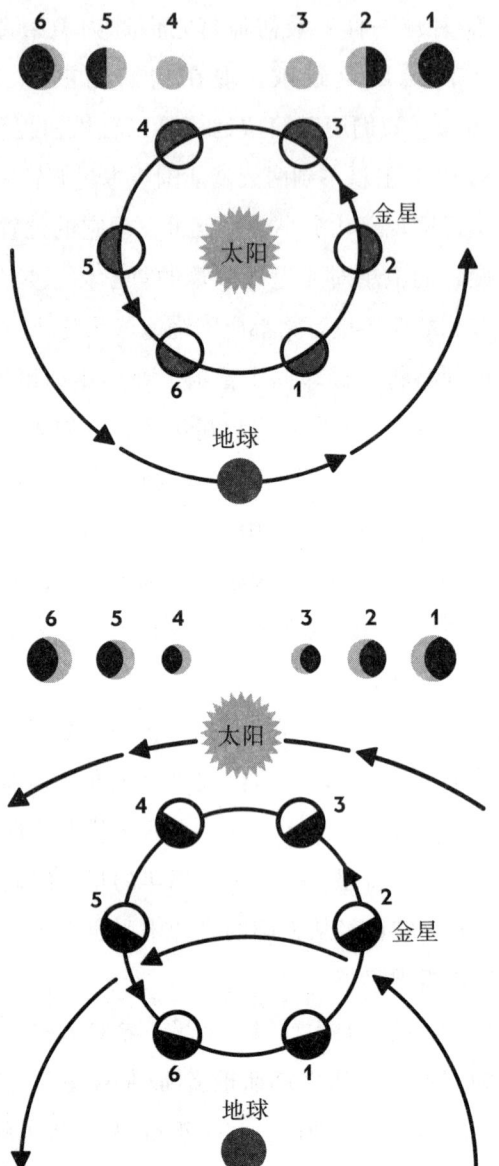

图 1 伽利略用望远镜对金星进行的观察,对于证明地球和金星都是围绕太阳作轨道运行的事实非常关键。伽利略看到了金星经历的所有位相——从圆到缺。它在满时看起来更小,而缺时看起来更大(上)。这些现象可以用地球和金星都围绕太阳作轨道运行来进行自然的解释,因为金星的轨道比地球的轨道离太阳更近。而在地心说模型中,金星只可能表现为新月相位(下)。

周期本身并不令人惊讶——宇宙地心说也预测了金星会显示新月相位,缺口朝向取决于这颗行星是早晨还是黄昏出现。

令人惊讶的是,伽利略看到了金星经历的所有位相变化,不仅是新月相位,而是包括了全部完整的相位周期。更重要的是,在望远镜里,你可以相当容易地看到这颗行星在新月相位时看起来更大而接近满月相位时看起来更小。亚里士多德派的地心说无法解释伽利略通过天文望远镜观察到的这些客观现象,但可以用哥白尼的日心说对此进行自然的解释(见图1)。

如果存在一份可以摧毁地心说的观察证据的话,伽利略的天文观察结果则是不二之选。也许是伽利略事先预感到它会引发的争议,所以在开始阶段他只将此消息告知了开普勒——通过1610年12月的一封信。他还提到他已经开始测量木星的每颗卫星围绕这颗大行星作轨道运行的时间。开普勒怀疑这做不到,但伽利略还是坚持了下来,到1611年3月他收集了足够的数据来预测每颗卫星消失在其主星身后的时间点(被称为卫星蚀)。

伽利略被邀请在林西科学院(Lincean Academy)——世界上最古老的科学协会,于1603年成立于罗马——的一个会议上报告他的发现。1611年为伽利略举行的宴会上,"望远镜"这个名词被创造了出来,与会者得以亲自使用这个仪器观察伽利略的发现。被选进这个科学院后,伽利略发现自己面临的是对他的成就所进行的争辩和讨论。与此同时,他恢复了与克拉维于斯神父(Father Clavius)和贝拉尔米内主教(Cardinal Bellarmine)的交往。他经常在罗马展览他用望远镜看到的发现,大受罗马的显贵们欢迎,包括几个枢机主教。甚至教皇保罗五世(Pope Paul V)都召见过伽利略。

伽利略研究的另一个天文学现象是太阳黑子。虽然现在我们知道中国天文学家们追踪太阳黑子已有很多个世纪,但在望远镜发明并普及应用之前,这并不被西方人所知。伽利略在拜访他的印刷商时,发现了一本由德国人杰苏伊特·克里斯托弗·沙伊纳(Jesuit Christopher Scheiner)所撰的关于太阳黑子的书。在过去的学生贝内代托·卡斯泰利（Benedetto Castelli）的帮助下，伽利略每天都观察太阳黑子，并根据它们的运动揭示它们肯定是在太阳表面，他发现它们大概每个月旋转一次。沙伊纳得出的却是相反的结论：太阳黑子是以非常近的距离围绕太阳进行轨道运动的微小行星。在林西科学院的赞助下，伽利略将他的这一研究发现编撰成书并于1613年出版——《关于太阳黑子的通信》（Letters on Sunspots）。

在这本书的附录里，伽利略进行了简短的讨论，提出他的研究预测了木星卫星的运动轨迹。他提出，要精确预测它们，有必要对地球在太空中的位置变化进行修正。他没有详细讨论这一研究，因为他认识到木星的卫星蚀变化时点可能会被用作确定经度的精确时钟，这是一个困扰了勘测员和领航员数世纪之久的问题。

伽利略这时确信自己已经有了证明地球围绕太阳运动的观察性证据。作为一个虔诚的教徒，他为教会作茧自缚感到苦恼。伽利略想要把科学问题和信仰问题分开，他在1613年到1616年的这段关键时期内的许多行为都可以从这一角度进行理解。他没想要败坏教会的信誉，他只是想要阻止教会支持错误的一方。

接近1613年末，伽利略的学生卡斯泰利——当时在比萨执教——被科西莫·德·美第奇邀请参加了一次宫廷早餐。同时出席的还有科西莫的妻子和他的母亲大公爵夫人克里斯蒂娜（Christina）。另一个客人是帕多瓦的一名哲学教授，当讨论到伽利略观察木星的卫星这个话题时，这个教授向克里斯蒂娜指出，伽利略声称的地球运动是错误的，因为这与《圣经》相悖。

早餐结束后，克里斯蒂娜把卡斯泰利叫到一边，询问他关于耶和华让太阳停在天空的"圣经奇迹"。卡斯泰利回答："学术问题应该和《圣经》的教导分开"。他给伽利略写信说明了这一事件，伽利略回信辩称应该允许对可被观察或可被实验研究的所有自然事物进行研究的自由。自然和《圣经》之间没有冲突，只是《圣经》时常喜欢使用隐喻。

那年大部分时间无事发生，但在1614年12月，一个名叫托马斯·卡奇尼（Thomas Caccini）的道明会修士在一次布道时谴责了伽利略用数学来解释自然的行为。卡奇尼的布道掀起了轩然大波。原本他的动机可能只是想在罗马寻求一个更好的任命，但并非每人都赞同他的观点，甚至他自己的兄弟都写信给他，敦促他停止攻击伽利略。

卡奇尼布道的消息传到了比萨，尼科洛·洛里尼（Nicolo Lorini）——卡斯泰利的一个同事看到伽利略写给卡斯泰利的信后，表达了他的遗憾。洛里尼将信抄录了一份送到佛罗伦萨，并转交到罗马宗教裁判所（Roman Inquisition）。伽利略听说了此事，因为担心洛里尼可能篡改信的内容，他从卡斯泰利那里获得原件，抄录了一份寄给皮耶罗·迪尼（Piero Dini）——罗马的一名教士，请他拿给耶稣会看，如果可能，还要拿给贝拉尔米内主教。洛里尼的片面抄录件已经在宗教裁判所的一次会议上被宣读过，他们要求比萨的大主教取得原信，寄到罗马供他们研究。一个神学家写了一份报告，认为原信只有几句话和几个词语相当欠考虑，总体而言从神学上来说不值得注意。

伽利略在1615年底拜访了罗马，多次举办了为哥白尼派天文学辩护的公开会议。1616年初，他写了《关于潮汐的论文》（拉丁文：*Discorso Sul Flusso e Il Reflusso del Mare*），他将之寄给了亚历山德罗（Alessandro）——枢机主教奥西尼。他的理论建立在地球既自转且同时公转的基础上，奥西尼将这篇论文交给了教皇保罗五世。教皇授意奥西尼告诉伽利略，他必须停止宣称地球是运动的，否则教皇会指示宗教裁判所去调查他。枢机主教贝拉尔米内建议应将这些理论提交给资深神学家。教皇同意了，而资深神学家对伽利略的理论表达了下列意见：

1. 关于太阳是宇宙的中心并且完全不动。

谴责：大家一致认为此观点在哲学上愚蠢荒谬，且为形式上的异端，因为根据语句本身以及根据教会神父和神学博士的普遍阐述和解读，其在多处有悖于《圣经》表达的观点。

2. 关于地球既非宇宙中心也非固定不动，而是以整体运动，且以每日为周期。

　　谴责：大家一致认为此观点也应该受到哲学上同样的谴责，考虑到神学的真实性，它至少在信仰上是错误的。

　　1616年2月24日，宗教裁判所的枢机主教贝拉尔米内在周会上宣读了这些谴责。教皇保罗五世请贝拉尔米内将这个决定转达给伽利略，并告诉他再也不能持有或者维护这些被谴责的思想。如果伽利略拒绝遵从，首席代理主教（Commissary General）将会命令"他必不可以持有、维护或者教学这些观点，以免宗教裁判所继续制裁他"。伽利略正是对这份复杂的指示进行了错误的解读。他理解为教哥白尼的日心说是可以接受的——只要他能同时提供地心说、日心说双方的论点，因为这意味着他如教皇所命令的一样，没有持有或维护日心说理论，所以第三条关于不准教学这些观点的禁令没有得到实行。

　　同时，伽利略继续完善他的木星卫星蚀表格，他希望将其作为确定经度的时钟。他已经通过托斯卡纳（Tuscany）的西班牙大使馆将这一想法传达给了西班牙政府，但并未取得实质性的进展。1617年，伽利略对卫星蚀时间的观察精度达到了一个不可思议的水平。西班牙从未接受他的经度方案，但在他的晚年，荷兰政府终于采用了他的方案，并为此理论酬谢甚丰。

　　接下来的时间，伽利略继续准备他关于运动的论文。1618年秋天，伽利略全心投入这个研究工作期间，夜空出现了三颗彗星，人们咨询了伽利略的意见。亚里士多德学派的哲学规定彗星应像新恒星一样位于大气层内，出现在月球以下的区域。伽利略对此进行了一次详细的分析，并于1623年发表了一篇题为《试金者》的论文。在《试金者》里，他用科学推理清楚地概述了他的思想以及这一方法为何与自然哲学家未经检验的论点相冲突。伽利略说明了他对数学的信仰，陈述了大自然之书由数学语言写就。

　　林西科学院同意发表了《试金者》。就在它即将付印时，教皇去世，替位的是枢机主教马费奥·巴尔贝里尼（Maffeo Barberini），即乌尔邦（Urban）八世。林西科学院将这本新书献给了巴尔贝里尼，巴尔贝里尼是伽利略的佛罗伦萨同乡、学者以及他的仰慕者。1624年，伽利略拜访罗马向乌尔邦表示敬意，新教皇的看法似乎与他的前任不同。伽利略与教皇会面了六次，劝说其允许出版他关于潮汐的理论。他指出，尽管他的理论基础是地动说（即日心说），但如果1616年禁令继续被执行的话，意大利将失去在科学上的领导地位。

伽利略带着教皇对他的潮汐理论的出版许可离开了罗马——前提是只要他澄清地动说是一种假设。他还被授意在书中宣布，没有实验或观察现象可以证明地球运动。伽利略同意了，并带着教皇的许可离开罗马。在接下来的6年里，伽利略努力写成了《关于潮汐的对话》（*Dialogue on the Tides*）。在正式出版前，伽利略被教会命令对标题进行整改，因为教会感觉此文过分强调地动说。因此，伽利略将之重命名为《关于两大世界体系的对话》（*Dialogo Sopra i Due Massimi Sistemi del Mondo*）。

对话是当时将思想公之于众的流行方法。在伽利略的《对话》中，讨论发生在两个人物之间，他们试图说服第三个——设定初始是公正的——人物。支持哥白尼派的人物是萨尔维亚蒂（Salviati），以伽利略的朋友菲利波·萨尔维亚蒂（Filippo Salviati）命名。支持亚里士多德派的是辛普利西奥（Simplicio），而中间派的人物是萨格雷多（Sagredo），以乔瓦尼·弗朗切斯科·萨格雷多（Giovanni Francesco Sagredo）的名字命名。

《对话》是一场发生在四天内的对话，在此期间，萨尔维亚蒂和辛普利西奥讨论了哥白尼系统和亚里士多德系统的相对优点，试图以此说服萨格雷多。第一天的对话涉及的是对亚里士多德哲学中天和地的元素构成区别的讨论。讨论的基础来自于萨尔维亚蒂的批判，他宣称自亚里士多德时代以来的新发现已经引发了对其理论的怀疑，而且亚里士多德作出了未经证明的假设。

第二天的对话讨论了地球的自转。萨尔维亚蒂提出亚里士多德派学者反对地球自转论所使用的论据是有缺陷的，并用伽利略关于运动不灭（conservation of motion）和运动相对性的研究论证了哥白尼的学说的正确性。萨尔维亚蒂在第二天的辩论只有很少的部分是天文学的内容。

第三天的对话转向了地球相对太阳的运动。萨尔维亚蒂使用的一个主要论据是伽利略对太阳黑子的研究。萨尔维亚蒂论证到，这和哥白尼的日心说很符合，且不支持地球不动而太阳围绕地球作轨道运行的观点。

第四天的对话集中关注了潮汐。虽然伽利略的潮汐理论是错的，但他还是准确地指出不可能用不动的地球来解释潮汐。在《对话》全书中，伽利略试图呈现双方的论证过程，并使地动说看起来不过是一个假说。

他在获得《对话》的出版许可上遇到了困难，而在他设法获得出版许可后不久，原本支持其出版的林西科学院的最大的赞助者切西王子（Prince Cesi）去世，科学院内部陷入了混乱，致使该书在1632年才在佛罗伦萨面世。它用意大利语而不是拉丁语出版，显示了伽利略希望其被大众广泛阅读的热忱。但在该书出版几个月后，罗马宗教裁判所下达了停售命令，于此同时，伽利略还被传唤去罗马等待审判。教皇乌尔邦八世非常愤怒，很大程度上是因为伽利略在书中用辛普利西奥的声音表达了教皇的看法。

当伽利略收到传唤他去罗马的消息时，他正病得非常严重，而当时爆发了一次瘟疫，所以他到罗马的行程被推迟了几个月。最终他在1633年2月才到达罗马。

审判在1633年4月12日开始，罪名是"强烈怀疑为异端"。伽利略被审问了"在1616年是谁将禁令传达给他"以及"该禁令说的是什么"等细节。伽利略回答，"在1616年2月，他被贝拉尔米内枢机主教告知，既然哥白尼的理论与《圣经》相抵触，那么它就不能被持有或者维护。但是，伽利略的理解是，该禁令并没有阻止他用假设论证的形式来讨论它。"但宗教裁判所只关心对禁令的违背情况，他们认为他有罪。

在判决前，伽利略承认自己可能走得太远，如果宗教裁判所可以对他宽大处理，他愿意将有罪的部分重写。可以理解的是，当无期徒刑的判决被宣布时，他被完全压垮了。今天尽管流传着伽利略坚持不屈的传说，但并无明确证据证明他曾在判决下达时，蔑视性地低语"但地球还是在动啊"（Eppur si muove）。伽利略并不愚蠢。

在几次上诉后，宗教裁判所同意将此判决改为在家软禁。在托斯卡纳大使馆待了短暂的一段时间后，伽利略的余生都在佛罗伦萨的别墅里度过。他又活了八年，然后死于1642年，享年77岁。

1634年他的书《力学》——大约写于1600年——被翻译为法语，第二年，意大利语的《对话》被翻译为拉丁语，使其读者扩大到了欧洲的学术界。然后，在1636年，他的《写给克里斯蒂娜的信》一书——一直以手稿的形式流传——以意大利语及拉丁语的翻译版本出版。从1634年到1637年，他都在努力创作他最后以及可以说是最伟大的著作《关于两门新科学的对话与数学证明对话集》（*Discorsi eimostrazioni Matematiche Intorno a Due Nuove Scienze*）。这本书再次以对话的形式写就，带回了《对话》一书中的人物，该书探讨的是物质结构和运动定律。两天的讨论分给了这两个主题，这本书将他用实验研究运动的漫长历史公开于世。因为意大利对伽利略的种种限制，这本书在1638年才由荷兰莱顿（Leiden）的出版商爱思唯尔（Elsevier）首次发行。

这最后的著作预示了牛顿的很多工作。可以说，如果没有《关于两门新科学的对话与数学证明对话集》一书，牛顿可能无法产生他的杰作《自然哲学的数学原理》（有趣的是，伽利略的著作并不在牛顿图书馆的目录里）。许多重要的运动概念，比如动量、运动的相对性、惯性、下落物体的加速度和抛射物的抛物线运动都在《关于两门新科学的对话与数学证明对话集》中得到了概述。

《关于两门新科学的对话与数学证明对话集》于1638年出版后，失明的伽利略在隐居的状态下熬过了生命中最后的几年，在1642年1月8日安详逝于佛罗伦萨，他永远地改变了我们对宇宙的认知以及科

Ten Physicists

学研究的方法。

在伽利略去世的那年年终,一个人出生了,他将从前辈的位置出发攀登新的认知高峰。这个人就是艾萨克·牛顿。

艾萨克·牛顿

没有大胆的猜测就没有伟大的发现。

——艾萨克·牛顿

2 艾萨克·牛顿

1642年——伽利略去世那年的圣诞节，艾萨克·牛顿出生了。（至少，在英格兰这是同一年。当时意大利采用的是现代的公历纪年，所以在意大利和我们现在实行的日历中，牛顿生于1643年1月4日。）在他漫长的学术生涯里，牛顿在伽利略工作的基础上，完善了统治物理学长达250年的核心内容。牛顿首次解释了自然的力——引力——并首次完整解释了运动。他的力学三大定律为物体运动的研究注入了活力，他对光的分析非常透彻。只有爱因斯坦那样的天才头脑才能暴露牛顿理论的局限性。

牛顿生于林肯郡（Lincolnshire）的伍尔斯索普庄园（Woolsthorpe Manor），出生时他的父亲——也叫艾萨克——已经去世。小婴儿牛顿和母亲汉娜（Hannah）共同在庄园（只是一个大点的农村房舍）里居住。虽然他们并不富裕，但生活得还算舒适。他们的农场由佃农打理，汉娜自己则忙着照顾她的孩子并经营农场。

但没过多久，这一切都发生了改变。在牛顿满3岁后不久，他的母亲嫁给了北威瑟姆（North Witham）教区的巴纳巴斯·史密斯

（Barnabas Smith）牧师，他住在离伍尔斯索普只有1英里（1.5公里）的小村庄。史密斯63岁，而汉娜仅30岁。史密斯的发妻大约6个月前去世，作为那个时代典型的鳏夫，他更喜欢被一个有过婚史的女人照顾，不愿意浪费时间去找一个没有婚史的女人。汉娜的兄弟威廉·艾斯库（William Ayscough）代表她进行了商议。作为这场非常生意化的交易的一部分，汉娜搬去了北威瑟姆，把牛顿留在庄园和她的父母住在一起。

这段婚姻持续到八年后即1653年史密斯去世。这段时间，史密斯和汉娜生育了三个孩子：玛丽（Mary）、本杰明（Benjamin）和汉娜。毫无疑问，这次强加的分离给牛顿的心理造成了深远的影响。我们从牛顿青少年时期留下的笔记里可以知道，牛顿痛恨他的继父，憎恨他的母亲。牛顿在18—19岁的时候，列出了自己童年的四十五宗"罪"，在这张清单里，有"威胁我那姓史密斯的继父和母亲，要把他们连房子一起烧掉"以及"想死，并希望一些人死"。

史密斯去世时，牛顿已经11岁。汉娜带着她与史密斯生下的孩子一起回到了庄园。八年的分离在她与儿子间生成了一条再未愈合的裂缝。而汉娜也许会感到欣慰的是，一年后，牛顿的年龄已经可以送到格兰瑟姆（Grantham）的国王学校（King's School），那里离家太远，不用每天回家居住。牛顿寄宿在本地位于格兰瑟姆高街（High Street）的药店楼上一个药剂师克拉克（Clark）先生的家里。

国王学校是一所名校。它成立于16世纪20年代，为男孩们提供学习拉丁语、希腊语和《圣经》的坚实教育。牛顿起初认为学习很无趣，他对阅读继父留下的广泛藏书的兴趣远大于他的课程。所以，大部分老师都忽视了他，同学也不喜欢他。但是，有一个老师的确鼓励了牛顿去阅读，给牛顿推荐了激发他科学头脑的书——约翰·贝特（John Bate）所著的《自然和艺术之奥秘》（*The Mysteries of Nature and Art*）。

这本出版于1634年的书里充满了牛顿迫切想要的工具和设备的制作说明。通过这本书的阅读，他得以设计和制作了各式各样可运行的机械模型，他还因此在学校博得了这方面的名声。七十年后，他的传记作者威廉·斯蒂克利（William Stukeley）发现格兰瑟姆的人们还记得小牛顿制造的奇巧玩意儿，包括能用的风车、风筝、日晷和牛顿用来在漆黑冬日清晨照亮上学路的纸灯笼。牛顿的天才让其更为同学们所接受，但他本人却从未达到受欢迎的程度，对上课也兴趣寥寥。

让他的学习态度发生转变的似乎是他与克拉克的继子阿瑟·斯托勒（Arthur Storer）发生的一次冲突。据这个故事所言，一天早上在上学路上，阿瑟狠狠地踢了牛顿肚子一脚。恼怒的牛顿挑战了身强力壮的阿瑟。被激怒的牛顿斗志昂扬，阿瑟招架不住，被牛顿羞辱了一番。牛顿明白地告诉阿瑟，他还会在学业上打败他，而不久后他就升到了学校的第一名。

据说，除此之外，牛顿和克拉克一家相处很快乐，克拉克先生鼓励牛顿观察他的工作。这一经历让牛顿第一次接触了化学，导致他对炼金术产生了持续一生的迷恋。令人惊讶的是，他在炼金术上花的时间比在物理学上花得更多，但他在炼金术上的研究到了19世纪才为人所知。在这段影响深远的年月里，他在克拉克工作时观察他，可能也尝试了自己配制药剂。

正是在这段时期，牛顿和一个女人发展了一段少有的亲密关系。目前人们对牛顿的性倾向仍有相当多的猜测。除了他的母亲和旁系外甥女凯瑟琳·巴顿（Catherine Barton）外，已知克拉克先生的继女凯瑟琳·斯托勒（Catherine Storer）是牛顿唯一亲近过的女性。在刚到剑桥的前几个月里，牛顿曾给她写信，在他死后，凯瑟琳提到牛顿曾考虑过放弃他的学业娶她，尽管这一声称可能不过是为了沾一沾光而已。

随着学习成绩的提高，牛顿引起了校长亨利·斯托克斯（Henry Stokes）的关注。斯托克斯判断牛顿足够聪明，可以上大学，但是在1658年末，就在他准备向牛顿的母亲建议时，汉娜决定让牛顿退学。在她看来，一个人能读写就足够了。

牛顿回到了庄园的生活，但从他的笔记里可以很明显地看出他非常不快乐。在他列出的1659年的罪恶有"打了很多人"、"对我的母亲感到恼怒"、"打我的妹妹"。他无视农活,在1659年因为睡觉造成损失而遭受了罚款。在此之后,汉娜决定让一名仆人监视牛顿干农活,但她的儿子会让这名仆人干活,自己则坐在一边读书。

在母亲的授意下,每个周六,牛顿和一名仆人要赶到格兰瑟姆的市场售卖农产品。牛顿会让这名仆人干活,自己则去拜访克拉克先生,然后坐在后屋,独自享受快乐的读书时光。从这些长时间的阅读里,他获得了比狭窄的学校课程更广泛和更有用的教育。

那名仆人向汉娜进行了抱怨,同时克拉克先生也向斯托克斯校长报告了牛顿想要继续学习的愿望。斯托克斯于是决定再次劝说汉娜,她终于答应了,也许是因为斯托克斯提出免除她的儿子们四十先令(两英镑)的借读费。汉娜的兄弟威廉——和斯托克斯一样是剑桥毕业生——可能也帮助说服了她。1660年秋天,牛顿回到了国王学校,为上大学做准备。

他在1661年进入了剑桥大学,当时"自然哲学"研究正在不断变化。伽利略已经推动了科学向我们今天所知的方法学前进——基于理论、实验和推导的学科。牛顿当然也被伽利略所影响,还有勒内·笛卡尔(René Descartes)、罗伯特·玻意耳(Robert Boyle)和弗朗西斯·培根(Francis Bacon)。

17世纪60年代,剑桥大学在学术上很落后,环境也不好。小镇的8 000人口里包括了大约3 000名本科生、研究生和教职员工,夜晚的街道到处都是妓女、乞丐、小偷和杀人犯出没。然而,对牛顿来说,剑桥就是一个天堂。从1661年初他离开伍尔斯索普的那一刻起,他开始了生命中最大的一次冒险。据早期的牛顿传记作者威廉·斯蒂克利所述,庄园的仆人们对他的离去拍手称快,"为能摆脱他而感到高兴,宣称他什么都干不了,只适合去'大学'"。

母亲不想让牛顿得到得太容易。汉娜并未完全支付牛顿的学费,而是让他以"半佣半读"(subsizar)的身份在三一学院(Trinity College)入学,一个月后才升至"减费生"(sizar)。这类学生要兼任佣人的工作服侍地位更高的学生，干的杂活包括倒便盆以及打扫房间。

在牛顿时代，剑桥大学的学位结构较为复杂。为了取得学士学位，学生必须在大学待至少12个学期（四年），并修习大学老师所授的所有公开讲座。第一年上的是修辞学——准确来说，就是进行流利沟通的艺术，但还包括古典历史、地理、艺术、《圣经》学习和文学。此外，到第一年结束的时候，学生应该通晓拉丁语、希腊语和希伯来语。

这一年的牛顿成绩并不突出。他被分给了一位学业导师——希腊语讲座教授本杰明·普林（Benjamin Pulleyn）。普林是一位"学生贩子"（Pupil-monger），他为了增加收入而大收学生，牛顿是他指导的五十名本科生之一。在刚到达剑桥的几周内，牛顿就疏离了他的同学，这让他在剑桥的第一年孤立无助。这段时间没有留下哪怕一段轶事。现在我们只知道他似乎讨厌自己的室友，因为他后来坦白为了"节约自己的毛巾"用了弗朗西斯·威尔福德（Francis Wilford）的，还败坏了他的名声。

牛顿的清教徒信仰让他与这所充斥着英国国教徒的大学格格不入。这一信仰为牛顿处理生活问题提供了清晰的指南，但虔诚的偏执无助于他的受欢迎程度。不过这也并没有让他变得那么疏离大众。大学第一年他就决定向人放贷，到二年级结束的时候，这一生意已是蒸蒸日上。他把这个生意持续到了毕业，并粗暴地向他的债务人追债，这种激烈表现在后来他成为英国皇家铸币厂（Royal Mint）的厂长后会再次出现。

大学第二年，牛顿与约翰·威金斯（John Wickins）同居一室，他是曼彻斯特文法学校校长（high master of Manchester Grammar School）的儿子，1663年年初进入剑桥。这两个人一起同居了超过二十年，后来威金斯成为了牛顿的助理。两人分租房子，直到牛顿辞去教授职务并离开剑桥为止，但这两人的真实关系尚不清楚。威金斯和牛顿在1683年分开后，再没见过面。他们之间的通信所表达出来的情感让一些历史学家推测他们俩是恋人关系。

整个第一年，牛顿都在认真地听课，这一年，他已经开始质疑亚里士多德。大学第二年，即1663年初，他做出了一个重大改变。在一次上课的中途，他的笔记停止在了页面中央。接着他留下了几十页的空白，然后开始了一个题为《哲学的某些疑问》（*Quaestiones Quaedam Philosophicae*）的全新部分。在这一部分，他写道"与柏拉图为友，与亚里士多德为友，更要与真理为友（Amicus Plato, amicus Aristotle magis amica veritas）"。

牛顿在笔记里面写下了四十五条关于宇宙本质的疑问。这些主题包括"磁吸力"、"太阳、行星和彗星"、"重力和轻力"。有的标题下面暂无文字，有的标题下面写有简短文字，还有的标题下面跟着一段长篇讨论。牛顿先抄录了自然哲学家对这些问题的解释，然后剖析论证过程。举例来说，在"重力和轻力"标题下面，牛顿写道：

> 欲探明物体的重量是否因热或冷的影响而变化；或因膨胀或收缩而变化；因击打、粉碎化、转移至不同位置或不同高度而变化；被在其上或下吸附热物或重物所改变；是铅还是其扩散的粉尘最重；以及一个盘子平放与直放何者为重。

牛顿正在表明一种全新的科学态度——他在质疑传统观念。他搜罗了三一学院的图书馆里能找到的大量自然哲学书籍。讽刺的是，伽利略的两本伟大著作被学院查禁，但牛顿可能在格兰瑟姆读过它们。

1664年，在斯陶尔布里奇（Stourbridge）集市购买的一个玻璃棱镜激发了牛顿的灵感，他开始做实验研究光的性质。当时，最被广泛接受的光理论来自笛卡尔，该理论认为光是一种压力，通过透明的以太（ether）传递到视神经。牛顿认为光是一种微粒，一种粒子束，他感觉这可以更容易解释诸如反射、折射（光从一种媒介传播到另一媒介时发生的弯曲）和透镜产生的畸变等现象。

在1672年写给英国皇家学会（Royal Society）秘书长亨利·奥尔

登堡（Henry Oldenburg）的一封信中，牛顿描述了他用棱镜做的最早的一些实验：

> 我设法购到了一个玻璃三棱镜，随后尝试了大名鼎鼎的颜色实验。我准备了一个暗室，在紧闭的窗户上弄了一个小洞，让适量的阳光射入，我把棱镜放到阳光的入口，这样光就可以被折射到对面的墙上。这是一种令人非常愉悦的娱乐，看到制造出来的鲜艳和强烈的颜色……

通过这个棱镜，牛顿得以证明白色光由一系列的颜色组成，现在我们将这些颜色称为可见光光谱。这些颜色（如牛顿所定义）的范围从红色分布到紫色。牛顿还继续准确地推导出为什么物体具有不同的颜色。例如他写道，物体的红色、黄色：

> 是其组成物质通过阻止移动缓慢的光线而不阻碍更快速光线的运动而形成。而蓝、绿和紫色物体的组成物质可以减少快速光线运动，而不是慢速光线。

他把红光归为"移动缓慢的光线"，蓝色归为"运动更快速的光线"。今天我们要说，红色物体之所以是红色，是因为它反射了白光的红色部分却吸收了其他波长的光。而蓝色物体反射的是蓝光而吸收了其余光。

1664年的整个夏天和秋天，牛顿都浸淫在他的实验中。他沉迷于研究，甚至不惜冒着失明的危险。在一次实验中，他直视太阳，试图观察眼前出现的色环和色点。在二十五年后，他写给哲学家约翰·洛克（John Locke）的一封信里，他叙述道，他大概有三天看不到东西，不得不将自己关到卧室里，拉上百叶窗来恢复视力。

第二个实验甚至更鲁莽。为了观察眼球后方的压力效应，他将一个锥子（小匕首）插进了他的眼球和眼窝之间，尽可能地够到眼球后方扭动来看它会对视力造成什么样的影响。他很可能轻易就让自己永久失明，并在实验研究之前就葬送自己刚刚起步的科学生涯。

大概就在这个时候，牛顿还开始自学数学。当时，除了基本的算术和几何外，牛顿几乎没有这一学科的任何基础。但到了 1664 年夏天，他就已经掌握了他那个时代最为复杂的数学理论——来自约翰·沃利斯（John Wallis）的《无穷算术》（*Arithmetica Infinitorum*）（1655 出版）和笛卡尔的《几何学》（*Geometry*）等书。

牛顿在大学第三年结束的时候几乎没能通过升入最后一学年所要求的口试考试。虽然他很努力地学习，但他学习的几乎都是课程之外的知识。他的导师把他交给了首席卢卡斯数学教授①（Lucasian Professor）艾萨克·巴罗（Isaac Barrow）。牛顿跳过了欧几里得的《几何原本》的大多数内容，而巴罗刚写了一本研究欧几里得的书，此时，正希望考考牛顿的欧几里得知识。尽管牛顿回答得结结巴巴，但巴罗还是看到了他的潜力并让他过了关。在自己的缺陷被如此痛苦地暴露出来后，牛顿开始认识到首先要确保自己了解足够多的与数学相关的基本知识。之后，他在图书馆里翻得最勤的书就是巴罗的《欧几里得几何原理》（*Euclidis Elementorum*）。

牛顿并没有为 1665 年春天的学士学位考试作好准备。22 岁的他毕业时拿到的只是二级荣誉学位。这时候，大瘟疫波及到了英格兰，夺走了成千上万条生命。虽然剑桥的危险比伦敦要小，大学当局还是预防性地让员工和学生放假回家。牛顿在六月底的时候离开剑桥，回到伍尔斯索普度过了余下的两年时间。

传言正是在这段假期中，牛顿做出了自己所有的伟大发现，但这是一个夸张的说法。当然没有苹果掉在他的头上，尽管他自己宣称是在伍尔斯索普看到一个苹果掉下来激发了他对重力的思考。他在这段时间的日记显示，他对"万有引力"的思考还远未成形。但牛顿在家

---

① 卢卡斯数学教授席位（Lucasian Chair of Mathematics）是英国剑桥大学的一个荣誉职位，授予对象为数学及物理相关的研究者，同一时间只授予一人，牛顿、霍金、狄拉克都曾担任此教席，此教席的拥有者称为"卢卡斯教授"。（译者注）

的这两年确实完成了相当数量的重要工作，这是可以确定的。

为了解释万有引力，牛顿必须要开发一种新的数学形式。他从笛卡尔的《几何学》(*Geometry*) 中接触到了将斜率概念应用到曲线上的思想——实际上指的是斜线上某点的角度——在牛顿读大学时，这是艾萨克·巴罗一直以来研究的东西。隐居在偏远农村的牛顿继续研究这个问题，构想出了我们现在称为"微分"的概念。

借助微分，牛顿可以计算一个作圆周运动的物体所受到的力，例如系在一根线末端的小球。他发现这种力与圆周的大小即半径的平方相关。牛顿将这个理论扩展到了行星围绕太阳的轨道运动上，并得出结论，它们"行星努力远离太阳的力和其相对太阳的距离成反比"。从一张当时的羊皮卷手稿碎片中，我们可以看到牛顿进行这些计算时的草稿，但直到后来他才概括出，这种离心力被太阳和每一行星之间的一种吸引力（引力）所抵消。

1667年初，剑桥大学重新开学。牛顿在3月回归，攻读文学硕士学位（MA）并试图获取奖学金，开始为自己的将来奋斗。这次奋斗要获得成功，既需要有位置空缺，也需要认识贵人，且后一点非常关键。如果牛顿没法获得奖学金，他的学术生涯可能会结束，在1667年，六十名教师中，只有九个教师职位的空缺。

牛顿完全投入到了三一学院奖学金考试的准备工作当中，考试将在9月底举行。包括三天的口试，接着是一次笔试。10月1日上午宣布了结果，候选者被钟声召集过来。牛顿成功了，现在他有了一份谋生的工作，以及在业余时间进行科学研究的机会。每年两英镑的薪金以及学院的免费房间是牛顿获得的部分特权，当牛顿在1668年春取得硕士学位后，他的薪金涨到了2英镑3先令4便士（约2.70英镑）。一反常态的是，牛顿在这段时间开始了少量的社交活动，光顾小酒馆、玩保龄球、打扑克以及放松他那严厉的举止。

这并没有持续多久。牛顿很快回到了努力工作当中，并与艾萨克·巴罗进行了通力合作。巴罗在1647年17岁的时候进入三一学院。毫无疑问，他是一名聪明的数学家，但他发现自己总是与学院以及大学当局不和。巴罗直言不讳、关心政治，大受学生欢迎，却不被当局所喜欢。

在牛顿成为他的同事后不久，巴罗意识到他这位过去的学生取得了许多重大突破。他发现牛顿不愿意发表它们，所以不得不想办法从他身上哄出他所正在研究的一切。牛顿疑心其他人会窃取他的想法，于是深藏了自己的工作，只告诉那些他信任的人。

与之相反，巴罗意识到了交流在科学界的必要性，试图说服牛顿发表他的发现。机会在1668年降临，当时巴罗得到了一本丹麦数学家尼可拉斯·墨卡托（Nicholas Mercator）所著的关于"对数"的书，巴罗发现牛顿已经大大超越了墨卡托那本书里讲述的他对"对数"的研究。牛顿同意写一篇简短论文总结他的工作，论文题目为《运用无穷多项方程的分析学》[*De Analysi per Aequationes Infinitas*（*On Analysis by Infinite Equations*）]，但之后还是拒绝发表。直到1711年，这篇论文才得以面世。

巴罗在1669年卸任了卢卡斯数学教授席位，他推荐牛顿成为自己的继任者。10月29日，牛顿成了这个职位的第二个就任者，年仅27岁。八年之内，他就从一名大学新生变成了教授。他担任这个职位一直到1696年从剑桥辞职，那时他已经变成了世界上最有名的科学家。考虑到他是在研究炼金术的间歇取得了这样的成就，这越发让人惊讶。

从在克拉克先生的图书馆读到炼金术的那一刻起，牛顿就一直为之着迷。也许这看起来有点讽刺，科学革命的主要缔造者对炼金术大感兴趣，但那个时代的人们尚未认识化学的原子基础，炼金术与化学根本无法区分。

准确来说，"可使用的"炼金术在那个时代是非法的。一部1404年制定的法律规定制造金银为非法行为，直到1689年也未被废除。这意味着牛顿的研究是秘密的，不过他留下了大量笔记，在他死后人们发现他的图书馆里容纳的与炼金术相关的书籍比物理书还多（还有很多与神学相关的书籍）。他最早的炼金术笔记可以追溯到1669年，不过他关于炼金术的手稿直到19世纪中叶才问世。

牛顿的性格偏执又好奇，而炼金术的神秘特性以及他希望统一和理解整个自然的欲望，致使他在其中花耗了如此多的时间。在当时，从事炼金术的人普遍认为，炼金术要想成功，操作者必须具有"纯洁的灵魂"，这也许在一定程度上引起了牛顿的虚荣心。

笃信宗教的牛顿持有一种异端信仰——阿里乌斯主义（Arianism）——这种信仰排斥三位一体的神学理论，认为基督是第一个造物。17世纪70年代，牛顿还研究了模糊的古代神学文献，且非常痴迷。他大部分的神学研究在其去世后发表在一本叫做《对丹尼尔预言之观察》（Observations upon the Prophecies of Daniel）的书里，充斥着冗长混乱的思想。

牛顿作为卢卡斯教授的第一堂课——关于光学——是在1670年1月。少有的几名上课的学生发现自己很难跟上这堂充斥着数学内容的授课。所以在他的第二堂课上，无人到场。他在剑桥后来的岁月里，大部分的时间，牛顿都是在一个空教室里上课。如他的实验室助理所描述：

> 来听他上课的人如此之少——能明白的人更少，以至于他常常作出这样的举动，因为缺乏听众，他只能面向墙壁朗读。

这没有造成牛顿的困扰。教书是件麻烦事，没有学生是一种福利，因为这样他就可以把课堂缩减为十五分钟。他的教授职位要求一年上十节课，但牛顿很少上那么多，很快他就把所有的讲座都压缩到了一个学期里面。在他作为教授的二十七年里，我们只知道有三名学生得到了他的指导，森特·莱杰斯·克罗普（Saint Leger Scrope）、乔治·马卡姆（George Markham）和威廉·萨谢弗雷尔（William Sacheverell）。没有一个人在学术上取得过任何成就，他们的故事鲜为人知。

在得到教授职位后，牛顿首先考虑的是回头进行光学研究。他已经在1664年和1665年证明了白光是由彩虹的颜色组成，并推测物体的颜色由它们反射光的方式而产生。当他在1669年回到这一工作时，他发明了一种实验，他将其称为"判决实验"，以此来证明他的颜色理论是正确的。

他在1664年的实验证明了白光可以分解为各种颜色的光，这与当时流行的光理论相悖。当时的光理论认为光在穿过玻璃时被改变了，牛顿相信白光被分解的原因是因为蓝光在穿过玻璃时比红光弯曲得更多。

为了检验这个理论，他使用了第二个棱镜，这个棱镜只接受第一个棱镜折射出来的蓝光。他指出，当蓝光穿过第二个棱镜时，他只看到了蓝光出现，光没有发生进一步的分离。然后，用同样的实验设置，他只允许红光穿过第二个棱镜。第二个棱镜透出的红光与蓝光相比弯曲的程度更小，并以此来证明他的理论。

牛顿对此结果还不满意，并进行了更深入的研究。他将之前实验中的第二个棱镜替换为一个透镜，将第一个棱镜透过的光谱进行聚焦，再次生成了白光。透镜重新聚合色谱，逆转了棱镜的作用。最后，他在透镜和投射白光的幕布之间放置了一个齿轮，通过仔细调整齿轮的位置，可以在某些色光到达幕布之前遮挡它们。当他这样做了后，幕布上出现的光点不是白色。（现在，存在一些意见认为牛顿当时的设备敏感度不够，不足以产生他所记录的结果。在当时，他只是写下了他所期望得到的数据。但既然他是正确的，历史也是宽容的。）

科学界第一次有人知道这些实验是在1671年12月，当时也仅仅是因为牛顿想要把他的反射式望远镜呈送给英国皇家学会。反射式望远镜不像使用了透镜的折射式望远镜，其使用的是反光镜。他规避了苏格兰天文学家詹姆斯·格雷戈里（James Gregory）制造反射式望远镜的失败尝试，自己动手从零开始制造了一个变体。他的新装置的长度还不到15厘米，但可以放大40倍，比一个长达1.8米（6英尺）的反射式望远镜还要好。巴罗坚持要把牛顿的望远镜出示给皇家学会，不情愿的牛顿勉强同意了。

巴罗带着这架望远镜——设计和打造都很精致——去了伦敦，展示给了那里的院士们。天文学家约翰·弗拉姆斯蒂德（John Flamsteed）——后来的英国首席皇家天文学家——被它紧凑身材下的强大效果所征服。克里斯托弗·雷恩（Christopher Wren）（圣保罗大教堂的建筑师，也是一名热诚的天文学家）、罗伯特·莫里（Robert Moray）和保罗·尼尔爵士（Sir Paul Neile）将其带到怀特霍尔（Whitehall）向国王查尔斯二世（King Charles Ⅱ）进行了展示。1672年1月初，皇家学会的秘书长亨利·奥尔登堡写信给牛顿，说这架望远镜"已在这里经过了一些光学理论和实践领域最杰出的行家的检验，并被他们所赞赏"。

几周后，奥尔登堡再次写信告诉牛顿：他已经被选为学会的院士。收到消息后的牛顿非常高兴。在回信中，他感谢了全体院士，并继续向他们介绍自己的光学理论。1672年2月初，他寄给了奥尔登堡一份对光理论的详细描述——被称为《光与颜色之理论》（*Theory of Light and Colours*）的信。这封信于2月8日在学会得到了大声宣读，几天后，奥尔登堡写信告诉牛顿，说它"备受认可"。

皇家学会的部分职能是对实验进行重复验证，这是实验负责人罗伯特·胡克（Robert Hooke）的责任，他从1662年开始被指派这份工作。胡克毕业于基督教会学院（Christ Church College），并在1663年被提名为文学硕士。胡克和牛顿在几周之内就闹翻了，情况甚至恶化到了十二个月后牛顿濒临退出学会的边缘。

胡克不像牛顿，他拥有广泛的兴趣爱好。1665年，他出版了自己最伟大的著作《显微图谱》（*Micrographia*），该书报道了显微镜法以及显微镜下所能观察的事物（包括历史上第一张植物细胞的图片——胡克定义了"细胞"概念，认为一列细胞看起来就像一排僧侣的生活房间），还包含了一种光理论。牛顿或许对这本书并不陌生，且较为欣赏。然而他们之前的关系却变得越来越糟，这种状况一直持续到1703年胡克去世。

在牛顿给胡克的一封信中，牛顿写下了他最著名也最被人误解的一段引语："如果说我看得比别人更远些，那是因为我站在巨人的肩膀上。"这个在 1676 年 2 月写下的句子可能援引自罗伯特·伯顿（Robert Burton）的《忧郁的解剖》（*Anatomy of Melancholy*）一书，并被视为一种自谦语，意指牛顿的成就建立在其他人的工作上。但无疑它的主要目的是令胡克难堪，因为胡克被认为矮小并且驼背。

冲突的开始来自于胡克对牛顿写给奥尔登堡关于光和颜色的信的回应，他说"坦白说，我没能看到任何无可争辩的论据，使我承认该理论的确定性。"牛顿勃然大怒，但当时的风气是要礼貌地进行交流。牛顿写道："考虑过胡克先生对我论文的观察之后，我很高兴一个反对者说不出任何准确的东西来削弱它……"，他可能是在带着怒气进行述说。更糟糕的是，胡克在牛顿的那封信里真的发现了一个错误，而且高兴地将它指了出来。

还有一封通信造成了两人之间的不和。尽管牛顿的光理论得到了欧洲最负声望的光学专家之一惠更斯的支持，但他还是被一名天主教传教士加斯顿·帕迪斯（Ignace Gaston Pardies）所挑战。牛顿最后给帕迪斯写了信，终于说服他相信这个理论是正确的。胡克一直在通过皇家学会的《哲学学报》（*Philosophical Transactions*）关注这次争论，并给奥尔登堡写信抱怨牛顿的行为。

奥尔登堡在 1672 年 5 月给牛顿写信，建议牛顿缓和他的语气。在沉默了两周后，牛顿回信告诉奥尔登堡，"收到你的信后，我推迟了寄送原本我准备的那些东西，并决定单独给你寄一部分。"他指的是一套新的光学实验样本，他拒绝在《哲学学报》上发表它们。因此，这一成果直到 1704 年他的著作《光学》（*Opticks*）出版后才得以面世。

在完全地退出之前，牛顿回应了胡克对他的光学论文的批评，这些反驳在 1672 年 6 月皇家学会举行的一次会议上被大声宣读。牛顿以如此透彻的方式一点一滴地摧毁了胡克的异议，以至于让胡克感到异常羞辱。这次痛击开启了两人之间持续 30 年的战争。

就在牛顿认为他已经停止批评之后，惠更斯改变了他的看法。牛顿在 1673 年 3 月初收到惠更斯的异议后，写信给奥尔登堡：

先生，我希望你能想办法让我可以不再成为皇家学会的院士……我尊重这个协会，但我既不能让他们受益，又（因为距离的原因）不能享受参与集会的好处，故而，我希望退出。

距离只是一个借口——当时牛顿根本没有参加过一次会议——是批评声伤害了牛顿的自尊心。17世纪70年代的前五年，牛顿大部分时间都投身在炼金术的研究。

1675年，牛顿感觉有底气和奥尔登堡重新建立短暂的联系。他的第一篇论文——《解释光属性的解说》（An Hypothesis Explaining the Properties of Light）——解释了他认为光的反射、折射和散射是由于光的微粒在介质中传播时速度发生改变并被改变方向所引起的。他的第二篇论文——《观察的讲演》（Discourse of Observations）——讨论了牛顿尝试证明他的理论的一系列实验，但这引发了他与罗伯特·胡克的一次新的战斗，他认为牛顿偷窃了《显微图谱》的思想。

胡克这次没有通过奥尔登堡表达他的反对意见，而是在咖啡馆召开会议，倾泻他对牛顿"偷窃"行为的愤怒，这次会议的消息很快传到了剑桥大学。他们的关系变得更加糟糕了。那个时代的争辩往往会通过中间人进行，罕见的是，牛顿与胡克开始直接写信争吵。胡克与奥尔登堡吵了几架。奥尔登堡写信给牛顿，警告他胡克可能会直接写信给他，奥尔登堡或许暗自欣喜自己不用再当中间人。

因为习俗规定绅士间的直接通信应该讲究文明，这迫使胡克缓和了他那些信里的语气言辞。这次通信起始于1676年1月，胡克首先发起的一封信件，字里行间饱含对牛顿及其工作的称赞，但这一表面下其实深藏着厌恶的气泡。牛顿在1676年2月5日进行了回复，著名的站在巨人肩膀上的引语就来自这封回信。在后来两人的私人通信中，这种相互厌恶的潜台词十分常见。

1676年4月27日，牛顿和皇家学会之间有了和解的可能——这一天也可以候选为现代科学时代的开端。就在这天，皇家学会召开了一次会议，会上介绍了对牛顿的判决实验的重复实验，并确认了牛顿的假说。但他们之间的关系仍没有得到改善，1677年5月，艾萨克·巴罗去世，同一年迟些时候，奥尔登堡也去世了，这让牛顿感到愈发孤立。

更糟糕的是，胡克接替了奥尔登堡的秘书长职位。牛顿和这个英格兰最重要的科学协会完全切断了联系。他相信如果总是需要回答这些智力低下的人提出的无理问题，他将永不能推进对自然的思考。所以，他选择了自我封闭，除非到了要刁难胡克的时候，他才会打破这种封锁。

1684年在胡克、克里斯托弗·雷恩和天文学家埃德蒙·哈雷（Edmond Halley）之间发生的一次对话中，他们谈到了行星运动的话题。哈雷在这次对话中提问，使行星保持围绕太阳进行轨道运行的力是否会随着距离的平方减弱。他们告诉哈雷，这是一种假设的定律。哈雷问道，有人能证明它的正确性吗。胡克宣称他几年前已经完成了证明，不过他会将证据暂时保密，他想在看到其他人失败后再来公布自己的证明方法。

雷恩和哈雷都不相信这种大话，雷恩提供了一份奖品，如果胡克可以在两个月内给出证据，就可以得到一本价值40先令（两英镑）的书。胡克失败了，雷恩称，"就事论事，我认为他（胡克）做的不如说的漂亮。"知道牛顿对引力感兴趣后，哈雷前往剑桥与他进行了对话。这个决定改变了历史进程，他们俩的一个共同朋友亚伯拉罕·德穆瓦夫尔（Abraham Demoivre）对这次见面作了如下描述：

> 1684年，哈雷博士来到剑桥拜访他（牛顿）。经过一段时间的相处，博士问他，如果太阳对行星的引力假定是与距离的平方成反比，那么行星运动的曲线应该是什么样的？艾萨克爵士不假思索就回答——椭圆形。博士感到既惊喜又惊讶，问他是怎么知道的。他说，为什么？因为我计算过了啊。于是哈雷博士询问他的计算方法。艾萨克爵士毫不迟疑地在他的论文堆里翻寻，可惜

并未找到，但他许诺会重新计算，然后将文件邮寄给哈雷博士。

哈雷按捺住自己迫切希望看到计算过程的心情，耐心等待了三个月。最终他收到了牛顿的回信，一篇九页纸的论文——《论物体在轨道上的运动》(*De Motu Corporum in Grum*)。但好戏还在后头，这份文件只是一个开始，两年后，它将被扩展为图书《原理》(*Principia*)，这或许是历史上最重要的物理学著作。

《原理》——更准确来说是"自然哲学的数学原理"——在1687年7月出版，是牛顿的至高荣耀，它为"经典力学/牛顿力学"奠定了基础。直到现在，《原理》中的思想仍广泛运用于我们的日常生活中。没有《原理》，牛顿或许依然是一名重要的科学家，但《原理》使他跃居到这个行业的首位。

《原理》被分成了三卷。第一卷《论物体的运动》(*De Motu Corporum*)，它包含了牛顿的运动三定律以及他对行星椭圆轨道的计算过程。第二卷《论物体的运动，第二卷》(*De Motu Corporum Liber Secundus*)朴实无奇，主要分析物体通过阻尼介质的运动，包括空气阻力对钟摆的影响，并描述了物体的形状影响它们通过阻尼介质运动的方式。第三卷《论宇宙的系统》(*De Mundi Systemate*)，详述了他的万有引力定律。

正如我们在第1章所言，伽利略萌发了惯性的思想，牛顿第一定律对这一思想进行了正式化，该定律告诉我们：任何物体都要保持静止状态或匀速直线运动状态，直到外力迫使它改变运动状态为止。伽利略意识到惯性思想并不直观，如果我们给物体一个推力，物体并不会一直运动下去——因为阻力会使其逐渐慢下来。但在真空中，牛顿第一定律正确无比。

牛顿第二定律提出了重要公式 $F=ma$。在这个公式中，F 代表力，m 代表质量，a 代表加速度。牛顿将大部分的运动研究都建立在这个公式上。

牛顿第三定律告诉了我们，每一个作用力都有一个大小相等、方向相反的反作用力。这是步枪产生后坐力的根本原因，步枪子弹壳里的弹药爆炸使子弹头高速向前射出，同时产生了一个大小相等、方向相反的向后作用力，致使枪尾撞击你的肩膀。但因为枪的质量比子弹质量大很多，所以它的速度相比子弹就慢得多了。火箭拥有足够的动力穿越太空，即是此定律的经典应用。

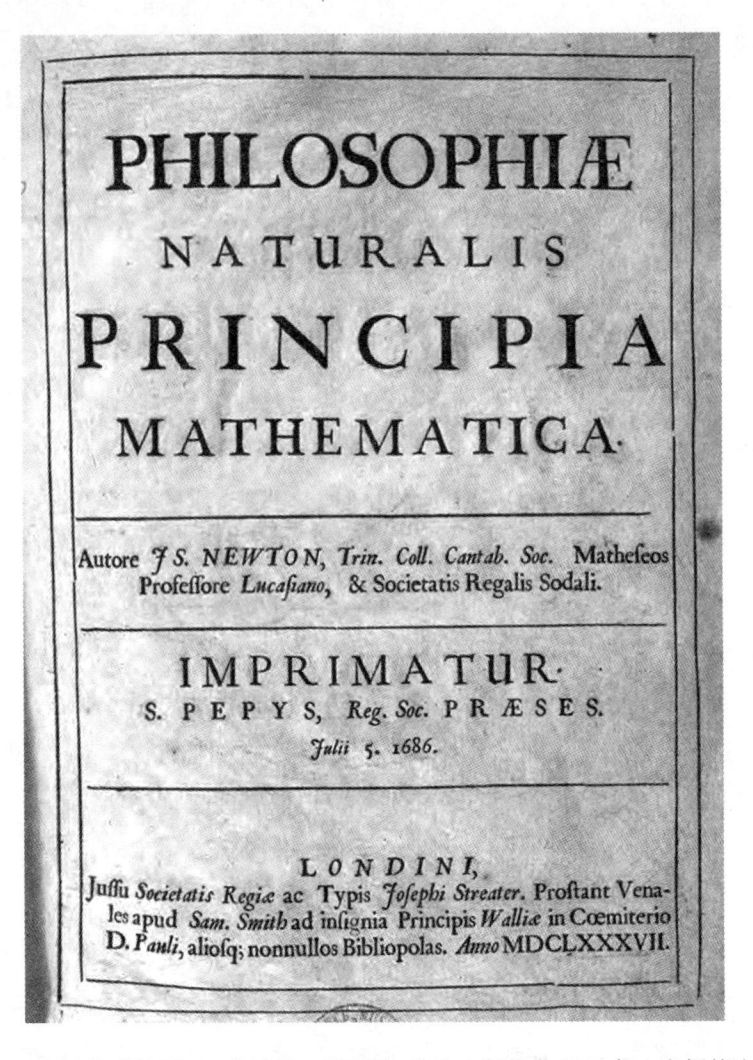

图2 牛顿的《原理》一书封面。《原理》首次出版是在1687年，牛顿的这本书可以在剑桥大学三一学院雷恩图书馆看到（书里还有他的勘误笔记）。

牛顿万有引力定律依靠的是一个简单到让人难以置信的公式，不过它没有详细地出现在书里面。它告诉我们两个物体间的引力取决于它们质量的乘积除以它们距离的平方。这个"万有引力定律"是物理学领域上第一个被准确理解的自然定律，它是如此的精确，可以轻松解释行星的运动、潮汐的起落和苹果的落地现象。该定律在1915年被爱因斯坦的广义相对论所替代（见第7章），但是除了最极端的情况，牛顿的万有引力定律已经够用了。

《原理》还首次披露了牛顿发明的全新数学概念，牛顿在书中将其称为"流数法"，即我们今日称为的"微积分"，但并未详细展开。此外，牛顿在一本1671年完成的书里还详细介绍过流数，但这本书直到他死后十年的1736年才出版。

牛顿不愿意在17世纪70年代将微积分公之于众导致了另一场旷日持久的发现权的纷争。这次让牛顿愤怒的对象是德国数学家戈特弗里德·莱布尼茨（Gottfried Leibniz），他在1673年和1675年之间独立创造了微积分。莱布尼茨是当时最伟大的数学家之一。十几岁的时候，他就写了一篇重要的数学论文，名字叫《论组合术》（*De Arte Combinatoria*）。随着惠更斯在欧洲的影响逐渐减弱，莱布尼茨冉冉升起接替了他的位置——"欧洲大陆的牛顿"（Continental Newton）。

1675年，奥尔登堡很清楚，牛顿和莱布尼茨之间的斗争将要冒出苗头。奥尔登堡试图说服牛顿发表关于流数的研究，但他的请求被牛顿拒绝。莱布尼茨在1684年10月发表了关于微积分的第一篇论文，比《原理》的出版早了三年，比数学界听说到牛顿的数学研究的时间长得多。作为回应，牛顿在《原理》第二卷的手稿里增加了一个部分：

> 十年前，在和最杰出的几何学家莱布尼茨的通信里，我表示我已经知道了如何确定最大值和最小值的方法，以及如何作切线等诸如此类的知识，但我在与其交换的信件中隐瞒了这方法（他插入了他在1676年6月寄给莱布尼茨的加密信息）……这位最

卓越的科学家回信说，他也恰好想出了同一种方法，并交流了他的方法，和我的几乎一模一样，除了他的措辞和符号之外。

这场关于微积分的长期纷争持续到了 1716 年莱布尼茨去世。1712 年，皇家学会成立了一个委员会专门调查此事以判决谁具有发现优先权。而当时，牛顿是学会会长，他监督了此次调查的每一个阶段，并起草了结论：牛顿是第一个发明者。虽然莱布尼茨试图反驳——现在他还是被认为微积分的独立共同发明者——但在牛顿无情的攻击下，他的健康状况逐渐恶化并在第二年去世。

《原理》问世的时候，它的信息量很大，让人难以理解。拉丁语的选择，也非常便于全欧洲的科学家们阅读。它的撰写方式很古典，以一系列论点的形式编排，后一个论点建立在前一个论点的基础上，逻辑关系明确。这不是一本随手翻阅就能理解的书籍（今天亦如此）。牛顿直到生命的最后一年才将其改为英文出版，就是为了减少外行人阅读它的可能性。

《原理》的最后一卷研究引力定律，却差点未能及时面世。胡克在 1686 年 4 月皇家学会的会议上听到了与《原理》相关的一小部分书的内容，他对没能听到提及他自己对引力的研究感到非常愤怒。哈雷向牛顿转达了胡克的愤怒，牛顿没有忍气吞声，他翻阅了《原理》的全部手稿，删除了任何提到胡克的地方。

在写给哈雷的一封后续的信里，牛顿写道：

> 我现在计划搁置第三卷的出版。哲学犹如一个好争且无礼的女人，一个男人情愿打官司也不愿与她发生纠葛。

哈雷动用了所有交际手段说服牛顿把第三部分寄给他。他告诉牛顿，他咨询了克里斯托弗·雷恩，他和哈雷一致认为，胡克宣称对牛顿引力定律的任何贡献都是无理的：

2 艾萨克·牛顿

你应当被认定为发现者,如果他(胡克)真的比你先知道,除了他自己,他不该责怪任何人……

牛顿平静了下来,于1687年4月将《原理》的第三卷寄给了哈雷,使得整部550页的著作在1687年7月得以出版。这本18个月写就的著作积累了牛顿二十年的研究。牛顿的科学建立在假说、坚实的数学事实和可验证的证据之上。虽然这一学科继续被称为"自然哲学",但牛顿的著作实际上是一本物理学的杰作。

随着著作的出版,牛顿开始寻求新的挑战。在剑桥大学的剩下的年月里,他变得愈发热衷于大学的管理工作,并在1689年代表剑桥大学参加了拥护奥兰治亲王威廉(William)登基的议会。

大概在这一时期,牛顿遇到了一位年轻的瑞士数学家尼古拉斯·法蒂奥·德·丢勒(Nicholas Fatio de Duillier)。法蒂奥比牛顿年轻22岁,出身优越。1687年他来到了英格兰,之后与牛顿发展了一段亲密关系。从两人之间频繁交流的信件中可以看出,这段关系似乎涉及到性。牛顿似乎迷恋着这个年轻男人,赠送给了他大量的礼物及款款深情。

在牛顿于1692年11月写给法蒂奥的一封信中,牛顿的落款为"你最挚爱和最忠诚的朋友 牛顿"——这是牛顿一生所有的信里最为奔放的一个落款。1693年初,牛顿建议法蒂奥搬到剑桥和他同居,而法蒂奥回信道:

先生,我愿此生或此生的大部分时间和您在一起。如果这成为可能,我希望得以成行的任何办法不会让您破费,并不会对您造成负担。

1693年5—6月,牛顿两次去伦敦探望了法蒂奥,但第二次见面粗暴地结束了他们的关系。据推测,他们分手的原因是,牛顿感觉法蒂奥对于他们共同热衷的炼金术太过公开化了。

Ten Physicists

这次分手对牛顿的影响是深远的。这年夏末，他一度表现得疯疯癫癫，给记者塞缪尔·佩皮斯（Samuel Pepys）和洛克写了几封语无伦次的信。这段时期，牛顿总结了他在炼金术上的工作，写了一本名为《实践》（*Praxis*）的书。引用传记作家迈克尔·怀特（Michael White）的话，"《实践》不过就是毫不掩饰的精神错乱和虚妄信念的混合物——一个处于疯狂边缘之人的作品。"

与法蒂奥的决裂导致牛顿精神崩溃。他迷失了，正在搜寻新的生活目标。救命索来自他的朋友查尔斯·蒙塔古（Charles Montagu），他为牛顿在皇家铸币厂谋得了一个职位。1696年4月20日，牛顿最后一次离开剑桥大学，去伦敦塔的铸币厂任总管职务，仅听命于铸币厂厂长。

当时，铸币厂正处于无人管理的糟糕状态。许多流通中的硬币均源于伊丽莎白女王时代，还有一些甚至可以追溯到150年前的爱德华六世（Edward VI）统治时期。因此，很多硬币已破旧不堪，铸币厂面临着假币和"剪币"（clipping）的问题，后者是一种切取硬币边缘以收集贵重金属的做法。在牛顿到任后不久，一场轰轰烈烈的再造币行动开始进行以期解决这些问题。

铸币厂厂长托马斯·尼尔（Thomas Neale）领着丰厚的薪水却尸位素餐。铸币厂在尼尔掌权的情况下前景极为不妙。但牛顿全身心投入到了新的角色中，逐一检查了铸币过程中的每一个环节。牛顿每天早上4点在压币机开动的时候，就早早站在那里，夜班（下午2点到午夜）的时候也会不时地赶往工厂监督工人做工。他就职的前几个月一直居住在伦敦塔，在他之前的几任总管从未这样用心地工作。

牛顿追索造伪币者和剪币者的敬业精神让人联想到他在学术界的风格。在1698年6月和1699年12月间，他审问了200名证人、线人和嫌疑犯，独自一人收集了大量证据。为确保有足够的生产力进行再造币，牛顿在英国其他五个城市建立了分厂。当尼尔在1699年去世时，牛顿升任厂长，余生都留在了这一岗位上。

1703年，牛顿还成功地竞选了皇家学会会长。前会长萨默斯勋爵

（Lord Somers）死于 1703 年秋，牛顿在当年 12 月当选。在此前一段时间，学会已经迷失了方向，会长一职落于对科学没有兴趣的政客之手是常事。牛顿的朋友蒙塔古在 1695—1698 年担任会长，在其任职期内只参加了一次议会会议。他的继任者萨默斯勋爵也好不了多少。学会正在同时失去资助和权威，而牛顿的续任将学会慢慢拉回正轨。

上任不久后，1704 年初，牛顿将他的新书《光学》递交给学会。《光学》首先以英语出版，之后在 1706 年被翻译为拉丁语。在此书中，牛顿发表了他从 17 世纪 60—70 年代所做的有关光学本质研究的实验。《光学》之于光的研究与《原理》之于运动和引力的研究一样重要。牛顿为揭示光的本质提出了微观的"微粒理论"，他本希望借助该理论统一《原理》中提出的宏观运动理论，但最后放弃了这一努力，他最终从出版的《光学》中剔去了这个部分。

牛顿的任期占据了他生命中最后 30 年的大部分时光。在他接手学会之后，他开始尝试将学会从位于格瑞萨姆（Gresham）学院的本部迁出，但初期的时候被枯竭的财政状况所阻。三年后，牛顿推行了入会收费的措施，到 1710 年，学会的财务状况开始好转。牛顿在 1710 年 9 月向议会提议，他们要搬到他在伦敦鹤苑（Crane Court）找到的一处地产。在搬家中，胡克大部分的设备和他唯一的一张肖像"丢失"了。即使胡克在 1703 年已经去世，牛顿依旧没有放弃过对他的仇视。

牛顿继续发起了他的第三次大争端，这次的对象是约翰·弗拉姆斯蒂德——皇家格林威治天文台（Royal Greenwich Observatory）的首席皇家天文学家。弗拉姆斯蒂德和牛顿原本关系不错，牛顿曾向他索要资料来确证引力平方反比定律。他们在 1684 年 12 月到 1685 年 1 月间的通信很简短，但牛顿非常礼貌。作为回报，弗拉姆斯蒂德提供给了牛顿索要的所有资料，包括行星和恒星的位置，这让牛顿得以更加精确地绘制了 1680 年彗星的运行轨迹。

随着牛顿取得了皇家学会会长的职位，他们的关系开始逐渐恶化。牛顿正积极地准备《原理》的第二版修订工作，此时的他已然察觉到很难再获得弗拉姆斯蒂德的自愿帮助。因为弗拉姆斯蒂德认为他对《原理》的贡献没有得到认可。为了让弗拉姆斯蒂德为牛顿提供帮助，他想了一个办法，即说服安妮（Anne）女王的丈夫乔治王子（Prince George）委托皇家天文学家编制一个天文学目录。他知道弗拉姆斯蒂德无法拒绝乔治王子提出的要求。

弗拉姆斯蒂德计划对星象进行完全的编录——《不列颠天象史》[*Historia Coelestis Britannica* (*a British history of the heavens*)]，以此可以展示每颗可见恒星的位置。他宣称乔治王子开始时预先商定投入1 200英镑来资助这个项目，这是格林威治天文台造价的两倍多。但后来牛顿说服乔治将投入减少到863英镑，迫使弗拉姆斯蒂德缩小了这一工程的范围。牛顿还安排了一个昂贵的出版商，尽量减少了弗拉姆斯蒂德可以获得的经济收入。显然，这让弗拉姆斯蒂德感到异常愤怒。弗拉姆斯蒂德带着抵触的情绪导致项目进展缓慢，直到1708年乔治王子去世也未能顺利完成。

这个项目曾一度被搁置，但牛顿说服了安妮女王成为《不列颠天象史》的金主。有一次，牛顿命令弗拉姆斯蒂德向他报告1711年7月的日食现象的观察结果，而弗拉姆斯蒂德对牛顿提出的命令完全无视。牛顿在学会委员会上公开让弗拉姆斯蒂德进行解释。三十年被牛顿捏在手里的懊恼喷薄而出，产生了——据一个牛顿传记作家所言——"这样一种在皇家学会从未见过的公开场面"。

在厌倦了弗拉姆斯蒂德的故意拖延之后，哈雷和牛顿使用现有的数据在1712年出版了未经授权的《天象史》版本。牛顿随即得以使用弗拉姆斯蒂德提供的月球资料在1713年发行了《原理》的第二版。愤怒的弗拉姆斯蒂德称这次出版为"腐败和堕落行为"，并称哈雷是一个"懒惰和恶毒的小偷"。弗拉姆斯蒂德没能活着见到他自己的《不列颠天象史》出版，他死于1719年。六年后，在他的两个朋友的不懈努力下，《不列颠天象史》终于面市。

这个时候，牛顿已经搬到了温彻斯特（Winchester）附近的克兰伯里（Cranbury）公园，这个公园的所有者是约翰·康杜特（John

Conduitt），他的妻子是牛顿的远房外甥女凯瑟琳·巴顿－康杜特（Catherine Barton－Conduitt）。牛顿一生中只亲近过三位女性——他的母亲、凯瑟琳·斯托勒以及现在的凯瑟琳。凯瑟琳让他变得更加友善，并关心他的家人，还影响了他家里的装饰风格。他主要在这所大房子以及位于伦敦杰明街（Jermyn Street）自己的房子里居住——在那里凯瑟琳有时会充当女主人，直到1727年3月31日他去世为止。牛顿被埋葬在威斯敏斯特大教堂（Westminster Abbey），墓前竖立着一块宏伟的墓碑。

除了同为英国人之外，牛顿和我们名单上的下一位物理学家之间几乎没有任何共同点。不同于牛顿的暴躁，迈克尔·法拉第的性情平和，他很少会对什么事耿耿于怀，他没有接受过任何正式训练，却成为了伟大人物。

迈克尔·法拉第

一旦科学插上幻想的翅膀,它就能赢得胜利。

——迈克尔·法拉第

3 迈克尔·法拉第

在我们名单上的十大物理学家中，迈克尔·法拉第是唯一没有接受过大学教育的科学家，仅凭着进行自我教育的强烈求知欲、对实验的尖锐眼光和对细节的细致观察，他成为了历史上最伟大的实验学家之一。除了化学上的重要发现外，他还发现了支撑电动机、发电机和变压器的科学原理，通过证明光可以被磁场影响，他第一次揭示了光和磁场的关联。

1791年9月22日，法拉第出生于纽因顿射箭场（Newington Butts），纽因顿位于黑衣修士桥（Blackfriars Bridge）以南约1英里（1.6公里）。今天，这里是伦敦南华克区（London borough of Southwark）的一部分，但那时还是萨里郡（Surrey）的郊区。在詹姆斯·法拉第（James Faraday）和玛格丽特·黑斯特维尔（Margaret Hastewell）所生的四个孩子中，法拉第排名老三。这对夫妇在1786年结婚后不久，从现在的坎布里亚（Cumbria）搬到了纽因顿。也许是因为找不到活儿的原因，铁匠詹姆斯搬到了南边。

詹姆斯和妻子都是萨德曼派教徒（Sandemanians），这是一个信仰某种圣经解读方式的基督教小派别。他们的信仰让他们远离物质财富的追求。迈克尔跟随他的父亲，终生都信奉这一教派的宗旨。为此，他拒绝了爵士称号，两次拒绝了皇家学会会长的职位，且不愿被葬入威斯敏斯特大教堂。他拒绝了1852年威灵顿公爵（Duke of Wellington）的国葬以及1858年维多利亚女王（Queen Victoria）长女的婚礼邀请。

法拉第4岁的时候，他家搬到了曼彻斯特（Manchester）广场附近雅各布（Jacob）马厩的一个马车房的旁边。这个广场在伦敦的西侧，现位于威斯敏斯特城。詹姆斯·法拉第开始为附近维尔贝克（Welbeck）街的五金商人詹姆斯·博伊德（James Boyd）干活。法拉第家境贫困，他只能在当地就读普通日校，在校期间也就学会了基本的读写知识与基础的算术。13岁生日后不久，1804年9月22日，法拉第去当了书店和文具店老板乔治·里鲍（George Riebau）的小听差，文具店就在布兰德福德（Blandford）街法拉第家的拐角处。

显然，法拉第的工作干得不错。在他14岁生日后，里鲍让他成为了一名学徒，学习"钉书、文具和卖书"的手艺。按照这个职位的条件，法拉第在七年的学徒期结束后才能离开。出于对法拉第的喜爱，里鲍免除了法拉第的学徒费用，为法拉第的父亲省了一大笔钱。此外，里鲍还在自己的家里为法拉第提供食宿。

1805年10月，法拉第搬来和里鲍及其妻子同住。这段时间，他对自己装订的图书产生了浓厚的兴趣，特别是那些科学类书籍。1809年，他开始写日记——《哲思杂录》（*Philosophical Miscellany*），对自己阅读的书籍做了大量笔记。诸如：《不列颠百科全书》（*Encyclopædia Britannica*）中的科学条目、简·马塞特（Jane Marcet）撰写的《化学对话》（*Conversations in Chemistry*）、艾萨克·瓦茨（Isaac Watts）编写的《悟性的提升》（*Improvements of the Mind*）都满满地记录在了法拉第的笔录里。

瓦茨的书对法拉第的影响最大，这本书教会了他写信的技巧、获取知识的最佳方法、笔记本的归纳保存方法。法拉第一个最大的优点是：他会记录下实验中每个方面的细节，包括失败的实验。他开发了一种有效的信息检索系统，给笔记本里每个段落编号。这项工作始于 1832 年，坚持 28 年后，他的词条编号记录到了 16 041。法拉第还开始尝试进行马塞特所著的《化学对话》里的化学实验。里鲍许可法拉第用一些基本装置建立了一个小型实验室。

1812 年在学徒期结束后，法拉第开始为第五国王大街（5 king）的一个装订商亨利·德拉罗奇（Henri De La Roche）工作。里鲍帮助法拉第获得了这个离家很近的工作，在 1810 年 10 月他父亲去世后，这个工作变得很重要。虽然法拉第已经掌握了这个行业的工作要领，但在开始为德拉罗奇工作时，他的心很显然已经不在钉书上面了。在一封信里，他抱怨道，他希望"一有机会就离开"，因为科学已经变成了他的真爱。

19 世纪初的科学工作很少。成为科学家的唯一途径（严格来说是"自然哲学家"，因为"科学家"这个概念直到 1834 年才形成），要么是赢得一个带薪职位，要么是自己足够富有。1812 年，皇家学会的 570 名会员中，四分之一的会员都有世袭头衔。对法拉第来说，做出离开稳定工作的决定无疑需要巨大的勇气。他的母亲是上帝的忠实信徒，她坚定地安慰法拉第，他的生活将跟随上帝的计划。

还在当里鲍的学徒时，法拉第就上了银匠约翰·塔特姆（John Tatum）在多塞特（Dorset）街自己的房子里开办的夜校。塔特姆给这些课程用传单打了广告，课程向任何人开放（男女不限），只要每堂课付一先令（5 便士）。法拉第后来写道，他在"1810 年 2 月 19 日和 1811 年 9 月 26 日之间上了 12 或 13 节课"。塔特姆的课程与城市哲学会（City Philosophical Society）有关系，这使得法拉第遇到了他的志同道合者，与他们缔结了终生的友谊。

法拉第做了丰富的笔记，在他的住所将其编写成册，里面还有丰富的图表。然后，他将这些笔记装订起来，最终完成了四卷课程笔记。1812 年初的一天，里鲍向一名顾客——住在曼彻斯特广场附近的威廉·丹斯（William Dance）的儿子展示了这些装订好的笔记。第二天，丹斯本人进来看了这些笔记，他被深深打动，并为法拉第提供了

Ten Physicists

参加皇家研究所（Royal Institution）汉弗莱·戴维（Humphry Davy）教授所授课程的门票。

皇家学会于1799年3月成立了皇家研究所，目标是建立一个"通过讲授哲学理论和实验课程、日常生活中的科学应用，传播知识和介绍有用的机械发明及进展暨促进教学的研究所"。用今天的话说，皇家研究所的目的是促进大众参与科学。

五十八名皇家学会院士每人贡献了50几尼[①]成为皇家研究所的创立人，威廉·丹斯就是其中之一。这栋购于1799年年中、位于21号阿尔伯马尔大街（21 Albermarle）皮卡迪利（Piccadilly）附近的建筑，至今仍是皇家研究所的所在地。这处地产，原本是一位绅士的城市别墅，后被改装为实验室和图书馆。里面最好的地方是一个半圆形、两层结构的阶梯式教室，可以容纳超过1 000人，至今仍在使用。

皇家研究所的第一堂课由化学家托马斯·加尼特（Thomas Garnett）于1800年3月11日所讲授，但当时研究所的化学明星是汉弗莱·戴维。他在1801年2月22岁的时候得到任命，并于第二年升为化学教授。戴维像法拉第一样出身贫寒。他1778年生于彭赞斯（Penzance），与伐木工父亲住在一起，在1795年之前上的是彭赞斯的普通日制学校及特鲁罗（Truro）文法学校，之后他开始了药剂师学徒生涯。

他受到了康沃尔郡（Cornwall）副郡长戴维斯·吉迪（Davies Giddy）的注意，后者是牛津大学化学讲师托马斯·贝多斯（Thomas Beddoes）的好朋友。1793年，贝多斯与大学当局闹翻离开，在布里斯托（Bristol）开了一间名为肺病研究所（Pneumatic Institute）的结核病诊所。贝多斯计划用约瑟夫·普里斯特利（Joseph Priestly）近期发现的气体治疗这种疾病，他需要一个帮手。吉迪推荐了在1798年10月搬到布里斯托的戴维。

戴维搬来住在那里还不到两年。正是在布里斯托他开始用一氧化

[①] 英国旧时金币或货币单位，1几尼等于21先令或1.05英镑。

二氮——更为人之所知的名字是笑气——做实验，他还对呼吸笑气上了瘾。1800 年，他将自己对笑气的说明发表在第一本书《关于一氧化二氮的研究、化学和哲学》（*Researches, Chemical and Philosophical, Chiefly Concerning Nitrous Oxide*）里。戴维在 1801 年 3 月搬到了伦敦，开始在皇家研究所工作，他在皇家研究所的影响力越来越大。

戴维是魅力四射的演讲者，因为他那非凡的化学演示环节，他的课程门票总受到大家哄抢。在当时，皇家研究所的收入大多依赖课程的门票收入，所以，在戴维的课堂演示明显地大受欢迎之后，研究所动手建造了英格兰设施最好的实验室。正是在这里，戴维使用电池[意大利人亚历山德罗·伏打（Alessandro Volta）在 18 世纪 90 年代所发明]，首次分离了几种化学元素，包括钠、钾、钙和钡。

很快戴维在事业和社会地位上双丰收，于 1812 年被乔治三世（George Ⅲ）之子雷金特王子（Prince Regent）封为爵士。三天后，他娶了富裕的寡妇简·雅比斯（Jane Apreece），有了她的钱，戴维得以在 34 岁的时候就从皇家研究所退休，成为一名自给自足探索科学的绅士。研究所不想失去最好的摇钱树，所以给他提供了荣誉化学教授（Honorary Professor of Chemistry）以及实验室主任（Director of the Laboratory）的职位。因此，他在皇家研究所的影响继续得以保持。

皇家研究所本希望挽留住戴维当讲师，但这样的愿望并未成功。戴维在 1812 年 3—4 月的课程是最后的绝响。法拉第拿着丹斯的门票坐在大教室的走廊里上了戴维的每一堂课。这一系列课程的主题是"酸的本质"——当时化学界的热门主题。例如，通过实验演示，戴维证明了盐酸（氢氯酸）不像以前争论的一样含氧，而是含有氢和氯。法拉第像往常一样做了详细的带图表的笔记，然后将之装订成册。

1812 年 12 月底，在里鲍和丹斯的鼓励下，法拉第给戴维写了信，随信附带了他装订精美的上课笔记。法拉第后来写道，"戴维的回信很快、话语很友善，表达了对自己的支持和肯定。"戴维在圣诞前夜回信说，"他为法拉第寄给他的笔记以及他'巨大的热情、强大的记忆力和专注力'感到非常高兴。"

戴维说他想在1813年1月底见见法拉第。后来的事实证明这纯粹是法拉第的运气，戴维刚在1812年12月接受了一个眼部手术，因为一次混合氮气和氯气的实验发生了爆炸，玻璃碎片飞进了他的眼睛。他不得已要雇用一个可以做基本工作和记录笔记的人，而他认为法拉第是最合适的人选。

法拉第的工作只持续了几天，因为戴维的眼睛恢复了。但不久之后，好运气又一次降临到了法拉第身上。2月19日，皇家研究所的负责人威廉·哈里斯（William Harris）听到阶梯教室传来了一阵"巨大的嘈杂声"。他发现实验助理威廉·佩恩（William Payne）和约翰·纽曼（John Newman）（研究所的一个仪器制作员）在彼此叫骂。纽曼抱怨佩恩打了他，几天后，皇家研究所的管理者炒了佩恩鱿鱼。戴维在寻找佩恩的替代者时，选择了法拉第。那年，法拉第仅22岁。

准确来说，法拉第是为皇家研究所工作，而不是为戴维，但戴维占用了法拉第大部分的时间。当时戴维提出让法拉第作为"哲学助手"加入他计划的欧洲之旅。法拉第几乎没有出过伦敦，更别说英格兰海岸线了，但他意识到当戴维的得力助手是一个不能错失的机会。1813年10月13日，戴维、戴维夫人、她的女仆和法拉第一同离开了伦敦。

他们的第一段旅程是从普利茅斯（Plymouth）起航前往巴黎，旅途持续了18个月，经过了法国、意大利、瑞典、德国和比利时。法拉第原本是充当戴维的贴身男仆，但在不同的城市，他也陪着戴维与科学家们会面，讨论化学里的最新理论。然而，当他们在1815年3月到达那不勒斯（Naples）时，戴维得到了拿破仑从厄尔巴岛（Elba）逃离的消息。在政治和军事形势不明朗的情况下，戴维一行中断旅行，很快回到了英格兰。回到英格兰几周后，法拉第被解雇，但在5月中旬，他又回到了皇家研究所。法拉第剩余的职业生涯都留给了皇家研究所，但他没有在实验助理位置上停留多久。实际上，法拉第很快就帮助戴维在工业安全上作出了一个重大贡献。

毕晓普威尔茅斯（Bishopwearmouth）的校长请求戴维发明一种煤矿安全照明的方法。当时，矿下的灯光照明引发了很多可怕的爆炸事故，因为沼气（甲烷气体）暴露在明火下经常会发生爆炸。最严重的一次灾难是发生在1812年5月的矿难——英格兰东北的纽卡斯尔（Newcastle）附近，这次矿难夺走了92条生命。

在法拉第的帮助下，戴维制成了戴维矿工安全灯，这种安全灯将灯焰封闭在一个细金属丝网内。金属丝网允许气体透过，如果沼气着火，可以促发火焰，但火焰不会穿越出金属丝网，燃烧很快会被限制住。此外，火焰的状态还可以作为鉴定空气质量的标准。如：火焰燃烧迅速熄灭，则预示二氧化碳过剩，可使人窒息；火焰燃烧非常旺盛，则预示有大量沼气存在。在接下来的数十年里戴维安全灯拯救了煤矿里数以千计的生命。

1823年6月，法拉第娶了萨拉·巴纳德（Sarah Barnard）为妻，她是法拉第家人参加的教会里的一位银匠长者的女儿。两家人从法拉第记事起就已熟识。她比他年轻9岁——尽管在19世纪50年代的照片里，她看起来比丈夫更老。萨拉有三姐妹，法拉第很小的时候就对萨拉情有独钟。他们开始互相通信，但萨拉的父亲在一次偶然看见他们的通信后，进行了干预，他将萨拉送到了伦敦东南边一个海边小镇拉姆斯盖特（Ramsgate）。

法拉第无法忍受这次分离，跳上了一辆长途四轮马车前往拉姆斯盖特看望萨拉。他几个月来一直在鼓起勇气向她求婚。在一次沿着海岸的旅途中，他迈出了勇敢的一步，牵起了萨拉的手。那天晚上，他请求她嫁给他，萨拉同意了。他们把婚礼定在6月12日。法拉第住在皇家研究所的一个小房间里，所以他找到戴维，询问是否可以使用阁楼里空余的房间。请求被允许了。法拉第被提拔为实验室的负责人，不过他仍拿着之前的每年100英镑的薪水，外加供暖、蜡烛和阁楼房间的福利。

法拉第不仅只有个人生活发生了巨大变化，在丹麦教授汉斯·克里斯蒂安·奥斯特（Hans Christian Ørsted）发现电磁力的启发下，他的科学生涯也发生了一次意想不到的转折。奥斯特注意到当他打开和关闭电线的电流时,电线附近的指南针发生了偏转。他得以证明,电线里的电流在电线周围产生了一个环形的磁场。

奥斯特的实验结果引起了学界的广泛关注。法国科学家安德烈-玛丽·安培(André-Marie Ampère)重复了这个实验,消息传到了皇家研究所。法拉第并未多加注意,此时的他正忙于化学实验,但戴维却对此产生了兴趣。1821年4月,一名涉猎科学的医学博士威廉·沃拉斯顿(William Wollaston)拜访了皇家研究所,建议戴维和他一起反向实施奥斯特的实验——看看他们是否能在磁场里让电线产生电流。

沃拉斯顿和戴维实验了几个小时,但没能成功。戴维向法拉第解释了他和沃拉斯顿之前的尝试,但还未引起法拉第的注意,直到他被要求回顾《哲学年鉴》(Annals of Philosophy)里的电磁研究进展为止。法拉第整理了当前的进展,包括奥斯特在一篇名为《电磁学历史概述》(Historical Sketch of Electromagnetism)的论文里发表的新结论。接着,他更进了一步。

他回想了沃拉斯顿和戴维未能成功的实验。法拉第意识到电线两端必须要连上电池,且要能保证电流自由移动。在1821年9月初,他发明了一种优雅而简单的解决方案。他把一根棒状磁铁放入一个盆底,并融入石蜡,一旦石蜡固化,就可以使这根磁棒在盆中向上竖起。接下来他将水银——一种电的优良导体——倒入盆里。电线的一端置入水银,另一端连到一个蓄电池的端子上。

法拉第将电池的另一端连到水银上,完成回路,电流接通。当他完成之后,电线开始绕着磁铁作环形运动。法拉第发现了电动机的原理,他将这种现象命名为"电磁转动"。他在《科学季刊》(Quarterly Journal of Science)上发表了他的发现,名字是《关于新电磁运动的记录》(Note on New Electro-Magnetical Motions)。

这一成果对于理解电学和磁学现象非常重要,但它也标志着法拉第和戴维决裂的开始。沃拉斯顿质疑法拉第窃取了他的想法。戴维支持他的朋友,并对法拉第未向他咨询就动手做了这个研究并发表了文章大发雷霆。

　　法拉第和戴维之间的关系继续恶化。两年后的1823年，法拉第首次液化了氯气。法拉第报道了他的发现后，戴维感觉法拉第的说明里没有充分承认自己的贡献，戴维在皇家学会的一次会议上诋毁了法拉第。1823年4月，法拉第的朋友理查德·菲利普斯（Richard Phillips）——其本人最近刚入选学会院士——提议法拉第也应获得院士这一荣誉。他发起了提名，但到5月底，法拉第得知戴维要求菲利普斯收回了提名表格。

　　这时的法拉第面对戴维已经自信了很多，他提醒前导师：只有提议者才能收回自己的提名。据法拉第所言，"然后他说，'我作为会长将会收回它。'我回答，我相信戴维爵士会做他自己认为对皇家学会有益的事情。"戴维没有将自己收回提名的威胁付诸实施，但是花了功夫试图说服提名者同意法拉第不应该入选。不过这只是徒劳，1824年1月8日，法拉第成为了院士。

　　戴维反对法拉第入选院士的部分原因可能是因为他不愿支持一个与他曾有过如此紧密工作关系的人入选院士。戴维一直在试图摒弃约瑟夫·班克斯（Joseph Banks）任会长时期泛滥的裙带关系。不管戴维的目的是什么，法拉第后来写道，他"再也不可能像成为皇家学会院士之前那样和汉弗莱·戴维爵士保持同样的科学交流关系了"。

　　不久后，戴维让法拉第参与了三个费事耗时的项目：雅典娜（Athenaeum）俱乐部的成立、保护军舰铜底的项目以及提高光学玻璃质量的项目。雅典娜俱乐部是一个为有志于成为学会院士的非科学人士开设的精英俱乐部。1824年初的整整一个月时间里，法拉第被束缚在给达官贵人写信邀请他们入会的杂事里。在5月的一次会议上，法拉第被正式授予了雅典娜俱乐部的秘书长职务，每年薪水为100英镑，他当时拒绝了。然而最后，他还是参加了这个俱乐部，并建议他们研究通风和照明。

　　前一年，海军委员会找到戴维，让他研究军舰铜底的锈蚀问题。戴维怀疑这种锈蚀是由于铜与富氧水发生的电反应所引起，并提出建议：可以尝试锌的使用来减少锈蚀反应。海军部下达命令在三艘军舰上进行实验，1824年2月中旬，戴维的保护措施被采用。法拉第进行了大部分的后期跟踪实验，1824年4月末，海军委员会很满意保护措施发挥了作用并对整个舰队都进行了配备。

不幸的是，1825年初，新的问题出现了。锌保护装置确实减少了铜锈蚀问题，但却使船体被藤壶及其他海洋生物所包裹，因为锌无法产生有毒铜盐，而铜长期浸泡在海水里可以产生有毒铜盐并能赶走这些生物。1825年7月，海军部命令去除所有锌保护装置，并将责任推到了戴维的头上。这次公开的出丑损害了戴维的健康，并导致他在1827年11月辞去了皇家学会会长的职务。

在此前，戴维交给法拉第的项目里最为耗时的是提高光学玻璃的质量。皇家学会和经度委员会（the board of longitude）组成的一个联合委员会委托玻璃制造商派勒特和格林（Pellatt and Green）公司制造玻璃，并由法拉第对制成的玻璃进行化学分析。他后来监督了玻璃的制造，打磨工作由光学仪器制造商乔治·多隆德（George Dollond）公司完成，天文学家威廉·赫舍尔（William Herschel）则负责测量玻璃的光学性质。

戴维的前赞助人戴维斯·吉迪在锌保护装置事件后接替戴维成为了皇家学会会长与联合委员会的主席，他决定为法拉第在皇家研究所建造一个玻璃熔化炉。高质量的光学玻璃需要达到几个要求，包括同质性和高折射率——这可以通过加入重金属例如铅来达到。随着玻璃冷却，金属灰会沉入底部，所以要对它进行持续的搅拌。十年前，德国玻璃透镜制造家约瑟夫·冯·夫琅和费（Joseph von Fraunhofer）已经克服了这个问题，但他对工艺进行了保密，所以法拉第的任务是在没有任何资料的情况下复制出夫琅和费的方法。

1827年12月，法拉第试图对夫琅和费的技术进行逆向工程，最后却以失败告终。在之后的两年里，他花了三分之二的工作时间在这个项目上，制造了215锭玻璃。法拉第对这个工程占去的时间感到十分恼怒，他开始和伍尔维奇（Woolwich）的皇家军事学院（Royal

Military Academy）商量成为他们的化学教授。接着，戴维遭受了一次严重中风，在几个月后的1829年5月去世。随着戴维的去世，提高光学玻璃质量这个项目被放弃，而法拉第终于可以自由安排自己的工作了。

法拉第在皇家研究所的首批差使包括辅助讲师在大阶梯教室进行演示。上午的课程由接替戴维的化学教授威廉·布兰德（William Brande）给附近温德米尔街医学院（Windmill Street medical school）的医学生上课。下午的课程范围很广，讲授者包括工程师约翰·米林顿（John Millington）、诗人托马斯·坎贝尔（Thomas Campbell）、音乐家威廉·克罗奇（William Crotch）、皮特·罗热（Peter Roget）和建筑师约翰·索恩（John Soane）。

1824年12月7日，法拉第在皇家研究所上了自己的第一堂课，不过他以前——1816年和1818年间——在城市哲学会也讲授过类似课程。他开始阶段讲授的是一个分为19部分的系列课程，主题是金属，听众里有地理学家罗德里克·默奇森（Roderick Murchison）。后来他评价法拉第的讲课风格很一般，因为他的讲课风格就是一直念书，缺乏与听众互动。随着时间推移，法拉第慢慢开始提高自己的教学水平。

1826年12月，法拉第成为研究所的助理主管，职责包括监督皇家研究所大楼的维修。作为当时最为年长的皇家研究所雇员，法拉第的第一批行动包括解决长久以来困扰研究所的收入问题。他创办的两个系列课程，现在仍在运行：星期五夜间课程和为青年听众准备的圣诞节课程。从1826年的开通之日到1861年他的最后时日，法拉第都是圣诞节系列课程的主要讲授者。而最近的几十年来，这些课程一直在用电视进行转播。

圣诞节课程向所有人开放，但星期五晚上的课程只提供给以正装出席的皇家研究所会员以及他们的朋友。法拉第从这些课程创始一直坚持到1840年，总共授课127堂。他认识到他可以利用这些课程增加皇家研究所的会员人数并邀请更多的新闻界人士参与进来。后来，关于这些课程的长篇报道确实出现在了英国的流行杂志上，而皇家研究会的会员人数也确实增加了。19世纪20年代早期，皇家研究所每年能吸引约11个新会员，法拉第将这个数字推进到每年大约65名。

很显然，法拉第的授课技巧越练越佳。皇家研究所从1830年始创就开始记录星期五课程的听众数据，他们发现法拉第课堂的出席人数呈递增趋势：19世纪30年代，约200名听众；19世纪40年代，约600名听众；19世纪50年代，约800名听众。法拉第成为了他那个时代最受欢迎的讲课者。

虽然戴维让法拉第忙得不可开交，但法拉第并没有停止对电和磁的思考。奥斯特已经证明了电线中的电流可以产生磁场，法拉第想知道的是磁场是否也能产生电流。他在笔记里写道，"如果电转变为磁是可能的，那为什么反过来不行呢？"他在19世纪20年代试过几次，不过没有成功。

1831年8月，法拉第动手做了一系列实验来探究这种效应。他使用了一个铁环，在铁环两边绕了两个电线圈。当他给一边的线圈通上电流时，他注意到连接上另一边线圈的电流表——一种测量电流的仪表——的指针短暂地抖动了一下，然后又回到了零的位置。它保持在零的位置，直到他切断回路时，指针又向相反的方向抖动了一下。法拉第由此发现了变压器的原理，在今天的许多设备——例如手机充电器——里都可以找到它的存在，它还被广泛应用于现代电网，因为发电厂输出的高压电需要通过变压器将电压降低后才能输出到家用中去。

法拉第并没有完全相信这个结果，所以他重复了这个实验，又得到了同样的结果。然后，他利用假期休息了一段时间，利用这段时间他和萨拉去了黑斯廷斯（Hastings）旅游，一个月后才回到实验室。法拉第继续用这个新发现的现象做实验，10月17日，他中了头奖，他发现通过将永磁铁移进和移出线圈可以产生电流。

在接下来的时间，他修改了这个实验，修改内容包括在永磁铁的两极之间放置一个铜盘。10月28日，他发现这个铜盘旋转时也可以产生电流——图3即为他的实验笔记里对这个实验的描述。

法拉第做出了他最重要的发现——如何用磁铁和导体产生电流。他发现不管是导体相对磁铁运动或是磁铁相对导体运动均能产生电流。现在的任何一种发电机——不管是用煤、天然气、核能还是风能——都在应用这个原理。

1832年3月，法拉第建立了另一个重要概念，他发现带电流的电线在磁场中运动的方向与电流和磁场两者皆成直角。他还证明了当电流方向和磁铁方向彼此成直角时，磁场让通电电线产生运动最为显著。尽管当时的数学认知有限，但法拉第正在使用三维空间的思维方式进行思考。

1832年晚些时候，法拉第的注意力转移到了电化学上面。当时的人们对不同方式所产生的电——例如电池、闪电、静电、电鳗和法拉第的"电磁感应电流"——是否具有同一性尚存在争论。法拉第则相信这些不同方式所产生的电流是完全一样，但皇家研究所的新任自然哲学教授威廉·里奇（William Ritchie）以及汉弗莱·戴维的弟弟约翰持反对意见。

法拉第打算证明某些人们观察到的电现象比如生理学效应、磁偏转、火花、发热能力等，本质上都是同一种东西——不管其来源是什么。为了启动这一研究，他在1832年11月向皇家学会递交了一篇论文，在论文中，他总结这些效应已被证明是所有类型的电所共有的。

当他在1839年重印这篇论文时，基于他在这几年的持续性研究，他已能够填补之前理论上的大部分的空白，最终证明了各类现象中的电流效应完全一样。随后，在曾为地质学中引入"中新世"和"上新世"概念的威廉·休厄尔（William Whewell）的帮助下，法拉第相续引入了"电极"、"阳极"、"阴极"和"离子"的概念。

为了人们可以更好地理解电荷的本质，1835年，法拉第借到一个大铜锅炉，绘制了锅炉内部及表面的电荷分布和强度图。铜是一种优良的电导体且相对廉价——这也是为什么现在的大部分电线都采用铜作为材料的原因。法拉第想在皇家研究所的阶梯教室里演示他的实验过程。他在一个木框架中构建了一个大的电线"立方体",每边都有 3.7 米（12 英尺）长,装上了玻璃脚以和教室地板绝缘。

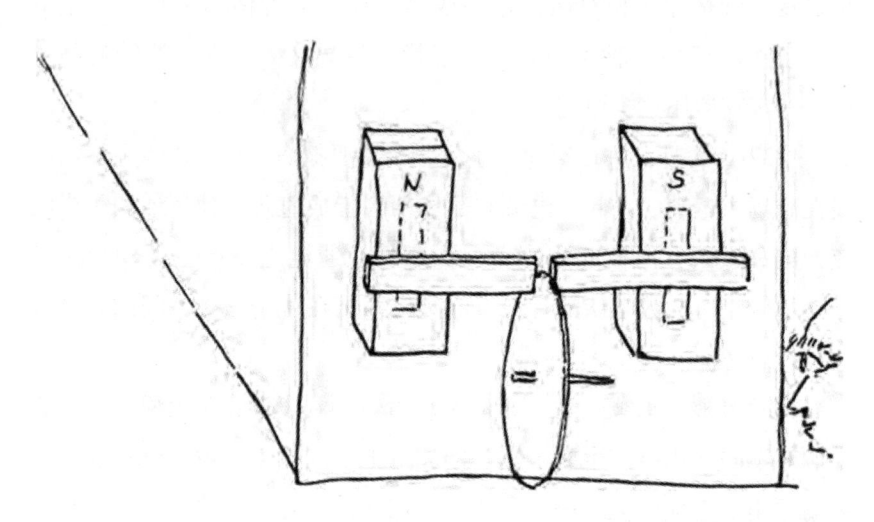

图 3　法拉第所画的铜盘发电机,他在 1831 年 10 月 28 日的实验笔记里所绘。

法拉第用静电给围绕立方体的电线充电,然后,他掀开一面盖子,钻进了立方体里面。用他自己的话说,他"钻进立方体住到了里面",和"点燃的蜡烛、静电计和其他的电状态的测试装置"待在一起。他的实验证明了立方体外面有电荷,但里面什么也没有。他建造了现在所称的法拉第笼。即,你乘坐在汽车或飞机上,汽车和飞机可以被闪电击中但你不会被高压电流煮熟的根本原因。没有电荷可以穿进这样的导体。法拉第笼的实验也能帮助他证明电不像一些人所认为的那样是一种流体。

1836 年,法拉第开始尝试寻找各种已知的力之间的联系,并在笔记本里写下,他将要做一些实验"对各种微粒子力进行量的比较,例如,电力、引力、化学亲和力、内聚力等"。他甚至希望以某种形式给出这些力之间的等价表达式。尽管在 1836 年,法拉第就已记下了这些想法,但事实上,直到 13 年后,他才能将注意力完全转向来研究这些力之间可能存在的关系。

1834年6月，查尔斯·惠斯通（Charles Wheatstone）发表了一篇名为《测量电流速度和电光持续时间的实验说明》（*An Account of Some Experiments to Measure the Velocity of Electricity and the Duration of Electric Light*）的论文。惠斯通让电流在电线上传送了约1 000米远，在电线两端和中间各设置一个火花隙（spark gap）。他安装了一个类似钟表结构的小镜子，以便于他对这面镜子可以实现快速翻转。他这样布置预期达到的效果是：如果不同位置的火花隙进行火花放电是同时进行的，火花在镜子中的反射就会呈现为一条直线。而实际发生的情况是，中间位置的电火花比其他位置的电火花要滞后一点。电流到达电线中间位置的过程消耗了时间。惠斯通计算电的传播速度为463 500 000米/秒。

这个实验激发了法拉第的兴趣。1836—1837年，他略微修改了一下惠斯通的实验，用水、玻璃或其他不良导体替代电线在回路中连接电极。实验结果是中间电火花的延迟时间增加了。法拉第提出一个理论，在这些不良导体中存在一种逐渐进行的电荷累积现象，当电荷累积到足够产生电火花时就会放电。1837年11月中旬，他引进了"电介质"（dielectric）的概念来解释实验现象，电介质指的就是两个导体之间的非导体的电状态。

19世纪30年代末期，法拉第把注意力转移到电和生命的关系这个问题上。有人认为电是一种生命力，可以起死回生。自从路易吉·伽伐尼（Luigi Galvani）演示青蛙的腿被一个带电的手术刀接触时会发生抽搐以后，认为电在生命中具有关键作用的思想就变得异常流行。这也激发了玛丽·雪莱（Mary Shelley）产生灵感并撰写了《弗兰肯斯坦》（*Frankenstein*）（也称《科学怪人》）一书。法拉第为了测量微电，甚至在自己的实验室里养了些青蛙。

1839—1842年，法拉第做的研究相对较少。这在一定程度上源于病痛给他带来的折磨。1839年末，他生病了，其症状表现为眩晕、眼花和头痛。他被迫到僻静的海边休息了一个月来恢复健康。整个1840年，他都在竭力支撑，到了1840年12月，皇家研究所的负责人告诉他，他被暂时解除会内职务，直到身体完全康复为止。1841年他花了3个月时间在瑞典接受治疗，但效果并不理想。在法拉第与朋友的通信中，他经常提到自己的健康状况非常糟糕。

生病期间，法拉第也没闲着。1840年10月，他成为了所在教会的长者。这需要法拉第承担大量的额外义务，包括领头做礼拜。他还深度参与了政府工作，为领港公会（Trinity House，掌管领港员的考试、灯塔的建设等）、兵器部（Ordnance Office）和内政部（Home Office）做实验。有人认为他承担了这些政府项目是因为他感觉自己的研究进入了死胡同，不知道该怎么继续下去。

即便法拉第迷失过方向，那也只是暂时的。1843年初，他开始思索虚空（empty space）的本质，及其是否能导电的问题。1844年1月，他在皇家研究所做了一次名为"对电传导和物质本质的猜想"的演讲，相应的论文发表在《哲学学报》上。他提出虚空能否导电的问题不能用化学家约翰·道尔顿（John Dalton）提出的原子理论进行解答。相反，法拉第声称整个空间都分布着力线（lines of force）的会合点。作为该理论的一部分，法拉第认识到他需要证明磁力是物质的一种普遍属性，而不仅仅限于磁性金属。

法拉第在1845年初进行了一系列实验研究，以试图证明这点。他推测磁力是一种与温度相关的现象，因为铁在加热后会失去磁性。法拉第想知道无磁性的物质在室温下被冷却后能否磁化。他通过将气体液化，获得零下110℃（166°F）的温度，1845年5月，他开始研究此温度下的物质能否磁化。得出的结论是只有钴可以做到。法拉第在《英国哲学杂志》（Philosophical Magazine）上发表了他的实验结果，他觉得能将铁、镍和钴与其他金属区别开来的唯一特性就是它们磁化时的温度。

1845年6月，法拉第出席了英国学术协会（British Association）的年会，第一次遇到了后来的开尔文爵士（Lord Kelvin）威廉·汤姆森（William Thomson）。刚满21岁的汤姆森已是物理学界冉冉升起的一颗新星。1846年，汤姆森将任格拉斯哥（Glasgow）大学的自然哲学教授。在此次会面中,汤姆森和法拉第建立起了一段持续法拉第余生的友谊。

1846年8月,汤姆森写信给法拉第,透明的电介质会对偏振光(只向一个方向振动的光)产生什么效应。法拉第的回答是,他在1834年做过这个实验,但没有什么发现。因为汤姆森的来信,法拉第决定重新研究这个问题。恰巧,法拉第正在为领港公会测试四个强大的塔灯,他准备使用其中的一个塔灯,让光穿过电解质(溶解时会电离的物质)来研究其效应,但再次得到了阴性结果。接着他产生了灵感,把掺杂了硼酸铅的玻璃放入一个电磁铁的两极之间。

这次法拉第发现,在电磁铁开启时透过这块玻璃传播的光会改变它的偏振方向。他在笔记里写道,"实验证明:磁力和光彼此存在联系。这一客观事实非常棒,这对于研究两种条件下的自然力具有巨大价值。"他将这种显示出磁光效应的透明物质称为"抗磁体"(diamagnetics),与电介质取名一致。法拉第做出了两个重要突破。首先,将光和磁联系了起来;其次,他发现玻璃可以被磁影响。

这些研究结果均支持法拉第的"所有物质在合适条件下都可以表现出磁性的理论"。接下来,他希望证明自己能直接用磁力影响玻璃。他从航运商查尔斯·恩德比(Charles Enderby)那里得到了半条锚链,并在其上缠绕大约160米长的电线,制作了一个马蹄形的巨型电磁铁。这个巨型电磁铁的最终重量大约为108公斤。

他在11月3日启动实验,第二天,他在电磁铁两极之间悬挂了一块"重玻璃"(掺杂铅的玻璃)。实验发现:当缠绕在磁铁上的线圈通电时,玻璃会自动调整位置与两极对齐。一周内,他发现超过50种物质能表现出磁性。在他的论文里描述这些实验时,法拉第首次引入并使用了"磁场"的概念,这个概念对于现代已知的四种自然力模型来说非常关键。

1851年底,法拉第绘制了磁铁周围铁屑的分布图,任何一个学过物理的学生都会对此图非常熟悉。他首先通过信件将这些图发给了朋友们。然后,于1852年先后发表了两篇论文,在论文里他用这些图作

Ten Physicists

为证据表明"场"的存在。法拉第缺少把他的理论置入数学框架内的数学技能，这个工作将由我们的十大物理学家中的下一位——詹姆斯·克拉克·麦克斯韦来完成。

虽然这个"场"的概念始于法拉第对磁力的形象化，但麦克斯韦将其扩展为电磁场，并进一步扩展来描述引力和其他力。甚至著名的希格斯（Higgs）玻色子也有自己的场——希格斯场。通过希格斯玻色子，粒子与希格斯场相互作用，使自己产生了质量。爱因斯坦在他的书房墙壁上留下了三幅画像：法拉第、牛顿和麦克斯韦。1936年他写道，"法拉第和麦克斯韦描述的电场思想可能是牛顿时代以来的物理学奠基过程中最深刻的一次变革。"

19世纪40年代末期，法拉第面见了艾伯特（Albert）王子。王子是皇家研究所的赞助人之一，1849年2月他首次听了法拉第关于抗磁体的讲座。两人迅速发展了一段友谊。1855年，艾伯特王子将自己的两个十几岁的儿子，威尔士（Wales）王子和艾尔弗雷德（Alfred）带来，参加了法拉第的圣诞课程。1858年3月，当横跨泰晤士河（Thames）的新切尔西桥开通时，法拉第陪着艾尔弗雷德王子和威尔士王子成为了第一批跨桥者。

1858年4月，汉普顿宫（Hampton Court Palace）的一栋钦赐别墅空出，王子向维多利亚女王建议，将此别墅赠予法拉第。这个月晚些时候，法拉第和萨拉拜访了这间别墅——安妮女王楼，但发现它需要大量的修缮工作。白金汉宫（Buckingham Palace）承担了修缮费用。9月初，别墅转交给了法拉第。从那时起，尽管还保留着自己的阁楼房间，法拉第和妻子在汉普顿宫度过的时间越来越长。1867年8月25日，法拉第在这里与世长辞。他被葬在了海格特墓地（Highgate Cemetery）的非英国国教区。

法拉第的电磁实验研究为我们名单上的下一位物理学家詹姆斯·克拉克·麦克斯韦最重要的工作奠定了基础。与缺乏数学训练的法拉第相比，麦克斯韦是19世纪最有成就的数学物理学家之一，他将法拉第的研究工作转换为物理学中最重要的理论之一——电磁理论。

詹姆斯·克拉克·麦克斯韦

如果我们想揭示大自然的规律，只有运用尽可能准确地认识自然现象的方法才能达到目的。

——詹姆斯·克拉克·麦克斯韦

4　詹姆斯·克拉克·麦克斯韦

在我们名单上排名第五的是苏格兰物理学家詹姆斯·克拉克·麦克斯韦。与伽利略、牛顿或法拉第相比，他的名气要逊色很多，但麦克斯韦理应得到更好的待遇。爱因斯坦说过，"一个科学时代结束了，而另一个科学时代开始于詹姆斯·克拉克·麦克斯韦。"麦克斯韦没有更大名气的原因可能与他的研究工作高度数学化的特点有关，此外他还是一个羞涩和腼腆的人，年纪轻轻就英年早逝。

1831年6月，麦克斯韦出生于爱丁堡（Edinburgh），他是约翰·克拉克（John Clerk）和妻子弗朗西丝·凯（Frances Cay）的独子。克拉克家族通过婚姻得到了米德尔比（Middlebie）庄园——原来属于麦克斯韦家族。麦克斯韦的祖父把他的准男爵爵位传给了麦克斯韦的伯父乔治（George），而格伦内尔（Glenlair）庄园——米德尔比庄园中大小为1500公顷的部分——则传给了第二继承者麦克斯韦的父亲约翰。约翰·克拉克在继承格伦内尔时，把麦克斯韦这个名字加入到了姓氏里面。

约翰·克拉克·麦克斯韦早年是一名辩护律师，在爱丁堡的执业让他过上了安乐的生活。在他的家族中，他还能分到一笔不少的财富作为私人收入。因此，钱对他而言并非最重要的东西。他与弗朗西丝·凯相遇并结婚后，夫妇俩离开了爱丁堡前往格伦内尔，格伦内尔位于苏格兰西南邓弗里斯（Dumfries）和加洛韦（Galloway）之间的乌尔谷（Vale of Urr）。约翰和妻子结婚很晚，他们的第一个孩子伊丽莎白（Elizabeth）早早夭折。弗朗西丝生下詹姆斯时已快40岁了。詹姆斯得到了父母的宠爱，这时，约翰已完全放弃了辩护律师的职业，过上了一名乡村绅士的生活。

宗教在詹姆斯·克拉克·麦克斯韦的成长历程中扮演了重要角色。每天早上，他的家人和仆人都要聚在一起祈祷。每个周日，他们都会一齐前往格伦内尔以西8公里的帕顿（Parton）教堂。但是，麦克斯韦的家庭并非过着清教徒式的严格生活。格伦内尔别墅充满了欢声笑语，经常伴有音乐和舞蹈。从很小的时候起，麦克斯韦由他的母亲在家里进行教育，但也和本地儿童一起玩耍，从而沾上了很重的加洛韦口音，这种口音伴随了他一生。

麦克斯韦的母亲患上了腹部肿瘤，死于1839年，享年47岁，这粉碎了麦克斯韦家的幸福生活。约翰忙得没有时间辅导他8岁的儿子，同时，他认为当地没有合适麦克斯韦就读的学校。起初他雇了一名16岁推迟上大学的年轻人给麦克斯韦上课。但这个尝试最后被证明是一场灾难。这名家庭教师缺乏激励男孩学习的办法，而麦克斯韦也进行了反抗。

所幸，麦克斯韦的姨妈简（Jane）伸出了援手。她告诉约翰自己将和约翰的姐姐伊莎贝拉（Isabella）一起在爱丁堡照顾麦克斯韦。离伊莎贝拉的房子不远就是著名的爱丁堡公学（Edinburgh Academy）；麦克斯韦可以在上学时住在伊莎贝拉家，放假时回到格伦内尔。

因为一年级班已经满员，11岁的麦克斯韦被安排到了二年级。开始的时候，事情很困难，不仅因为麦克斯韦周围都是比他大的男孩，还因为他们取笑他的口音。与老练的爱丁堡年轻人相比，麦克斯韦的穿着看起来很奇怪，麦克斯韦的同学们认为麦克斯韦的穿着和口音像一只孔雀。麦克斯韦在学校时常被同学们取笑和欺凌，经常独自一人坐在操场一角。一名同学形容他"像一个全速运行的火车头，但轮子没能抓住铁轨"。直到一年多后，他才交到一个真正的朋友，但这似乎并没对他造成太多的困扰。

麦克斯韦定期与父亲通信。与平常孩子无异，这些信件充满了孩子气的玩笑和故事。但就在他13岁生日过后，麦克斯韦写道，"我制作了一个四面体和一个十二面体，还有两个多面体，我不知道如何才能正确地称呼它们。"他还没有上过几何课，但已阅读过很多与"正多面体"相关的数学书籍，并开始制作多面体的模型。

传统死记硬背的学习方式不适合麦克斯韦，但三年级的课程变得越来越有意思，他找到了发奋用功的动机。他的成绩提高了，甚至开始享受拉丁语和希腊语的乐趣。现在他发现自己身边围绕着更爱学习的男孩了。第二年数学课开始后，他的天赋似乎被激活了。他轻易就掌握了几何学，这震惊了他的同学，自信增长的他在其他科目上也开始表现得更好。很快，他进入了顶尖学生的行列。

几乎在同时，班上的明星学生刘易斯·坎贝尔（Lewis Campbell）搬到了麦克斯韦姑妈的隔壁。聪明的刘易斯很受同学的喜爱。两人成了朋友，经常一起走路回家，讨论课堂作业。起初几何学是他们共同的兴趣，但不久后，他们的讨论范围开始扩展，他们的友谊持续到了麦克斯韦去世。

通过刘易斯的介绍，麦克斯韦成为了其他聪明、活泼的同龄男孩的朋友。彼得·格思里·泰特（Peter Guthrie Tait）就是其中一位，他后来成为了苏格兰最好的物理学家之一。他曾几次在争夺学术职位时打败了麦克斯韦。两人后来都成为了教授，麦克斯韦终生都与其保持通信。

令人惊讶的是，麦克斯韦在14岁时就写了第一篇科学论文，论文是关于如何用线和图钉绘制曲线。将一根线的一端系在一个图钉上，另一端系上一支铅笔，你可以画一个圆。将线的两端系在分开的图钉上，并用铅笔推着线使其保持绷紧——这可以绘出一个椭圆。图钉间的距离相对于线的长度离得越远，椭圆就越细长，而如果把两个图钉放到同一个位置，就会得到一个圆。

麦克斯韦在几何学里学到了基本知识，并对此进行了更深入的研究和思考。他将椭圆线的一端松开，系上了铅笔。然后，他让这根线绕着第一根图钉和第二根图钉绕圈，使线保持绷紧，绘出了一条与众不同的曲线，更像一个鸡蛋的轮廓。他继续画了更多曲线，这些曲线根据他用线环绕每个图钉的圈数的不同而不同。据此，麦克斯韦推导出了一个数学方程，将线绕图钉的圈数和图钉间的距离以及线的长度联系了起来。

麦克斯韦的父亲决定将这一成果介绍给一个朋友——爱丁堡大学的自然哲学教授詹姆斯·福布斯（James Forbes）。福布斯和他的数学同事菲利普·凯兰（Philip Kelland）为这个男孩的天才所倾倒。他们仔细查找了数学文献，发现勒内·笛卡尔（René Descartes）在17世纪发现了相似的结果。令人惊讶的是，麦克斯韦的数学比这个法国人的更简单且更常规。后来，人们发现麦克斯韦得自曲线的这些方程在透镜设计上具有非常重要的作用。

福布斯将麦克斯韦的论文提交给了爱丁堡皇家学会，因为麦克斯韦太年轻了，还不能靠自己单独提交。这篇论文引发了广泛的兴趣，麦克斯韦很享受其带来的关注。他的父亲为儿子的成就大为自豪。而这篇游戏之作也标志着麦克斯韦的科学发展历程中的重要一步。从这一刻起，麦克斯韦投入到了伟大科学家们所从事的工作中。他还学习了哲学，以求更好地理解科学的发展过程。

在青少年时期，麦克斯韦有时会和他的简姨妈待在一起，她确保麦克斯韦的宗教教育能够得到维系。她每周带他去主教（Episcopal）教堂和长老会（Presbyterian）教堂，安排他参加慕道班———种主日学校的形式。麦克斯韦深刻的个人化和反思性的宗教信仰成为了他一生的指导原则。

16岁时，麦克斯韦上了爱丁堡大学。他打算跟随父亲的脚步学习法律。他选修的课程很广泛，他学习了古典学、历史学、数学、逻辑学、自然哲学、"心理"（经典）学和文学。他发现大学一年级的数学和自然哲学课程太过基础，但麦克斯韦被逻辑学课程吸引住了。可以说，这些课程开发了麦克斯韦作为科学家最为重要的两个能力。首先是，他一次又一次回溯同一个问题进行深入思考的能力；其次是，因为这种哲学基础训练，麦克斯韦对某些事物不能被直接测量的概念深入人心。这种真知灼见帮助麦克斯韦发明了抽象的电磁方程，并在今天的现代物理学中成为了一种基本思想。

我们一般认为麦克斯韦是一名理论物理学家。但是，他对实验抱有一种激情，他的这种激情是在爱丁堡的第一年被他父亲的朋友詹姆斯·福布斯所激发的。他与福布斯的相处非常融洽，福布斯允许麦克斯韦在实验室里工作到很晚。麦克斯韦在爱丁堡大学所受的三年教育，大部分来自于课堂之外。在6个月的暑假期间——这在当时苏格兰的大学中是惯例——麦克斯韦会继续在格伦内尔的一个临时实验室里做实验。

偏振光是麦克斯韦非常感兴趣的一个主题。在前面章节中我们知道，偏振光的光波只在一个方向进行振动，而不是所有方向——从物体表面反射的光与该表面平行偏振，这就是为什么偏光镜能够减少眩光的原因。麦克斯韦发现，当偏振光穿过未退火的玻璃（玻璃冷却太快，产生了内应变）传播时，会产生色彩鲜艳的图案。

麦克斯韦扩展了观察范围，希望看看偏振光在其他同样承受机械应力的固体中能否显示出图案。他让偏振光透过甜甜圈形状的透明果冻，扭曲果冻来产生应力。偏振光产生了美丽的内应变图案。这是光弹性法（photoelastic method）之始，今天仍被工程师用来验证设计方案。他们会用透明材料制成一个比例模型，然后用偏振光照射，改变模型产生应力来观察应变图案。

作为本科生的麦克斯韦继续撰写论文，并将一篇初稿送给了福布斯看。教授发现这篇手稿读起来很艰涩，结构也很糟糕。他批评了麦克斯韦，敦促他，如果想要自己的研究被别人读到的话，就要提高写作技巧。作为回应，麦克斯韦开发了维多利亚时代科学家中最流畅的写作风格之一。

在麦克斯韦完成学位之前,他说服父亲去剑桥可以得到更多成就,于是他申请了彼得豪斯(Peterhouse)学院,他的朋友泰特之前已经去了那里。麦克斯韦在1850年10月18日与父亲一道到达彼得豪斯。在第一学期,麦克斯韦的父亲发现彼得豪斯给在麦克斯韦那年毕业的学生仅仅提供一份奖学金。他们一起决定,麦克斯韦应该转到更大和更富有的三一学院。

三一学院更受麦克斯韦的喜爱。他热切地想要利用剑桥大学所提供的一切,甚至有时候会尝试不走寻常路。有一阵,他会在午夜进行锻炼。一个同学描述过:

> 从凌晨2点到2点半,他沿着上层走廊跑步,爬下楼梯,再沿着下层走廊跑步,然后爬上楼梯。如此反复进行锻炼,直到沿途房间里的住客纷纷起床埋伏在他们的门后,在他经过时用靴子、梳子等等扔他为止。

当时,剑桥大学主要是法官和神职人员的培训基地。但即使是古典学的学生,也必须得应对数学荣誉学位考试(mathematical tripos)来获得学位。荣誉学位考试的前三天考的是标准数学教材,但是,要获得荣誉学位,还有另外四天题目更难的考试要过关。学生需要具备洞察力和创造性,才能解答出这些问题。

任何通过这次为期七天的严峻考验获得一等荣誉学位的人,都可以得到数学荣誉学位考试优胜者(wrangler)的称号——全世界皆认可的学业成就。数学荣誉学位考试优胜者以名次进行排名,取得第一名(senior)者相当于赢得一枚奥运会金牌。通过荣誉学位考试后,最好的数学家会在一个更难的考试中进行竞争,来决定史密斯奖(Smith's Prize)的归属。

麦克斯韦毕业获得的是数学荣誉学位考试优胜者第二名,第一名被彼得豪斯的爱德华·J.劳思(Edward J. Routh)获取。在史密斯奖的竞争中，麦克斯韦加了一把劲，他和劳思被宣布为联合优胜奖获得者。麦克斯韦的短期前程稳定了下来。他可以以"学士学者"的身份留在三一学院，并能在几年内申请更富有声望的研究生奖学金。

有了自行研究的自由后，麦克斯韦将注意力转移到了视觉过程——他对人们观察颜色的方式感兴趣。因为当时没有可以窥视人类眼睛的仪器，所以麦克斯韦"发明"了世界上第一架眼底镜［他当时并不知道这已被查尔斯·巴比奇（Charles Babbage）和赫尔曼·冯·亥姆霍兹（Hermann von Helmholtz）所发明］。使用这一仪器，他仔细观察了视网膜的支持血管网络。

牛顿已经证明了白光可以被分解为彩虹的颜色。但人类是如何产生色觉的呢？牛顿认为像棕色这些不在光谱之内的颜色可能是通过颜色的混合产生的，并创造了一个色轮探索他的七色当中需要哪些颜色来产生棕色、粉色等等。

另外，画家将红、蓝和黄色颜料混合在一起制成了调色板。纺织工人也以类似的手段混色。也许这三种颜色有什么特别之处？英国医生和物理学家托马斯·杨（Thomas Young）怀疑眼睛拥有三种类型的颜色受体，分别掌管红色、蓝色和黄色，但没有进一步探寻这个想法。

麦克斯韦还在福布斯的实验室时就激发了对颜色理论的兴趣。福布斯教授转动一个由各种色块组成的像饼状图一样的轮盘，产生了各种各样的颜色。福布斯发现红色、黄色和蓝色的混合产生不了白色。他退后一步，在转盘上只放两个色块——蓝色和黄色——在画家的调色板上这可以调出绿色。令他惊讶的是，当他转动色盘时，色盘看起来像是暗粉红色。

1854年，麦克斯韦就是从此处接手进行了研究。他发现光的混合和颜料的混合之间存在一个本质区别。颜料提取自身的颜色（颜料吸收除自身颜色之外的光，只反射本身颜色的光，比如红色颜料吸收除红光以外的光线，只反射红光，看起来就是红色）。与之相反，光是叠加在一起而产生了最终的颜色。麦克斯韦应用这个理论制造了一个由红色、绿色和蓝色组成的转盘，成功产生了白色。他制造了一个装置，可以用这些颜色的不同组合来旋转转盘，与旁边的色纸进行比较。

用转盘边缘的一个尺子，麦克斯韦测量了每种"原"色（我们今天所知的红色、绿色和蓝色）的比例。从这一实验研究中，他制成了今天所称的麦克斯韦原色三角，这是现代所有的电视和电脑屏幕产生颜色的原理。他推导出了一个数学公式，可以计算任何色度所需每种原色的量。

在这个阶段，麦克斯韦还产出了三篇与电磁学相关的论文，这预示着该领域的一场革命。当时电学和磁学已经有了很多发现，这归功于法拉第和他同时代的科学家，但这些知识都是零碎的，没有一个连贯的、囊括一切的理论。

到麦克斯韦的时代，科学界已经存在两种理论。数学物理学家推导了方程，假设电荷和磁极就像引力一样在一定距离发生超距作用。另一方面，法拉第构想出一个理论，电荷和磁极将"场"注入空间。在法拉第的模型中，力线从电荷或磁极发散出来，其他电荷和磁极感受到这些传播过来的力线（line of force）。

大部分科学家更偏爱超距作用这个理论，因为这可以推导出精确的方程式。这些定律遵循熟悉的牛顿描述引力的平方反比律。法拉第所认为的空间充满了不可见力线的理论对大多数科学家来说似乎太疯狂。他们怀疑这位自学成才的科学家的价值观。然而，麦克斯韦在阅读法拉第的研究时，认识到了场理论的强大。法拉第的力线概念是值得进一步研究的严肃理论，但它缺乏数学框架的支撑。

麦克斯韦推断，静止的力线由静止的磁铁或静止的电荷产生。这些力线可能是三维的，空间中力线经过的每一个点，力都应该以特定的力度进行作用。场就是矢量——既有大小又有方向的量的集合。数学上的矢量概念（向量）在当时还处于萌芽阶段，但麦克斯韦已经对此熟稔，并能够用它来构建理论框架。

威廉·汤姆森（William Thompson）对热流的研究工作为麦克斯

韦提供了帮助。汤姆森发现描述静电力大小和方向的公式与描述固体中热流的公式具有相同的数学形式。麦克斯韦联系了汤姆森，汤姆森帮助麦克斯韦加速了对后来著名的矢量场的数学描述。

汤姆森把静电力线和热流进行了类比，但麦克斯韦对静电力的设想却不同。他想象存在一个没有重量、不可压缩的流体流过一个多孔介质。流体的流线代表了静电力场和磁场的力线。根据他想象的介质孔隙度的不同，麦克斯韦可以解释不同材料的电学和磁学特性。

在法拉第的模型中，力线就像触手一样从磁极或电荷发散出来。麦克斯韦将之修改为一个更连续性的概念，称为"通量（flux）"。通量的密度越高，电或磁力就越强。假想流体上任何一点的流动方向就相当于通量的方向，流体流动的速度就是"通量密度"。流体由于压力差而流动，就像管道中的正常液流一样。

虽然麦克斯韦知道这只是一个模型，但它能得出正确的结果。此外，这个模型准确地解释了一些不同物质交界处发生的电磁效应，而超距作用理论解释不了。在麦克斯韦的模型中，流体是不可压缩的，这样就自动地得出电力和磁力随距离的平方成反比下降。

麦克斯韦的下一步是看自己能否用这个模型写出方程，来描述在电线附近移动磁铁产生电流的现象。他选取了一个单独的小空间，以我们现在所称的"微分形式"重新诠释了已知的定律。这在当时并不容易，但最终，麦克斯韦发现矢量的概念完全能适用于法拉第用来解释磁铁在电线附近移动产生电流的理论。麦克斯韦在1855年就做到了这点，他的方程式可以描述静电和磁作用。他意识到自己有必要将其研究扩展到可以囊括变化的场，但却不知道该怎么做。

麦克斯韦把这一工作写成了论文《论法拉第的力线》（*On Faraday's Lines of Force*），并将其递交给了剑桥哲学学会（Cambridge Philosophical Society）。他还将一份论文寄给了法拉第本人，得到了下面的回信：

我收到了你的论文，对此表示非常感谢。我不敢冒昧地对你所言关于"力线"的内容表示感谢，因为我知道你是怀着对哲学真理的兴趣完成了这一工作。但是，你可以认为我对这一工作心怀感激，而且它极大地鼓励了我对此继续进行思考。当我看到涉及该理论的这样一种数学深度时，我几乎被吓住了。然后，我惊奇地看到这个理论如此站得住脚。

1856年2月，麦克斯韦得到了一份新的工作，从而改变了他的生活。福布斯教授告诉麦克斯韦在阿伯丁（Aberdeen）的马歇尔学院（Marischal College）尚有一个自然哲学教授的职位空缺。麦克斯韦只有24岁，但他的几个同龄人已经是教授了。威廉·汤姆森22岁的时候就已就任格拉斯哥（Glasgow）大学的同一职位，麦克斯韦的爱丁堡学友泰特成为了贝尔法斯特（Belfast）的女王大学（Queen's University）的数学教授，年龄只有23岁。

麦克斯韦向马歇尔学院递交了申请后，他和父亲一起度过了1856年的复活节假期。当时他的父亲刚从肺部感染中恢复，显然，约翰为儿子的进步兴奋不已。但悲剧的是，他的病情在接下来的时间迅速恶化，约翰·克拉克·麦克斯韦去世时，麦克斯韦就在他身边。麦克斯韦现在正位于一个伟大学术生涯的边缘，但同时也要承担格伦内尔庄园的责任。

回到剑桥，麦克斯韦收到消息，他被选为阿伯丁的教授。夏季学期末，他收拾好行李前往格伦内尔，整个夏天都在盘算庄园的管理事宜，然后，于11月前往阿伯丁。他是阿伯丁的马歇尔学院15年来最年轻的教授。

马歇尔学院为学生提供了广泛的教育。大多数学员希望投身法律、神职、教师或医药事业。在第一堂课上，麦克斯韦就讲明自己超出科学以外的职责是教他的学生如何进行独立思考。此外，他讲明实验研究将会是学生训练中的一个关键部分，这在当时并不寻常。

麦克斯韦对大学政治兴趣寥寥，但却没法忽略马歇尔学院和阿伯丁的另一所高等院校国王学院（King's College）之间的相互竞争的流言。当时的苏格兰只有五所大学（另外三所是爱丁堡、格拉斯哥和圣安德鲁斯大学），很多当地人觉得阿伯丁要承担两所大学的费用非常荒谬。于是他们组建了一个皇家委员会来讨论两所大学的合并事宜，头上笼罩着这一阴影的麦克斯韦开始了在阿伯丁的生活。

在这所大学期间，麦克斯韦准备攻克土星环之谜，而这一问题已经困扰了天文学家近两百年。剑桥的圣约翰学院（St John's College Cambridge）将这个问题设为久负盛名的亚当斯奖（Adams Prize）的题目。麦克斯韦经过一系列精致的计算，通过对已有的数学技巧进行新的组合，希望证明这些环并非实心盘。莫非是液体？采用了傅里叶（Fourier）分析，麦克斯韦证明液体会分裂为液滴。通过排除法，他论证这些环是微粒的组合，它们太小，而我们与它们之间的距离又太长，以至于无法看到。

麦克斯韦提交了他的研究工作，并获得了这个奖。虽然他是唯一的参赛人，但这并不能削弱他的成就，反而凸显了这一问题的难度。皇家天文学家乔治·艾里爵士（Sir George Airy）宣称麦克斯韦的工作是"我所见过的数学在物理学上最卓越的应用之一"。至今150年，没有人在此基础上提高我们对这些环的认识。

麦克斯韦在阿伯丁最重要的工作是研究气体的动力学理论（气体分子运动论）。对于气体受热行为的理解在18世纪后期和19世纪前期一直在发展，并进而产生了物理学的一个新分支——热动力学。德国物理学家鲁道夫·克劳修斯（Rudolf Clausius）在1859年发表的关于气体扩散的论文激发了麦克斯韦的兴趣。例如，他在论文中提到扩散可以用来解释香味如何通过空气进行传播。

18世纪，瑞士数学家丹尼尔·伯努利（Daniel Bernoulli）提出了一个解释扩散的理论——如今众所周知的动力学理论。这个理论就是气体包含有大量往各个方向运动的分子，这些分子对容器表面的作用产生了气压。这些分子的速度和热有关。温度越高，分子运动越快，它们撞击容器的次数就越多。到19世纪中叶，这个理论已经成功地解释了人们观察到的气体大多数的特性。

Ten Physicists

但也出现了新的问题。在室温下，分子会以每秒几百米的速度快速运动。而为什么香味要花很长的时间才能扩散穿越一个房间？克劳修斯提出，这是因为分子一直在相撞，并不停地改变方向，故而导致其行径轨迹多而无序。分子要穿过一个房间，可能需要旅行几公里的距离。

麦克斯韦很感兴趣。克劳修斯假设在一个给定温度下，所有的分子都以同一速度运动。麦克斯韦感觉这是错的，他怀疑分子的速度无法被分配得如此平均。他没法使用标准的牛顿动力学解决这个问题，因为他处理的是一大堆以不同速度运动的分子。

麦克斯韦采用了一个前所未见的统计学方法。他推导了现在所称的"麦克斯韦分布"来描述气体中分子的速度。这一分布给出了速度的范围，能够以温度为函数参数进行预计。麦克斯韦开创了全新的物理学方法。就算麦克斯韦其他什么也没做，单凭这一工作他仍然可以跻身19世纪的核心物理学家行列。

在这一时期，麦克斯韦成为了大学校长丹尼尔·迪尤尔神父（Reverend Daniel Dewar）家的常客。麦克斯韦和迪尤尔的女儿凯瑟琳·玛丽（Katherine Mary）发展了一段持久的亲密关系。1858年2月，他们订婚并于当年6月在阿伯丁结婚。凯瑟琳比麦克斯韦大7岁，他们没有生育儿女，但成为了终身的伴侣。

1860年，皇家委员会建议，阿伯丁只能保留一所大学。因此，自然哲学只会留有一个教授职位。麦克斯韦的对手大卫·汤姆森（David Thomson）是国王学院的副校长和秘书。这个更资深、人脉更广的男人得到了这份工作，导致麦克斯韦失业。

他也没能在爱丁堡获得位置，因为他儿时的朋友泰特接替了詹姆斯·福布斯。但那年晚些时候，麦克斯韦得到了伦敦国王学院的自然哲学教授职位。这年夏天，他把对颜色的研究工作写成论文，交给了伦敦的皇家学会。学会奖励给他最高物理学奖拉姆福德奖章（Rumford Medal）。经历了一个感染上天花几乎死去的灾难夏天后，他和凯瑟琳在1860年10月出发前往伦敦。

国王学院位于伦敦中心的斯特兰德（Strand）大街，作为非教派的大学学院（University College）的英国国教教派竞争者，它成立于1828年。国王学院不像剑桥或阿伯丁，课程设置并没有留下多少中世纪教育系统的痕迹。学院设有化学、物理学、博物学、地理学，甚至是工程学的课程——这些都是其他大多数大学所不具备的。

第一次生活在伦敦的麦克斯韦，热衷于参加皇家学会和皇家研究所举办的讲座和讨论会。虽然他已和法拉第有过几年的通信，但他们从未谋面。1859年年末，两个早期电磁学的伟人终于聚到了一起。

1861年5月，麦克斯韦应邀在皇家研究所做了一个关于颜色理论的演讲。他决定用正在快速成熟的照相技术进行一次实用演示。麦克斯韦用红色、绿色、蓝色滤镜分别拍了三张苏格兰花格缎带的照片。当把这些独立的图像合并在一起时，产生了一张彩色照片——世界上第一张。（运气站在麦克斯韦一边，因为他的感光板对红色并不敏感，但对紫外线敏感，苏格兰花格的红色部分正好能发射出紫外线。）在这次演示的几周后，恰好就在他30岁生日前，麦克斯韦被选为皇家学会的院士。

经过5年的中断后，麦克斯韦又开始重新研究电磁之间的联系。他一直清楚他的液体类比并不能适用于变化的场。麦克斯韦必须要以新的观点来重新研究这个领域。

他要解决电磁理论的第一个问题是异性磁极相吸而同性磁极相斥的现象。磁力与磁极间距离的平方成反比，而磁极总是成对出现。麦克斯韦试图寻找一种充满空间的介质，其可以产生磁吸力和磁斥力。要达到这一目的，他需要张力沿磁力线方向分布而压力在磁力线垂直方向作用。磁场越强，张力和压力越大。

麦克斯韦构造的模型是一种充满空间的、微小、密集、低密度、可以旋转的球形单元（spherical cells）的聚合体。当一个球形单元旋转时，离心力会使其围绕自己的中心膨胀，并顺着旋转轴收缩，就像地球在赤道处较厚而两极处较薄一样。当每一个旋转球形单元试图膨胀时，它的邻近球形单元会将其推回来。麦克斯韦推断，如果一个区域内的所有单元都以同一方向进行旋转，每一个球形单元就会向外推动其他球形单元，它们垂直于自身的旋转轴共同产生了压力。

沿着旋转轴则会发生相反的作用。在这个方向上，球形单元试图收缩从而产生了张力。如果旋转轴顺着法拉第力线排列，这些球形单元就会产生顺着旋转轴的吸引力以及垂直于旋转轴的排斥力——换句话说，它会表现出一个更强的磁场。

按照惯例，磁力的方向是从北至南。为了解释这个，麦克斯韦增加了另外一个惯例，他的假想球形单元产生的磁场方向取决于它们旋转的方向。麦克斯韦将球形单元以同一方向旋转的正常方向定义为右手螺旋（你的右手弯曲，拇指朝前时其他手指所指的方向）。逆转旋转方向，磁场的方向也会逆转。

但首先，是什么让这些球形单元开始旋转的？如果这些球形单元彼此推挤、产生旋转，并以顺时针旋转为例，那么一个球形单元往下转动的右面会摩擦到邻近球形单元往上转动的左面。这会产生摩擦力，使旋转停下来。

麦克斯韦用同样的方案解决了两个问题。他假设球形单元间存在微小球体，就像汽车轮毂间放置的滚珠轴承一样，使其能无摩擦转动。这听起来是空想，但确实说得通。这些旋转在球形单元间的微小球体可能是电微粒（电子）。当接上电池时，它们会沿着球形单元间的空当运动，从而产生了电流。这些微小球体的运动会致使球形单元旋转，产生磁场，就像带电流的电线周围能产生磁场一样。

为了解释不同物质的电导率问题，麦克斯韦提出猜想，电导率反映的是微小球体运动的难易程度。在铜介质中，这些微小球体可以轻易运动，但在玻璃中，球形单元或球形单元群紧抓住微小球体，阻止了它们的运动。

用这个模型，麦克斯韦可以解释电力和磁力的四种主要性质中的两种。但是还有更多工作要做——下一步是解释变化的磁场如何产生电流。当电流在一个回路中接通时，它会在邻近电线里产生电流脉冲——法拉第发现的电磁感应。法拉第推测两根电线间的联系是由第一根电线通电时产生的变化磁场所造成的。这个变化的磁场使第二根电线感应产生了电流脉冲。

麦克斯韦绘制了一系列的图来描述他的模型，显示这些球形单元是六边形而不是圆形。下方的电线圈包含一个电池，而上方的线圈没有。在开关切断时（图4a），什么都没有运动。这表示没有电流也没有磁场的情况。

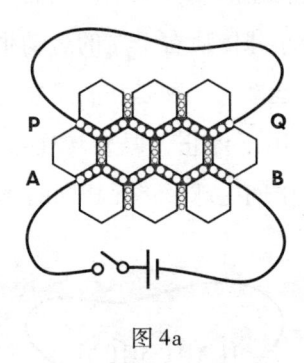

图4a

在图4b中，开关闭合，下方线圈接通电流。按惯例，电流从正极流向负极。在麦克斯韦的模型中，电流由微小球体（或如他所称呼的"惰轮"）产生，它们不发生旋转，在底层和中间层的球形单元间从A至B进行物理运动。这些微小球体的运动导致底层的球形单元以顺时针转动，中间层的球形单元以逆时针旋转。这两层球形单元以相反方向旋转，如下图所示：

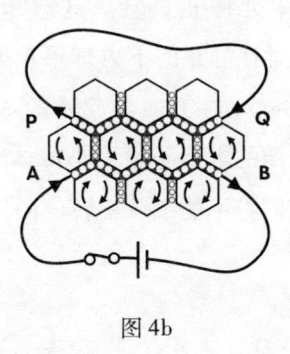

图4b

Ten Physicists

　　这两层球形单元的旋转产生了围绕下方电线的环形磁场。同时，中间层和顶层球形单元间的微小球体被压紧在以逆时针旋转的中间层球形单元和不旋转的顶层球形单元之间。从而，导致这些微小球体以顺时针旋转，从右至左以 Q 到 P 的方向进行物理运动，这个方向与下方 A 与 B 之间微小球体运动的方向正好相反。

　　像所有电线一样，PQ 电线所在的线圈也具有电阻，所以微小球体在一开始的迅猛旋转后会逐渐减慢下来，从而导致顶层的球形单元开始逆时针旋转。这些微小球体从右至左的运动很快会停止，但是它们还会继续旋转（有两种运动：一种是从右至左的位移，一种是自身的旋转，位移会在电阻作用下停止，但旋转还会继续）。到这个时候，顶层的球形单元正以与中间层球形单元相同的速率进行旋转（图4c）。

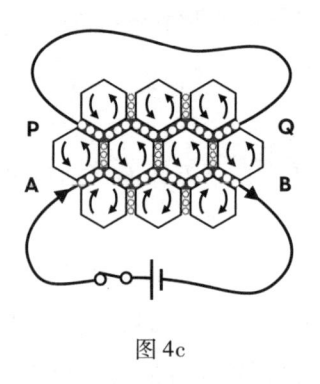

图 4c

　　现在切断开关，导致 A 和 B 之间的微小球体停止运动，进而导致底层和中间层的球形单元停止旋转。这意味着中间层和顶层之间（PQ）的微小球体被压紧在静止的下方球形单元和旋转的上方球形单元之间，使其从左至右运动，方向与起始的 AB 电流一致（图4d）。接着，再一次，上方线圈的电阻导致微小球体减慢速度，但是这一次当它们停止运动时，它们将不能继续旋转，回到了图4a 的情况。

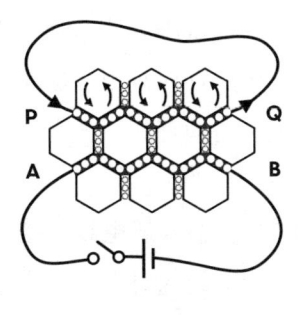

图 4d

总结一下，AB 接通稳定的电流可以使 PQ 感应产生短暂的电流脉冲，其运动的方向与 AB 中电流的方向相反。当 AB 的电流切断时，PQ 中也有电流脉冲产生，与原 AB 电流方向相同。AB 回路中电流发生的任何改变都会导致 PQ 回路感应产生电流——经由联系彼此的磁场变化。这就是用来解释法拉第发现的模型。

麦克斯韦得以解释了四种被观察到的电磁效应中的三种。现在他还没有找到办法解释电荷间的静电力，但他的力学模型解释了其他三种现象。麦克斯韦把他的工作写成了论文《论物理学力线》（*On Physical Lines of Force*），分三期进行了发表。第一部分发表在 1861 年 3 月，第二部分（分成了两期）发表在 1861 年 4—5 月。他在论文里明确指出他的模型并非对真实的说明，而是用类比的方法来解释人们观察到的现象。

1861 年夏天，麦克斯韦和凯瑟琳离开伦敦，在格伦内尔过了一段时间。麦克斯韦计划休息，并管理一下庄园，但他的思维并没有关闭。他认识到他忽视了某些重要的东西。那些球形单元想要一起旋转的话，就必须在球形单元内部传递它们的旋转运动，要想不损耗能量做到这一点，球形单元就必须具备弹性。麦克斯韦想知道这种弹性是否就是静电力的来源。

在他的模型里，电流在导体里流动是因为微小球体受到电池电动势（electromotive force）的作用进行自由运动。在绝缘体中，电流的流动被阻止是因为那些微小球体被束缚在了邻近的球形单元上。但是弹性球形单元可以扭曲，使得微小球体运动一小段距离。由于球形单元的弹性，这种扭曲会产生一种回复力，促使球形单元弹回它们原来的形状。这些微小球体就会运动直到回弹力与电池提供的电动势平衡为止。

麦克斯韦推断，如果电池被金属电线连接到两个用绝缘物质隔开的金属板，两个金属板之间的绝缘材料里会产生电粒子，并实现微小的位移。麦克斯韦认识到，这种小位移可以被视作是一种短暂的电流。同时，这种两个金属板间绝缘体内的电粒子小运动还可以在连接两金属板和电池的电线中表现出来，在电线中，这些微小粒子是可以自由移动的。

所以，同样的短暂电流也会在电线中流动，导致其中一块金属板的导电粒子过多，而另一块则过少。进而导致其中一块金属板带正电荷，而另一块金属板带负电荷，两金属板间绝缘体中扭曲的球形单元就像一个拉紧的弹簧一样，表现出两金属板间的一种吸引力。通过证明这些球形单元可变形并具有弹性，他能够解释金属板之间的（静电）力了。

当切断电源开关时，绝缘体里的球形单元仍保持紧张状态，储存了能量。如果用电线连接金属板，这一能量可能会以两金属板间相连电线中短暂电流的形式被释放出来。这可以去除两个金属板上的电荷，球形单元和微球也会回到他的模型里的静息位置。

麦克斯韦推断，那些球形单元的弹性度取决于该物质的性质。在良好导体内，弹性很小，表现为不良的弹性。在绝缘体中，弹性会很大，导致给定相同的电动势会产生更大的电位移。

他把这一新的增补内容以详细的数学形式写进了他的模型。他的模型证明了电力和磁力可以由物体间或物体周围的空间储存的能量产生。静电力是一种势能（potential energy），就像螺旋弹簧的能量一样；而磁力是转动能（rotational energe），就像飞轮一样，两者都存在于真空。此外，这两种能量还相互联系，其中一种发生变化总会导致另一种的协同变化。麦克斯韦的模型能够显示这两者是如何一起作用产生了所有已知的电磁学现象。

目前为止，一切都好。但是，这个模型预测的两个现象还从没有被观察到过。一个是任何地方都有电流——甚至是在绝缘体（完美版）和真空内。在绝缘体（完美版）内，在电荷运动被弹性球形单元的回弹力阻止前，会出现短暂的电流抽动。既然所有空间都充满了这些球形单元，那么，电流抽动也应该出现在真空中。

麦克斯韦之前的方程式处理的是平常的、熟悉的导体电流。但是，现在麦克斯韦认识到，这种新的"位移电流"（displacement current）必须要加入到这些方程里面去。在加入"位移电流"之后，他的方程式呈现为一个美妙联系的整体。而且他的弹性单元还能预测一些更有趣的现象。

所有的弹性物质都能传递波。麦克斯韦的弹性单元塞满了所有空间。所以即使在真空中，一列微小球体的抽动（短暂位移电流）也可以被传递到邻近球形单元，然后到下一列球形单元，如此类推。因为这些单元具有惯性，一列球形单元传递给下一列球形单元的抽动会产生微弱的传递延迟。这意味着电场的变化会发送波穿过空间。

此外，一排微小球体的任何抽动都可以使邻近球形单元产生轻微抽动，而一个转动的球形单元会产生磁场。电场的变化将伴随磁场的变化，反之亦然。通过空间传播的波会传递电场和磁场的变化。因为变化与波传播的方向垂直，麦克斯韦推断，这种电磁波是"横向的"——它们从一边摇摆到另一边。

人们已经知道光是一种横波。麦克斯韦想知道光是否也是他的模型所预测的电磁波。在过去两百年间对光速的测量已越来越精确，当时的科学已经知道波在介质里的传播速度由介质弹性与介质密度之比决定。在麦克斯韦的模型中，球形单元的弹性控制了回弹力，而球形单元的密度决定了磁（转动）力。

当他代入这些数据后，他发现光波在真空或空气中的传播速度与电荷的电磁单位与静电单位之比相同（即，现今称谓真空的"磁导率"和"电容率"）。

麦克斯韦能够计算出他的模型中那些波的速度。但因为他之前回格伦内尔时没带任何参考书,所以没法拿出精确结果与光速进行比较。麦克斯韦不得不等到 10 月回到伦敦。他的模型计算并预测出电磁波的速度是 310 740 千米每秒,而光速的最新测量数据来自于法国人阿尔芒-伊波利特-路易·斐索(Armand-Hippolyte-Louis Fizeau)的一次试验,他得出的结果是光速为 314 850 千米每秒。从结果上对比,这两个数字太接近,难道仅是一种巧合。麦克斯韦推断"光一定是由电磁波组成",这成为了科学史上最重要的发现之一。

1861 年最后几个月,麦克斯韦把这些结果写成《力线》(Lines of Force)系列论文的第三和第四部分。第三部分报道了静电力、位移电流和电磁波。第四部分解释了法拉第发现的磁光现象——偏振光波在经过一个强磁场时会改变其振动平面。这些论文相继在 1862 年发表,麦克斯韦还不满足,因为他知道他的模型还不能真正地反映自然。他的下一个挑战是使这个模型人造痕迹更少一些。

论文发表后,麦克斯韦暂停了电磁学研究。他将注意力转向了气体的黏度问题,它通过一系列漂亮的实验证明了气体的黏度在不同的压力下是恒定的。它不像人们以前认为的那样随着温度的平方根发生变化。这个实验与他的气体行为模型推导出来的结果有分歧,他忙碌的头脑中又堆积了一个问题,有待在将来进行回顾。

这一时期,麦克斯韦应英国科学促进协会(British Association for Advancement of Science)的请求,整顿了一下当时混乱的科学单位制。磁力、静电力和电流显然互相联系,但却被迥异地进行测量。在亨利·弗莱明·詹金(Henry Fleeming Jenkin)的帮助下,麦克斯韦提交了一份国际通用单位系统的建议,它后来被称作高斯单位制(Gaussian system)。

1865 年,麦克斯韦发表了突破性的论文《电磁场的动力学理论》(A Dynamical Theory of the Electromagnetic Field)。他抛弃了自己的模型,并重写了《论力线》中的方程。他转向了 18 世纪数学家约瑟夫·路易·拉格朗日(Joseph Louis Lagrange)的工作,此人发明了一种推导系列微分方程的方法，能根据物体的动量和其对系统动能的影响来描述物体的运动速率。这种方法把系统当作是一个"黑盒子"。如果你知道输入信息并能具体说明该系统的性质，你就能在不知道该系统如何运行的情况下计算出结果。

这正是麦克斯韦所需要的。只要电磁学遵循动力学定律，他不需要模型就可以推导出它的方程。这是一个艰巨的任务。麦克斯韦拓展了拉格朗日的工作，将其应用到电磁学中。他需要在构建方程的同时，头脑中不忘某些关键理论。比如电磁场可以储存能量、电流和相关的磁场携带动能、电场储存势能。

虽然在数学上很困难，但麦克斯韦还是将它们聚合在了一起。他证明了电磁系统的行为——包括光传播——可以从动力学定律推导出来。他的工作惊人的精致，得到了我们现在所称的麦克斯韦方程组——四个联系六大变量的微分方程。

麦克斯韦在1865年发表了题为《电磁场的动力学理论》(*A Dynamical Theory of the Electromagnetic Field*)的论文。他在1864年皇家学会的一次会议上对此论文作了宣讲。但公正地说，几乎每一个见证了这次演讲的人都感到迷惑不解。威廉·汤姆森（William Thomson）从未完全理解过麦克斯韦的理论，而类似他这样的人并非少数。大多数人都对其持怀疑态度。直到20年后，德国物理学家海因里希·赫兹（Heinrich Hertz）测到了电磁波。麦克斯韦当时是在要求他的听众相信某些还未被证明，但又真实存在的东西。

与此同时，麦克斯韦为他在国王学院的压力所焦虑——尽管有了一个助理讲师来帮助承担他的工作负担。他决定辞去教授职位，利用他的家族财富来进行独立的探索研究。在伦敦度过5年时光之后，他和凯瑟琳于1865年春回到了格伦内尔。

脱离了工作义务的麦克斯韦，写了大量的书信，特别是写给仍是爱丁堡自然哲学教授的泰特以及汤姆森。当时，这两人正在编纂《自然哲学专题》(*Treatise on Natural Philosophy*)，一个总结当前物理学知识的巨大项目。他们请麦克斯韦校对手稿，麦克斯韦自己则正在构想他计划的书《电磁学专题》（*Treatise on Electricity and Magnetism*）。这也将是一份里程碑式的工作，他足足花了 7 年时间才将其完成。

麦克斯韦总计在格伦内尔度过了 6 年时光。除了在《专题》上的工作外，他还出版了一本名为《热学》（*The Theory of Heat*）的书以及多个领域内的 16 篇论文。他还被剑桥大学请求帮助修改他们的数学荣誉学位考试试卷。从麦克斯韦参加考试的时候起，尽管数学已经有了很多进步，但这一艰难考试的内容并没发生大的变化。而麦克斯韦着手让考试变得更有趣以及更有意义。

1866 年，麦克斯韦出版了《论气体的动力学理论》（*On the Dynamical Theory of Gases*），解决了他在 1860 年发表的有瑕疵论文中的一个问题。他和凯瑟琳在家里进行了气体实验，证明了气体的黏度并非为气温平方根的函数——如其理论预测的一样。通过假设分子互相排斥而非像台球一样相互撞击以及引入弛豫时间（relaxation time）的概念——一个系统在被扰乱后回归平静状态所需的时间——麦克斯韦产生了一个相应的理论：黏度与温度成正比。

麦克斯韦还想检验他对电磁波速度的预测。他和剑桥的查尔斯·霍金（Charles Hockin）一起设计了一个实验，比以前所做的实验能更精确地测量空间的磁导率和电容率的值。他们的实验使用了两块金属板，用两个带电线圈间的磁斥力平衡金属板间的静电吸引力。这需要高压电源，所以他们联系了克拉珀姆（Clapham）的一个酒商约翰·彼得·加西奥（John Peter Gassiot）。因为他的实验室拥有英国最大的电池，他给麦克斯韦和霍金提供了 2 600 块电池，产生了总计约 3 000 伏特的电压。

麦克斯韦安排这次实验在 1868 年春拜访伦敦时进行。这些电池的电量消耗得非常快，所以他们变得精于进行快速读数，他们发现磁导率和电容率的值得出麦克斯韦波的速度为 288 000 千米每秒（178 955 英里每秒），与法国物理学家莱昂·傅科（Leon Foucault）在 1863 年所做的最新光速测量数只有 3% 的差距。麦克斯韦关于光是电磁波的一种形式的理论现在有了更为坚实的基础。

麦克斯韦的《热学》介绍了一种对气体压力、体积、温度和熵之间关系的全新构想。他想象有一种分子大小的物质存在，可以介入进来使得热从冷物体流向热物体——违反了热力学第二定律。汤姆森称其为"麦克斯韦的魔鬼/麦克斯韦妖"（Maxwell's demon），这个名字很快流行了起来。在麦克斯韦的思想实验中，这个魔鬼守卫在一扇墙的一个洞上——这扇墙隔开了两个充满气体的容器。这个魔鬼可以打开和关闭洞上的闸板。两个容器里的分子往各个方向运动，分子的平均速度与墙两侧的气体温度有关。

这个思想实验以墙两侧温度相等作为开始。一些分子运动得会比平均速度要快，魔鬼让运动速度更快的分子穿过去，同时阻挡住运动速度更慢的分子。反过来，他让另一侧更慢的分子穿过来，如此就可以改变一侧的平均气温使其更热，而另一侧则更冷。

这不可能发生，但有意思的问题是为什么不？麦克斯韦的最佳解释是，魔鬼需要知道所有分子的位置和速度，这似乎不可能。这最终被利奥·齐拉特（Leó Szilárd）于1929年正式解决，他证明获取某个系统信息的行为会增加熵（无序），导致系统的有效做功减少。为了获取足够的信息就会抵消所有可能的能量盈余。"麦克斯韦的魔鬼"帮助激发了现代信息理论的创立，这对通讯和计算机都很关键。

在撰写《电磁学专题》时，麦克斯韦决定用一个被称为"四元数"（quaternions）——爱尔兰数学家威廉·罗恩·哈密顿爵士（Sir William Rowan Hamilton）的发明——的系统简化这些方程。四元数比矢量更复杂，具有四个部分。麦克斯韦觉得这可以使他的方程组更简单和清晰，因为在某些情况下，他可以用两个符号参数来代替原来的九个符号参数。他创造了"旋度"（curl）、"收敛"（convergence）和"梯度"（gradient）的概念，这些概念现在正被所有学习矢量微积分的学生们使用（尽管他们使用的是收敛的反面：散度，divergence）。麦克斯韦开创的工作在20年后被美国人乔赛亚·威拉德·吉布斯（Josiah Willard Gibbs）和英国人奥利弗·亥维赛（Oliver Heaviside）完成，他们用现代符号注释了麦克斯韦方程组。

Ten Physicists

在尝试成为圣安德鲁斯的校长失败后，麦克斯韦于 1871 年应邀接受了剑桥全新的实验物理学教授职位。大学校长、德文郡公爵（The Duke of Devonshire）威廉·卡文迪许（William Cavendish），为他的母校募捐了一大笔钱来建造一个实验室。卡文迪许曾是 1829 年的荣誉学位第二名以及史密斯奖获得者。他还是第一个测量"G"值——牛顿引力方程里面的万有引力常数，同时决定地球质量——的亨利·卡文迪许的侄孙。

剑桥想要一名教授开办一个新的系统并建立实验室。麦克斯韦是威廉·汤姆森和赫尔曼·亥姆霍兹后的第三人选。他接受了这个机会，并在 1871 年被正式任命，带着悲伤与兴奋的复杂感情，他与凯瑟琳离开格伦内尔回到了剑桥。

为了准备新的角色，麦克斯韦拜访了英国最好的大学实验室。他设计的实验室是如此的现代化，以至于它为剑桥服务了近一百年，这个实验室是很多现代物理学知识的诞生地。实验室在大楼落成之前就开始给新生上课，而实验工作开始于 1874 年春。起初它的名字是德文郡大楼，后来麦克斯韦建议改名为卡文迪许大楼，以纪念威廉和他的伯祖父。

1873 年，麦克斯韦终于发表了他的《电磁学专题》。长达一千页的优美文字和数学公式囊括了已知所有的电磁学内容。在此书中，麦克斯韦做出了一个重要的新预测——电磁波会产生压力。他计算太阳会产生 7 克每公顷的压力，这个数值小到在那时是无法进行测量的。但 25 年后，俄罗斯物理学家彼得·列别杰夫（Pyotr Lebedev）确认了麦克斯韦的发现。辐射压（radiation pressure）可以防止恒星在自身引力下坍塌，因为向外的辐射压平衡了向内的引力。它还可以用来解释为什么彗星彗尾的指向背离太阳，这是困扰天文学家们几个世纪以来一直苦苦追寻的问题。

1868 年和 1872 年，路德维希·玻尔兹曼（Ludwig Boltzmann）曾发表了关于气体动力学理论的论文。玻尔兹曼从麦克斯韦的工作中推导出了一个分子能量分布更普遍的定律——现在被称为麦克斯韦 – 玻尔兹曼分布（Maxwell – Boltzmann distribution）。麦克斯韦受启发重新推导了玻尔兹曼更普适的结果，发表在《自然》杂志上。即使如此，麦克斯韦发展的这个理论仍然产生了一些错误的结果。新的观察显示分子既振动也旋转。这产生了理论与观察间的差异，需要量子理论才能解决。

1877年春，麦克斯韦患上了胃灼热病。他的吞咽功能越来越困难，1879年4月，医生用牛奶代替了麦克斯韦饮食中的肉类。随着疼痛发作越来越显著，他被诊断为晚期腹部肿瘤。1879年11月5日，詹姆斯·克拉克·麦克斯韦在凯瑟琳的陪伴下溘然长逝。终年48岁。

麦克斯韦的电磁学理论和颜色理论的研究对现代科学起着非常重大的作用，我们每天都会与之打交道。或许更重要的是，他掀起了一场物理学家认识这个世界的革命。他是这一思想的先行者：也许我们只看到了某些更深刻、我们无法直接感知的东西的外在物理表现。麦克斯韦的电磁学方程组启发爱因斯坦产生了他的狭义相对论。

我们的下一个人物站在了揭开自然伟力——核力——的前沿。她的名字是玛丽·居里。

玛丽·居里

弱者坐待时机，强者制造时机。

——玛丽·居里

5 玛丽·居里

排名第七的是玛丽·居里，她既是我们名单上唯一的女性，也是我们的十大物理学家中唯一获得过两次诺贝尔奖的人——1903年的物理学奖和1911年的化学奖。作为索邦大学（Sorbonne）第一位女教授，她发现了数个新元素，帮助解开了放射性之谜，并将自己后期的学术生涯奉献给了用放射线治疗癌症的工作。

居里于1867年11月7日生于波兰华沙（Warsaw），她原名叫做玛丽亚·莎乐美·斯克洛多夫斯卡（Maria Salomea Sklodowska），是五个小孩中最小的——她有三个姐姐和一个哥哥。她的父母都是老师，她的父亲瓦迪斯瓦夫·斯克洛多夫斯基（Wladyslaw Sklodowski）教的是科学课，她的母亲布朗里斯拉娃（Bronislawa）是一名校长。

当时波兰被俄罗斯、普鲁士和奥匈帝国所瓜分。华沙在俄罗斯控制之下。俄罗斯卫兵在大街上横行，在学校里巡逻。学生们上课用的是俄语，老师不能教学生有关波兰的历史。但这种亡国奴教育非但没有毁灭波兰精神，反而强化了它。居里的父母像大多数人一样痛恨俄罗斯的统治。瓦迪斯瓦夫和布朗里斯拉娃教育自己的五个孩子也要蔑视和痛恨俄罗斯人。这种斗争精神帮助居里克服了后来的一个又一个

Ten Physicists

难关。

  居里是一名聪明和充满好奇心的孩子。在上学前，她的父亲就把其与孩子的聊天内容转到了正式课程上。她被父亲的科学设备所吸引，父亲为了教她和兄弟姐妹们的科学、地理和历史知识，自创了很多有趣的游戏以引导他们学习，这让她深深着迷。瓦迪斯瓦夫还给孩子们出数学题，居里也为自己解题速度比哥哥姐姐们快而乐在其中。

  等上了学，居里很容易就成为了班上最聪明的学生。她拥有非凡的记忆力。尽管本来应该用俄语上课，但老师们在卫兵不在的时候还是会用波兰语给学生授课。一次，一个俄罗斯卫兵突击检查了居里的课堂。老师切换到俄语授课，并向"明星学生"居里提了一些难题，她回答得很好。她感到很兴奋，但又为对俄罗斯压迫者表现出顺从感到羞耻。

  时间一年一年过去，居里家的生活越来越艰难。她母亲患上了结核病，不得不辞去工作，导致家里只能依赖她父亲的收入。不久后，她的父亲因违抗俄罗斯上司的命令而遭到解雇。为了养家，瓦迪斯瓦夫在家里开办了一个学校，很快班上就有了20个男孩，一些人寄宿在他家里。斯克洛多夫斯基的房子总是很拥挤，但充满了活力，这是本来就充满好奇心的居里能茁壮成长的环境。

  15岁的时候，居里被送到乡下和她的叔叔生活了一年。这里远离父亲的影响，她能够晚起床，像小孩一样玩耍，并沉浸在许多以前不被允许的爱好里——从钓鱼、采草莓、做游戏到参加舞会。这可能是她一生中最惬意的一年。

  回到华沙，居里希望继续接受更高的教育，但就像当时的普遍情形一样，华沙大学不收女生。居里想要像父亲一样成为一名科学家，于是她决定自学，但在无法进入实验室的情况下怎么才能学习科学？幸运的是，一个名叫雅德维加·达维多娃（Jadwiga Dawidowa）的女人为波兰女性开办了一所非正式的大学。

  在设法绕开了俄罗斯人的规定后，达维多娃在初期阶段选择在私人家里授课，后来搬到了更大的房子，有时使用学校的实验室。她的学校不得不一直改变地点以免被俄罗斯人发现。达维多娃说服华沙最好的一些学者在业余时间来上课。居里和她的姐姐布罗尼亚（Bronia）也在这些学生当中，但她们都知道这只是暂时的解决方法。达维多娃的机构没法提供能被社会认可的学历，所以居里和她的姐姐要另寻他处。

最好的选项是在巴黎的索邦大学学习，它不仅是欧洲最好的大学之一，还是一所接受女性的大学。两姐妹同意采取轮流的方式，布罗尼亚先去巴黎，而居里留在后方工作，赚钱承担布罗尼亚的学费，并为自己的将来存钱。

居里成了一名家庭女教师。她的第一份工作是在一个她后来描述的"律师之家……他们有6个月没有支付工资，即使他们在灯油上节省了不少资金，但钱还是不见了踪影。他们有7个仆人，他们面子上做出很开明的样子，而实际上却是沉沦在最深的愚昧之中"。居里痛恨这段经历。"就算是我最大的敌人，我也不忍其生活在这样的地狱中。"她在1885年12月给表妹亨丽埃塔·米哈洛夫斯卡（Henrietta Michalowska）的信中写道。她离开了这个家庭，在华沙的郊区找到了一个新的职位。这次工作开始于1886年1月，刚刚18岁的居里从华沙出发，去了向北80千米远的什丘奇（Szczuki）的佐拉夫斯基（Zorawski）家的豪宅。

佐拉夫斯基有三个儿子上大学，住在家里的是布龙卡（Bronka）（18岁）、安霁亚（Andzia）（10岁）、斯塔斯（Stas）（3岁）和只有6个月大的玛丽什娜（Maryshna）。居里发现他们的父母是"卓越的人"。从一开始她就与布龙卡相处极好。但是，身为同龄人让居里的工作有点棘手。她是布龙卡的家庭教师，然而，在年龄上她们应该是同学。居里将她每天7个小时的教学时间，4个小时分给安霁亚，3个小时分给布龙卡。居里很喜欢和斯塔斯一起玩。她每天都很忙，但她在这样的气氛下得心应手。居里还从教一群波兰农家子弟阅读中得到了极大的乐趣，她继续着自学的习惯，希望这能帮自己更接近索邦大学。

Ten Physicists

在写给姐姐的一封信里，居里深情谈到了在课间读到的一本名为《尼曼河岸》（On the Banks of the Nieman）的爱情小说：

> 我读到奥佐斯科瓦（Orzenskowa）所著的一本小说《尼曼河岸》，并被小说情节深深打动。这本书在我脑海里挥之不去，我也不知道自己怎么了。我们所有的梦想都在那里，所有那些激情的对话让我们两颊飞上红晕。我哭得像个3岁的孩子。为什么，为什么这些梦总会成空？

居里在1888年1月给布罗尼亚写了这封信，她当时正处在一次个人危机中，这次危机的原因是她和雇主的长子卡齐米日（Kazimierz）日益亲密的关系。他比居里大1岁，正在华沙大学学习数学专业。这对情侣计划结婚，但佐拉夫斯基夫妇拒绝让自己的儿子与一名小小的家庭女教师成婚。

他们在1887年的夏天的确重燃了爱火，但到了那年的12月，居里接受了这段婚姻不可能发生的事实。但为了生计，她又在这个家庭工作了15个月，这段时间她非常痛苦。直到1889年3月，居里的情绪才慢慢恢复。

居里之前没有收到姐姐的回信，所以与波罗的海岸一个旅游胜地的富赫斯（Fuchs）家签了合同。一年后，居里终于回到了华沙，去达维多娃大学上了更多的课程，她知道去索邦大学的时机已经接近了。

布罗尼亚写信告诉居里，她已经完成了索邦的学业，并结了婚。她邀请居里到巴黎和她住在一起，开始自己的学业。布罗尼亚在1891年秋回到华沙帮助她的妹妹进行准备。布罗尼亚在1891年7月从医学院毕业，她是几千名毕业生中的三个女生之一。她知道在索邦成功需要什么，并热切地想将自己的经验传授给居里。

1891年11月，快24岁的居里搭上一列前往巴黎的火车，带着一个新名字——把玛丽亚改为法语的玛丽。在索邦大学，她如鱼得水。

她学得很棒，并陶醉在自由的新环境中。唯一不好的地方是与布罗尼亚和她丈夫住在一起——他们狭窄的公寓兼当了手术室，整日都塞满了病人。

6个月后，居里找了一间属于自己的宿舍，宿舍就在索邦附近，位于巴黎的拉丁区。她只付得起一个公寓楼顶层的一个小房间。她几乎不太会照顾自己。有次她晕倒在大学图书馆；冬天的晚上她总忘记倒洗脸盆中的水以致第二天早上洗脸盆结满了冰。大部分晚上的时间，她会把衣柜里所有衣物堆在床上，和衣睡在里面来保持暖和。

居里搬到巴黎的时候，懂一些法语但还远不能达到流利。她是索邦大学超过9 000名学生中仅有的210名女性之一，位列理学院（faculté des sciences）注册的1 825名学生中的23名女性名单。起初，居里与一小群波兰学生来往频繁。但是，到第一学年结束的时候，她放弃了这些友谊，重点关注她的学业。

在居里到来的时候，索邦大学正在经历大重组。第三共和国（The Third Republic）让其成为了法国教育大改革计划的核心部分。科学课堂和实验室仍然在建设当中，所以居里的课程要在附近的临时住房去上，同时建筑师亨利－保罗·内诺（Henri-Paul Nénot）监督建造了一些世界上最现代化、设备最佳的实验室。从1876年到1900年，理学院的规模扩大了两倍。金钱吸引了人才，居里后来写道，"教授们对学生的影响更多来自于他们自己对科学的爱以及他们的个人品质，远超过他们的权威。"

居里满心打算在修成学业后回到华沙。她设想自己一直住在家里——直到她遇到了未来的丈夫。生活发生了意想不到的转折。她以优异成绩毕业后，得到了留在索邦大学的奖学金——攻读数学学士学位（licence ès mathématiques）。这个机会是她无法拒绝的，科学是她的生命。

1892—1894年间的冬天，居里一心挂念着一个后来成为长期麻烦的问题——寻找更多的实验空间。她在数学学位的准备工作上做得很好，并被人雇以研究不同钢材的磁特性。她在自己的导师加布里埃尔·李普曼（Gabriel Lippmann）的实验室里进行着这一研究，不过，这个实验室的环境很狭窄，且设备也较为落后。

在波兰好友约瑟夫·科瓦尔斯基（Józef Kowalski）和妻子在1894年春拜访她时，她抱怨了自己的实验室条件。科瓦尔斯基是弗里堡大学（Fribourg）的物理学教授，知道附近有人在做相似的研究——一个名叫皮埃尔·居里（Pierre Curie）的法国人。皮埃尔21岁就出了名，当时他和他的兄弟雅克（Jacques）发现石英晶体可以负载电荷。在此后他发明了静电计，这个仪器成为了当时人们测量微弱电流的首选。

从见到皮埃尔那一刻起，居里就知道她的生命发生了彻底的改变。在经历了与卡齐米日的那段坎坷感情之后，她把自己的生命奉献给了研究，但是皮埃尔迷倒了她。她在皮埃尔身上看到了一种相投的志趣，不久后两人变得如胶似漆。皮埃尔和她之前所认识的任何男人都不同，他聪明而安静，像她一样热爱科学。就像居里的父母一样，皮埃尔的家庭非常重视教育，但他并没有走一条寻常路。

皮埃尔接受的是在家庭里的私人教育。18岁时，他从索邦大学得到了理学学士学位（licence ès sciences）和一个索邦教学实验室助理的工作。很快他开始发表原创性研究。皮埃尔当时还未获得博士学位——虽然他已完成的工作足以得到博士称谓。他被认为是圈外人，1893年皮埃尔离开索邦，在一所新的工业导向的学校教书——巴黎工业物理化学学校（École Municipale de Physique et Chimie Industrielles，EPCI）。

皮埃尔同样为居里而倾倒，他看到了她惊人的智慧。他们的关系快速深入，很快皮埃尔告诉居里，他希望娶她。居里爱皮埃尔，但在与卡齐米日的心碎经历后，她不想受到第二次伤害。1894年夏天，因为觉得自己还没准备好结婚，她决定离开巴黎回到华沙。她感到自己对她的家庭和她祖国波兰负有一种责任。

皮埃尔并不打算放弃这位智慧的女人。他写信，乞求居里回到巴黎。他甚至提议自己可以离开法国搬到波兰。有可能是这个提议——

比什么都重要——打动了居里。她回到巴黎，答应了皮埃尔的求婚，并决定定居巴黎。但是，她没有接受他同居的提议，而是在布罗尼亚办公室附近的沙托丹街（rue de Châteaudun）另找了一间公寓。

皮埃尔许诺在她回到巴黎后，他们会尽可能多的一起生活。但不幸的是，他的母亲生病了，他不得不在巴黎南部的索镇（Sceaux）照顾母亲。有一个星期，他写信给居里，"我的父亲（一个物理学家）有约要赴，我要在索镇待到明天下午，这样妈妈才不会独自一人……我感觉你一定对我越来越失望，但与此同时，我对你的感情与日俱增。"

可能是在居里的坚持下，皮埃尔终于决定写了自己的博士论文，并递交给了索邦大学。1895年3月，他们见面约1年后，皮埃尔在理学系进行了博士论文答辩，并毫无悬念地得到了通过。在他获得博士学位后不久，EPCI为他设立了一个教授职位，他和哥哥雅克因为他们对压电效应——晶体受压产生电——的研究获得了普兰特奖（prix Planté）。

那年春天晚些时候，居里给出了最后的承诺。这对情侣于1895年7月26日在索镇市政厅结婚，宴会在居里夫妇家附近的一个花园举行。居里的父亲和姐姐海伦娜（Helena）从华沙赶来，她的姐姐布罗尼亚与丈夫一道出席。居里夫妇用一个表亲的礼钱买了两辆新自行车，前往布列塔尼（Brittany）度蜜月，他们骑车从一个渔村赶往另一个渔村。"我们喜爱布列塔尼阴郁的海岸以及触手可及的石楠花和金雀花，"居里写道。

从长长的蜜月之旅回到巴黎后，夫妇俩在居里学生时代住所附近的格拉西瑞街（rue de la Glacière）买了一间公寓。这个时候，他们的薪水、奖金、佣金和奖学金总共收入大约有6 000法郎——是一个教师薪水的三倍。这可以为他们提供舒服的生活方式，但他们并不奢侈，没有雇用仆人。

居里回到了对磁学的研究上，继续用业余时间学习科学和数学。她选了两门课，一门由马塞尔·布里卢安（Marcel Brillouin）所授——他是一名兴趣广泛的理论物理学家。同时，皮埃尔在 EPCI 教授了第一门课——电学课程。据居里后来介绍，这是"巴黎最完整和最现代化的"一门课程。

从一开始，两夫妇就尽量每次都在一起工作。法国数学家亨利·庞加莱（Henri Poincaré）说他们俩的关系不但是一种思想的交流还是"一种活力的交流"。

1897 年初，居里发现自己怀孕了，并开始频繁的头昏和恶心。她常常不能工作，雪上加霜的是，她得知自己丈夫的母亲患上了乳腺癌的绝症。居里害怕她孩子的出生会恰好赶上皮埃尔母亲的去世，担心会对她的丈夫产生什么影响。

到了夏天，怀孕 7 个月的居里去了布列塔尼休养，而皮埃尔留在巴黎完成授课，并照顾生病的母亲。在哥哥雅克接手照顾的义务后，皮埃尔赶到了北海岸勃朗港（Port–Blanc）居里的身边。尽管居里大腹便便，两人还是再次进行了骑行。在回到巴黎后不久，居里进入了分娩期，并于 1897 年 9 月 12 日诞下女儿伊雷娜（Irène）。在居里细致的家庭支出账本里，她记录到他们买了一瓶酒进行庆祝。

支出账本还显示了雇人费用一栏飞涨的月度开支，从 9 月的 27 法郎一跃到 12 月的 135 法郎。居里为伊雷娜雇了一名保姆和一名奶妈。接着，正如居里害怕的一样，伊雷娜出生后仅仅两周，皮埃尔的母亲去世。皮埃尔的父亲搬来和儿子、儿媳以及孙女一起居住。

这时，居里也获得了执教资格，1897 年末，她开始汇编图表和照片并撰写论文，论文是关于回火钢的磁性，准备投递给"国家工业促进协会"（Society for the Encouragement of National Industry）的简报。她和皮埃尔一起做出决定，她应该进行原创性的研究，并准备攻读博士学位。

过去的两年，物理学领域非常精彩。1895 年，威廉·伦琴（Wilhelm Röntgen）发现了 X 射线，让物理学家们挠头思考这种新的奇特现象。1896 年，在一次 X 射线实验中，亨利·贝克勒尔（Henri Becquerel）发现了最开始被称作贝克勒尔射线（Becquerel rays）的射线。居里决定她要研究这些新射线来准备她的博士论文，因为人们对这些射线几乎一无所知。

唯一所知的就是贝克勒尔射线是由铀所发射，它们可以穿过纸张，让某些物质在黑暗中发光。但是，关于这些"铀射线"的研究慢慢失去了方向。与X射线相关的论文几乎有一百篇，直到1896年，关于"铀射线"这一领域的论文只有屈指可数的几篇并被提交给了法国科学院。铀射线被认为是X射线的一部分，没人认为它们是由不同的过程分别产生。

在皮埃尔的帮助下，居里在EPCI大楼底层的一间旧贮藏室里设立了一个实验室。那里又冷又脏，但居里很高兴能投身于自己选择的研究课题。她从1897年12月起开始写实验记录。她和皮埃尔建造了一个电离室来测量铀所释放的能量。这种测量极为棘手——贝克勒尔自己都失败了——但是，居里相信她可以凭着小心和勤奋而成功，她确实做到了。

刚开始研究时她只是抱着提交一篇博士论文的打算，虽然比以往计量得更精确，但没指望有什么新发现。在测完铀并检测完神秘的贝克勒尔射线中的微弱电荷后，她捡来其他的元素进行测试。单单在1898年2月的一天之内，她就测试了13种元素，包括金和铜，但没发现任何一种元素能发射铀射线。

如果居里坚持只测试纯元素，她可能会错过那个让她声名鹊起的发现，2月17日，她尝试了一种黝黑、沉重的混合矿物——沥青铀矿样本。德国－捷克边境矿产丰富的约阿希姆斯塔尔（Joachimsthal）地区开采这种矿的历史超过了一个世纪。1789年，马丁·海因里希·克拉普罗特（Martin Heinrich Klaproth）从沥青铀矿中提取到一种灰色的金属元素，他以新发现的天王星（Uranus）为其起名为"铀"（Uranium）。

因为铀只是沥青铀矿中相当小的一部分，居里预计沥青铀矿发射的射线会比纯铀要弱。令她惊讶的是，她发现了相反的结果。起初她以为自己犯了错，但检查过后再次确认了这一结果。为什么沥青铀矿的辐射更强？居里测试了其他物质，一周后又有了一个意外的发现。含有钍但不含铀的易解石矿也比铀更活跃。现在她要解决的是两个难题。

居里怀疑贝克勒尔发现的射线不仅仅是铀才有的一种现象，而是某些更普遍的东西。就在她的研究朝一个新的、出乎意外的方向前进时，皮埃尔收到消息，他申请索邦大学的教授职位遭到了拒绝。夫妇俩似乎没有驻足在这个失望当中，在实验室记录本上，皮埃尔的字迹出现的频率越来越高，因为他们一起工作得更紧密了。

显而易见的假设是，沥青铀矿里含有另外一种能量更强的元素，也能发射射线。但这种元素会是什么？沥青铀矿含有很多种矿物，太多了以至于不能在实验室里复制出来。

在这段时期，居里夫妇发现另外一种含铀的矿物——方解石（calcite）发射的射线也比纯铀更强。方解石比沥青铀矿更易合成，居里夫妇推断，如果他们用方解石的已知成分合成它，可能会丢失那种神秘的元素，射线也会更弱。居里通过混合磷酸铜和铀制成人造方解石，他们发现这种新矿物表现的活性并不比铀强。结论很明显——方解石和沥青铀矿含有一种额外的未知元素。居里把她的发现写成论文《铀和钍化合物发射的射线》（*Rays Emitted by Uranium and Thorium Compounds*）。1898年4月12日，这篇论文在科学院被大声宣读。居里和皮埃尔都非科学院院士，而只有院士才能发言，但幸运的是，居里的导师——她的好朋友——加布里埃尔·李普曼愿意提交这篇论文。科学院院士们对居里的发现大感兴趣，但他们并不重视论文中的两点——后来回想起来，那恰恰是最重要的两点。

居里猜想沥青铀矿和方解石中含有一种新的元素导致它们发射的射线能量增加。这引入了一种发现新物质的崭新技术——物质的放射性可以表明自身的存在。其次，在论文中，居里提出，"所有的铀化合物都有活性……一般而言，活性越强其含有的铀就越多。"这个观点隐含的意思是，射线是原子的一种性质——这个思想被证明具有预见性。但当时的院士们并不相信新元素的存在。

要想证明新元素的存在，唯一方法就是通过实验分离出这种新元素。这意味着要与贝克勒尔打交道。居里和皮埃尔现在的情况很艰难。贝克勒尔帮他们筹措了资金建立了实验室，几乎都是依靠朋友们的资助。但居里对贝克勒尔一直以来的工作方式感到不快。不仅仅因为她感觉他轻视自己，而且还因为贝克勒尔窃取了她的想法，在进行相似的实验与她竞争。

皮埃尔试图安慰妻子，贝克勒尔不是一个对手，但居里远比丈夫的野心大。她不想和其他任何人分享她的发现，更不用说一个科学院院士了，她觉得这帮男人轻视女性科学家。她坚定地想要打败贝克勒尔，发现这个新元素。

在她的论文被宣读后的几天，居里和皮埃尔回到他们的实验室，粉碎了 100 克沥青铀矿，试图分离出那种神秘的新元素。他们用不同的化学物处理这些沥青铀矿，测量这些化学反应产物的活性。活性最强的分解产物接着会被进一步研究。研究启动两周后，居里夫妇觉得他们已经分离出足够多的活性产物，可以用光谱学测定其原子量了。这一步将最终显示他们是否找到了一种新元素。

令人沮丧的是，这些物质没有表现出未知的光谱线——光谱中的明亮线条，可以作为指纹来辨别元素。这个结果可能意味着居里相信存在一种新元素的猜想是错误的，但她觉得是他们分离的样本还不够多。居里夫妇请求 EPCI 的一个实验室主任古斯塔夫·贝蒙（Gustave Bémont），能否在他们对沥青铀矿进行分离和纯化时帮一下忙。他的介入立刻获得了成功。通过在玻璃试管中加热新鲜沥青铀矿样本，他提取了一种具有强烈活性的产物。到了 5 月初，他们得到了一种比沥青铀矿活性更强的物质。

这时的实验室记录本显示，居里和皮埃尔正在分头前进。很快他们得到了一种活性比他们作基准的铀强 17 倍的产物。6 月 25 日，居里得到了一种活性比铀强 300 倍的产物。同时进行平行研究的皮埃尔分离了一种活性比铀强 330 倍的产物。

居里夫妇现在开始认为沥青铀矿含有的新元素不是一种，而是两种。一种与铋有关，另一种与钡有关。当他们感到那种与铋有关的元素已经分离得足够多后，他们再次尝试了光谱学实验。他们邀请了光谱学专家欧仁·德马尔赛（Eugène Demarçay），但还是没有发现新的特征线。尽管缺少证据，但居里夫妇仍然相信铋含有一种未知元素。7月13日，皮埃尔在记录本里写下了一条关键记录。这是他们给那个假想元素起名的第一个记录——"Po"——"钋"（polonium）的缩写，居里夫妇选择这个名字是为了纪念玛丽的祖国。

5天后，亨利·贝克勒尔代表他们向科学院提交了一篇论文。"我们还没有找到从铋当中分离这种活性物质的办法，"但是他们已经"获得了一种比铀活性强400倍的物质"。他们继续写道：

> 我们相信我们在沥青铀矿中提取的这种物质含有一种以前未知的金属，在解析性质上类似于铋。如果这种金属的存在得到了确认，我们建议以我们中一个人的祖国的名字为其命名为"钋"（polonium）。

这篇论文在其题目《论沥青铀矿中含有的一种新放射性物质》(*On a New Radio-Active Substance Contained in Pitchblende*) 中第一次引入了"放射性"（radioactive）的概念。很快放射性这个概念流行了起来，导致贝克勒尔射线、铀的射线、铀射线的叫法被统统抛弃。就在这篇关于钋的论文递交的这段时间，记录本的记录停了下来，似乎他们有3个月的时间没有更多进展。这可能是因为他们在等待新一批沥青铀矿运到，也可能反映了他们在暑假期间离开巴黎学术界进行了几个月休假的惯常做法。

等他们回到研究工作时，进展就很迅速了。到1898年11月末，他们分离了一种高活性的产物——从钡中所获取。在贝蒙的帮助下，他们将这一产物的放射性增强到了铀的900倍。这次光谱专家欧仁·德马尔赛发现了他们一直盼望的东西——无法归于已知元素的独特光谱线。12月底，皮埃尔在实验记录本一页的中央写下了这第二种新元素的名字——镭。

还需要一个步骤来确凿无疑地证明他们发现了另一种新元素——将其分离并测量其原子量。连续几周，他们将含镭钡样本的质量与正常的钡元素进行比较，但他们没法测出其质量上的差异。他们猜测这是因为镭的量太过微小。12月底，他们将下一篇论文提交给了科学院。

这篇论文的题目是《论沥青铀矿中含有的一种强放射性的新物质》(*On a New, Strongly Radio-Active Substance Contained in Pitchblende*)，由居里夫妇和古斯塔夫·贝蒙所写。论文包括了德马尔赛的光谱学分析报告，他不仅发现了一种新光谱学特征，而且提到这些光谱线"随着放射性的加强而加强……这是我们认为它们是由这种物质的放射性部分产生的重要原因"。德马尔赛进一步补充道，这些光谱线"对我而言并不能归为任何已知的元素……（其呈现）确认了居里夫妇在氯化钡中发现的新元素是以微量形式存在的"。

这次公告标志着居里夫妇研究模式的转折点。他们不再继续在同一个项目上一起合作，而是各自平行进行。1899年初，居里承担了分离镭的任务，而在同一个实验室工作的皮埃尔则尝试着如何通过实验更好地去理解放射性的本质。皮埃尔主攻物理学，而居里主攻化学。居里固执地想要分离出镭的样本，因为她知道要战胜质疑，就必须分离出他们的新元素。

居里不得不采取近工业化的方法，这需要更大的实验室。居里夫妇询问了索邦大学，但大学能为他们提供的实验室仅为一个废弃的大楼，这个大楼之前被用作解剖实验室。巨大的房间没有供暖，所以在冬天冷得可怕。皮埃尔和居里先是挤在一个小炉子周围取暖，然后冲进实验室冰冷的其他地方做研究。由于大楼未曾配备抽油烟机，无法带走居里进行化学处理时释放的毒气，所以居里的研究必须搬到院子里展开。如果天气不允许，他们就打开窗户在室内工作。

1899年春天，居里得到了她需要的那些物质。她后来回忆道：

Ten Physicists

> 我一次必须得处理多达 20 千克的物质……所以仓库里堆满了装满沉淀物和液体的大容器。这项工作令人筋疲力尽,要把那些容器搬来搬去、转移液体、用一根铁棒搅动铸铁盆里面的沸腾物质,一次搅动几个小时。

在这个实验的早期阶段,从钡中分离镭比从铋中分离钋容易很多。尽管工作艰苦、耗时长久,但居里对这一挑战得心应手。在进行镭分离研究时,居里夫妇收获了一种意外的快乐——浓缩的镭化合物能自己发光。有时候,在晚饭后,两夫妇会散步回到他们的实验室,欣赏这些样本的奇异光芒。他们将少量的镭寄给了全世界各地的科学家同行。

在没有察觉到危险的情况下,居里夫妇将镭盐装入了一个玻璃罐里带回了家并放在他们床边。然而,几个月后,居里、皮埃尔和贝克勒尔都注意到了这些放射性物质会对人类产生损害。贝克勒尔将一玻璃管的镭盐放进了夹克衫里,几周后,他发现镭盐附近的皮肤被灼伤了。

皮埃尔的研究也在前行。他报道了磁场对镭射线的影响,随后,居里夫妇发表了一系列相关文章。1900 年,在巴黎举行的物理学国际会议(International Congress of Physics)上,他们递交了当时他们最长的论文《新放射性物质》(*The New Radioactive Substances*),在论文中他们总结了自己的发现。

这个时期,人们已经意识到一些射线可以被磁铁偏转,一些射线不可以。一些射线能穿透厚屏障,一些射线不可以。放射性元素可以"诱导"其他物质产生放射性——使居里的实验室变得具有放射性。但没人知道这种现象的机制,正如他们论文中提到的,"辐射的自发性是一个谜,这是一个令人极为惊奇的对象。"

从沥青铀矿中分离出镭令人筋疲力尽又极为耗时。在漫长的工作中,居里分别在 1899 年 11 月和 1900 年 8 月在《法国科学院院报》(*Comptes Rendus*)杂志发表了两篇实验进展报告。1902 年,居里终于宣布她成功分离了 1 分克（十分之一克）的氯化镭。她的论文宣布镭的测量原子量是 225，接近于现在的估计值 226，并推断出"根据其原子量，（镭）在门捷列夫元素（周期）表上应该列于碱土金属栏的钡之后"。

居里分离镭的工作对我们理解放射性非常关键。物理学家让·皮兰（Jean Perrin）在 1924 年评论，"今天可以毫不夸张地说（镭的分离）是整栋放射学大楼所落脚的基石。"

接着居里将这一工作写成博士论文并提交给了索邦大学。1903 年 5 月，她获得了博士学位。庆祝日还导致他们偶遇了欧内斯特·卢瑟福（在我们的名单中排第九，见第 6 章）。当时，卢瑟福与他的妻子正在巴黎，卢瑟福是来探望 19 世纪 80 年代中期他在卡文迪许实验室时的研究生同学保罗·朗之万（Paul Langevin）的。晚餐后，卢瑟福回忆，他们出门进入了花园，皮埃尔"带来了一个用硫化锌封口的试管，试管里装有大量的镭溶液。它在黑暗中发射出耀眼的光芒"。

1903 年 8 月，就在居里得到博士学位的两个月后，她不幸遭受了一次流产。不久后又得知她的姐姐布罗尼亚的第二个孩子死于脑膜炎，这加剧了她的悲伤。居里得了贫血症，几个月后她才能回去工作。但是到 11 月，夫妇俩的时运开始发生戏剧性转变。11 月 5 日，他们得知伦敦皇家学会颁给了他们汉弗莱·戴维奖章——这个奖每年颁给最重要的化学发现。居里身体不好无法旅行，所以皮埃尔独自一人去了伦敦。皮埃尔回来后，他发现了一封来自瑞典科学院的信，信里通知居里夫妇和亨利·贝克勒尔一起获得了 1903 年的诺贝尔物理学奖。

在当时，诺贝尔物理学奖才刚刚起步。第一个诺贝尔物理学奖在 1901 年颁给了伦琴，他发现了 X 射线。1903 年的奖是因"发现自发性放射性"颁给了贝克勒尔，以及因"对亨利·贝克勒尔教授发现的辐射现象的共同研究"颁给了居里夫妇。瑞典科学院对放射性现象应归于物理学还是化学的范畴进行了一些讨论。最终他们将其认定为一种物理学现象，为避免未来可能在化学领域获奖，瑞典科学院在诺贝尔物理学奖的颁发中并未提及镭的发现。居里成为了第一个获得物理学奖的女性——直到1935年她的女儿伊雷娜获得诺贝尔奖前——还是唯一的女性科学获奖者。

皮埃尔回信感谢了瑞典科学院，他在信中表述，"自己和居里都不会参加颁奖典礼，居里身体状况糟糕且两人尚有教学任务和重要的研究需要完成"。随后，贝克勒尔去了瑞典，在获奖感言里几乎没提到居里夫妇的工作。除此之外，报纸媒体就居里成为第一个获奖的女性大作文章。虽然居里夫妇痛恨公共媒体这样的宣传方式，但他们还是从中获得了好处。索邦大学聘任皮埃尔为教授，而居里得到了一个更好的实验室。皮埃尔还成为了法国科学院的院士。

同时，更多的镭被分离了出来，全世界都爱上了这种奇怪的物质。人们都说这种能发出可爱光芒的物质一定对健康有益，镭很快成为了一种万能良药。有些人购买了镭增强水，同时演员的演出服里也缝入了镭盐，因为它能在黑暗中发光。在巴黎，蒙马特尔（Montmartre）的一条街道被命名为美杜莎之镭街（Medusa's Radium），在美国加利福尼亚州，一款演出产品宣传自己的特色是"80名美丽且隐身的少女表演的华丽共舞，她们在一个绝对黑暗的剧场无声轻舞，借助演出服上的化学混合物，发出点点光芒"。镭被漆在了钟表的表盘上，一家公司甚至推出了一种镭口红。当时，没人会意识到这种物质可能会对人类产生损害，只有居里和皮埃尔已经察觉到它的有害作用。

皮埃尔因为在实验中不可避免的手部与镭的接触而受到了损伤，严重到自己穿衣服都很困难。他的骨头疼痛不已，走起路来就像老了30岁，居里的身体也开始变得虚弱。奇怪的是，两个人都没有把他们健康的恶化和研究的辐射联系起来。在这一时期发表的一篇论文中，皮埃尔提到在密闭空间吸入放射性物质释放物的实验动物几小时内就能死亡。论文得出结论，"我们确定了镭释放物对呼吸系统具有毒性作用的事实。"

尽管居里出现了虚弱和身体健康不良的情况，但在1904年12月，她还是生下了第二个女儿伊芙（Ève）。诺贝尔奖带来了 70 700 瑞典克朗的奖金——大概相当于 2015 年的 290 000 英镑。居里夫妇开始带着他们的孩子度假，他们购买了更好的衣服，居里还给自己在波兰的家人邮寄了很多钱。似乎，她终于找到了个人生活和职业发展的幸福。

这一切在 1906 年的一个雨天被粉碎。当时，皮埃尔参加完一个会议，正走路去索邦大学。因为被镭的影响所妨碍，皮埃尔在穿越一条繁忙的巴黎街道时停顿了一下，被一架巨大的马车所撞倒。尽管驾车者尽了最大努力，马车还是轧过了皮埃尔的头骨，瞬间将它压碎。居里下班回家后得知了这个噩耗，她悲痛欲绝。

研究工作慢慢帮助居里放下了悲伤。索邦大学将皮埃尔留下的教授职位给了居里，居里成为了这所大学的第一名女教授。她的第一堂课是在 1906 年 11 月 5 日，原本计划在下午一点半开始，但数百人在中午前就聚集在了索邦大学的铁门前，准备观看这一历史性事件。大门打开后，人群冲了进来，塞满了每一个座位和走廊。如果说赢得诺贝尔奖让她成为了名人，那么，她坚持科学研究的决心让法国人从心底里接受了居里。

她决定搬出巴黎到郊区去居住，远离那个盛满太多记忆的公寓。她在郊区为女儿们安排了私人家庭教师。事实上，伊雷娜正显示出追随父母脚步的迹象，表现出了她在科学和数学上的早期天赋。而另一个孩子伊芙则对音乐产生了爱好。

很快，居里的朋友们都知道她再次坠入了爱河。男主角是皮埃尔以前的学生保罗·朗之万。但是，朗之万已经结婚，他的妻子发现了居里的情书。郎之万的妻子威胁要杀了这个第三者。居里乞求朗之万离婚，但朗之万并未准备让家庭破裂。朗之万向妻子许诺，除了工作要求外，不会再和居里见面。同一年，居里被提名为法国科学院首位女院士。然而在 1911 年 1 月举行的正式投票中，她被否决了。她的朋友都很愤怒，但居里不屑一顾。

1911 年 11 月，居里出席了在布鲁塞尔（Brussels）举行的索尔维会议（Solvay conference），出席这个会议的都是物理学界的大腕，包括爱因斯坦、卢瑟福、贝克勒尔、伦琴和朗之万。朗之万的妻子怀疑自己丈夫结束与居里绯闻的承诺是个谎言。在愤怒之下，她带着居里的情书到了报社，酿成了一桩丑闻。在玛丽回到巴黎后的那天，《杂志》(Le Journal) 的头版头条新闻是《爱情故事：居里夫人和朗之万教授》(A STORY OF LOVE: MADAME CURIE AND PROFESSOR LANGEVIN)。

这段绯闻被法国报媒大量报道，甚至盖过了居里历史性获得第二个诺贝尔奖的新闻，这一次是诺贝尔化学奖。获奖原因是"因为通过分离镭发现了元素镭和钋以及对这种非凡元素本身和其化合物的研究"。朗之万和居里因绯闻而声名狼藉，以至于诺贝尔委员会写信给居里，请她拒绝这个奖。居里回信说，她的私人生活和她的研究工作无关。她会接受这个奖，并将亲自领奖。1911 年 12 月，她从瑞典国王手上接过了诺贝尔化学奖，并把姐姐布罗尼亚和自己的女儿伊雷娜带到了典礼现场。

1911 年 12 月 29 日，居里被送进了医院，她被诊断得了一种严重⋯⋯年 1 月的大部分时间她都由布洛梅大街（rue Blomet）⋯⋯amily of St Mary）的修女护理，但在回家后她的健康状⋯⋯912 年 3 月她回到医院接受了一次手术。

⋯⋯体重只有 47 公斤，与她 3 年前的体重相比轻了 9 公斤。她写信给索邦大学的院长，要求请病假，在接下来的半年时间她都不能回去教书。她的身体因为辐射带来的损伤越来越严重，但这在当时人们还无法认识。虽然她与朗之万的绯闻已经结束，但丑闻已经造成了损失，曾经喜爱她的大众不会轻易原谅她。她成了诱惑朗之万通奸的荡妇。人们向她的窗户扔石头，而报纸继续攻击她。随后的几年，居里从公众视野中消失了。

为了跟进研究领域的进展，居里使用了一个假名旅行，把女儿们交给了一个保姆。渐渐地，媒体失去了对居里夫人的兴趣。居里终于发现，她可以再次在巴黎到处行走而不面临敌意。

1914 年夏天，伊雷娜通过了法国高考（baccalauréat），打算凭自己的能力进入索邦大学。她和母亲成为了搭档，因为伊雷娜也很擅长科学——这是她想在大学学习的专业。母女俩设想着她们将来可以在同一实验室一起工作，但这时世界局势发生了变化。正在法国政府宣布为居里的研究建造一个专门的中心"镭研究所"，即后来被命名为居里研究所的实验室时，第一次世界大战爆发了。

在巴黎面临战争威胁的情况下，法国政府在1914年8月宣布"巴黎理学院的教授居里夫人（Mme Curie）拥有的镭是具有极大价值的国家财产"。1914年9月3日，居里将法国提取的所有的镭放在一个铅衬的箱子带到了波尔多（Bordeux），并将其藏在了大学的一个保险库里。当她回到巴黎后，得知德国军队已经撤离，而马恩河战役（Battle of Marne）开始了。在法国战士们坐着车从巴黎奔赴前线的情况下，法国军队压倒了德国人，赢得了马恩河战役，巴黎暂时安全了。

居里认识到这场战争将产生新的目标和机会——在危机时刻，甚至索邦大学教授们的道德失范行为也都微不足道了。这可以让她把绯闻抛到身后。她还看到了帮助祖国波兰的办法，那里已经变成了俄罗斯和德国之间的战场。

在德俄战争开始的16天后，俄罗斯沙皇宣布他打算归还波兰自治权。在写给《时报》（*Le Temps*）的一封信里，居里将此描述为"解决非常重要的波兰统一以及与俄罗斯和解问题的第一步"。

个性使然，居里全身心地投入了战争中。这段时间，她用来记录每笔开支的账本列出了许多慈善捐款的条目。有给波兰的援助、给法国国家的援助、给"士兵"的援助、给贫民避难所的援助等条目。此外，据她女儿伊芙的回忆，居里用她从第二次诺贝尔奖得到的奖金购买了法国战争国债券以帮助这个国家打赢战争，而这些国债券后来变得一文不值。她甚至试图献出她的奖章，但法国银行的官员拒绝将这些奖章融化。

在与著名的放射学专家亨利·贝克勒尔（Henri Béclère）交谈后，居里终于找到了一个用她的专业为国家提供帮助的方法——X射线为受伤士兵提供诊断帮助。贝克勒尔告诉她，X射线的设备很稀少，而且"即使有少部分设备,在战地也很难在良好的状况下运行或者受到很好的保养"。居里决意让前线或前线附近的受伤士兵也能用到X射线。虽然她不是一名放射专家,但她知道怎么制造X射线。她写信给伊雷娜,"我的第一个想法是在战地医院设置放射科,可以使用实验室里闲置的设备,实在不够就征募医生办公室里的设备。"

这次的医院工作充当了一次良好的训练机会;居里从贝克勒尔那里学到了X射线检查的基础知识,并将这些知识传授给了她招募的志愿者。但是,在医院的接诊让她认识到,战地真正亟须的是一种可以发射X射线的机器且最好可以便携移动以供战地医院使用。居里找到捐助人捐了一辆汽车——法国红十字会和法国妇女联盟(Union des Femmes de France)。最后,她需要找到自己所需的必要的设备。

"这辆小汽车……只载上了绝对必要的设备,毫无疑问,在巴黎地区留下了很多回忆,"战后她这样说道。"开始的时候是志愿者、以前在法国高师(École normale)的学生或者教授们在帮忙……在战争中的大部分时间,它只给撤离到巴黎的部队提供服务,特别是在1914年9月马恩河战役后的伤员潮到来之际。"

1914年10月,人们捐献了第二辆小汽车,居里决定尝试说服军队给她的放射车提供官方支持。在她的请求经过军方几周的讨论后,11月1日,战争部长准许她的放射车进入前线。居里、伊雷娜、机械师路易·拉戈(Louis Ragot)和一名司机开着2号车出发,前往位于距贡比涅(Compiègne)前线32公里远的克雷伊(Creil)的第二军"后送医院"。居里为战争作出了非凡贡献,整个战争期间,她总计装备了18辆放射车,为一万名受伤的士兵做了免费检查。1916年,她取得了驾照,所以,在必要的时候她还会选择自己开车。

居里还培训了许多X射线技师,因为她认识到不配套相应训练的话,这些设备就毫无用处。她应军队的请求开设了一门为X射线技师所设的课程,在经历了几个月的与军队打交道的困难后,她决定去训练护士。在1916年10月,她开办了一所培养女性放射学医生的学校,从这所学校开办到战争结束期间,学校共计培养了约150名女性放射学医生。她们在完成六周的课程后被送往全国各地的放射学岗位。

居里将自己对这段时期的回忆发表在她的著作《放射学与战争》(*Radiologie et la Guerre*) 一书里。她在书里将最大的褒奖送给了伊雷娜，整个战争期间她都与居里亲密合作，年仅 18 岁就成了女 X 射线技师课程的老师。1916 年 9 月，伊雷娜作为一名放射学家独立在霍赫斯塔德（Hoogstade）工作——这是比利时还未被德国占领的一小部分领土。不可思议的是，伊雷娜还成功从索邦大学得到了学位，以优异的成绩通过了所有考试：1915 年通过了数学考试，1916 年通过了物理学考试，1917 年通过了化学考试。

1919 年《凡尔赛和约》的签订，预示着波兰 123 年以来第一次成为了主权国家。居里写道，"我感到了巨大的欣喜，这是如此多人牺牲所换来的胜利。"第一次世界大战后，居里想要帮助愈合科学界出现的伤痛，她应邀加入了国际联盟（League of Nations）的知识合作委员会，并为其服务了超过 12 年。

她还遇到了咄咄逼人的美国记者玛丽亚·梅洛妮（Marie Meloney），这名记者写信请求采访居里。梅洛妮本来期待看到这位法国科学界的伟大女性站在"香榭丽舍大街的一个白色宫殿中"，却发现和自己面对面的是"一位普通的女人，在一个平常的实验室工作，靠着一个法国教授的微薄工资住在一间简陋的公寓里"。梅洛妮判断居里需要她的帮助，居里嗅到了一个能获取一点美国积累的镭的机会。

据梅洛妮回忆，玛丽说，"美国有约 50 克的镭。其中 4 克在巴尔的摩（Baltimore），6 克在丹佛（Denver），7 克在纽约。"她继续道出了每一份镭所在的地名。接着她补充，她自己的实验室"只有不到 1 克"。梅洛妮很快意识到，如果她能帮助居里募集到足够多的钱，将美国的镭购买来以供居里的实验室研究，将会对实验的推进起到巨大作用。这名记者开始想尽办法募集资金，在此过程中将居里形容为"不名一文"的人，而事实上，居里并非贫穷到这般地步。

1921 年 6 月，梅洛妮的资金筹集任务基本完成，她成功地募集到超过10万美元以购买镭。梅洛妮已经安排居里在5月访问美国，届时进行演讲、接受荣誉学位并由哈定（Harding）总统在白宫赠予镭。居里不想在年初旅行，她往后推到了10月进行美国访问。梅洛妮写信给巴黎理学院的院长，鼓动他对居里施压。

最后，居里妥协了，在1921年5月4日带着她的女儿们乘坐奥林匹克号（RMS Olympic）轮船离开了瑟堡（Cherbourg）。这时梅洛妮已经给居里安排了为期10周的美国停留时间，期间她将参加众多午宴、晚宴和颁奖典礼，只有一点空闲时间参观尼亚加拉大瀑布（Niagara Falls）和大峡谷（Grand Canyon）。大批人群在纽约的码头聚集欢迎居里，这段对居里来说既兴奋又疲倦的旅程就这样开始了。她像名人一样被狂热地接待，就像几年前的爱因斯坦一样——至少在大部分地方。

尽管许多学院和大学给居里颁发了荣誉学位，但哈佛大学物理系却并不支持。梅洛妮向退休的哈佛大学校长查尔斯·埃里奥特（Charle Eliot）问其原因，埃里奥特回答，"物理学家们觉得镭的发现不能完全归功于居里，而且自她丈夫死后，她再也没有做出什么重大发现。"哈佛大学确实热情地接待了居里，但她本人可能并不知道这背后的曲折故事。

1921年5月20日，玛丽·居里在白宫的蓝厅参加了一个招待会。总统沃伦·G.哈定（Warren G. Harding）赠给居里一个绿色皮箱的钥匙，箱子里面装着一个带有"1克镭符号和数量"标记的沙漏（真正的镭安全地储存在一个实验室）。居里的回应很简短；在这段忙碌之旅后她很疲倦，由于疲劳她取消了几个活动。有时候伊雷娜和伊芙发现自己要替母亲接受荣誉学位或奖章。

媒体上充斥着对居里身体虚弱的猜测。据说"她觉得聊天太浪费时间"、"她不习惯进行社交也不习惯离开她的实验室"。但毫无疑问，她的病主要还是因为长时间暴露在辐射之下所造成的。玛丽自己在这段旅程中也私下说过，"我所进行的镭的研究工作……特别是在战争时期，已经损害了我的健康，让我不大可能去参观许多我真的感兴趣的实验室和大学。"居里一家人在风靡了西方之后,再次登上奥林匹克号船,踏上了去法国和居里心爱的镭研究所的归途。

研究所的成立是出自巴斯德研究所(Pasteur Institute)和索邦大学的愿望,他们想要成立一个专门研究放射性的实验室。经过一番讨价还价后,他们达成了建立两个独立研究所的协议。一个——索邦大学出资并进行管理,由居里当主任——致力于研究放射性元素的物理学和化学;另一个专注于放射性的医疗应用。第二个由巴斯德研究所出资和管理,并由来自里昂(Lyon)的医学研究者克洛迪于斯·勒戈(Claudius Regaud)博士领导。

从1914年建成起,居里的实验室就雇用了非常多的女性。1931年,37位研究者中有12位是女性。1939年,在居里实验室工作的玛格丽特·佩雷(Marguerite Perey)发现了元素钫(francium),成为了第一名获选进入法国科学院的女性——就在居里被否决的31年后。

第一次世界大战结束后的那些年,进行放射线工作的风险在镭研究所内外都变得越来越明显。1925年,一个名叫玛格丽特·卡洛(Margaret Carlough)的年轻女人,她在美国新泽西州一个工厂从事绘制表盘的工作,她控告自己的雇主美国镭公司(US Radium Corporation)。她宣称自己的工作——需要用嘴巴舔刷子——对她的健康造成了无法恢复的伤害。随着这个案件进展,这同一个工厂有9名表盘绘制工人死亡的消息曝光,结论是死于放射。1928年,15名表盘绘制工人死于镭的暴露。

在居里实验室,放射线的作用也开始造成损失。1925年6月,工程师马塞尔·德马朗代(Marcel Demalander)和莫里斯·德梅尼特鲁(Maurice Demenitroux)在四天内相继死于医用放射性物质的暴露。一个放射学家不得不接受"一系列截肢手术,手指、手和手臂",而另一个雇员失去了视力,其他还有几人几经折磨后死去。1925年11月,伊雷娜收到一封来自日本科学家山田(Nobus Yamada)的信——在研究所处理钋源时他与她的关系较为亲近,他在信中说他回家后昏迷了两周,从那以后只能待在床上。两年后,山田去世。

图5　镭研究所，大约在1934年。左边是居里实验室，由居里领导。右边是巴斯德实验室，当时由克洛迪于斯·勒戈博士领导。

尽管自己不承认，但居里和她身边的人都知道她的健康状况正在恶化。她竭尽全力隐瞒这个消息。"这是我的麻烦，"她写信给姐姐布罗尼亚说。"千万不要跟任何人说，因为我不想让这件事闹得众人皆知。"20世纪20年代初，她的视力越来越弱，耳朵几乎持续地发生耳鸣。据她女儿伊芙说，居里不顾一切地保守视力衰弱的秘密。她在仪器上放置了彩色标记，并用大字体写讲义。伊芙写道，"如果有学生必须得上交给居里夫人一张带有细线条的实验照片，玛丽会运用她细致的质问、熟练的技巧，先是从学生那里获得可以在心里重建这张照片的必要信息。接着，她会独自拿着这张玻璃感光板，注视它，装作在观察这些线的样子。"

居里一共接受了三次白内障手术，她告诉伊芙，"不要告诉任何人我毁掉了自己的眼睛。"但即使放射线正在毁掉她的健康，居里也不想退休。她在1927年的一封信中对布罗尼亚说，"有时我失去了勇气，我想，是时候停止工作了，住到乡间去打理花园。但我又有数不清的牵挂……我不知道自己的生活没有实验室是一种什么状态——即使是待在实验室写科技书籍。"

1929 年，居里又回了一次美国，去兑现一个承诺，因为一个美国女性团体筹集了足够的钱为居里的祖国波兰新成立的一个研究所购买了镭。这个研究所最终于 1932 年建立。胡佛（Hoover）总统将一张为波兰购买镭的支票发给了居里，但除了会见少数朋友外，她因病得太重，没有重复前次之旅的行程。

居里的健康恶化得越来越快，1934 年 1 月，她加入了伊雷娜和其丈夫弗雷德里克·约里奥（Frédéric Joliot）的萨瓦（Savoie）山之旅。复活节之后，布罗尼亚陪着她最后一次拜访了卡瓦莱尔（Cavalaire）的房子。居里得了严重的支气管炎，不得不缩短了假期。经过五周的恢复后，她回到了巴黎，伊芙正在那里等她。她越来越频繁地发烧和寒战。

从 5 月起，伊芙眼睁睁看着她母亲的情况急剧下降。巴黎的医生通过 X 射线看到了陈旧的结核灶，建议居里去萨瓦阿尔卑斯（Savoie Alps）的一个疗养院。在火车上，居里昏迷了。但当她被送到疗养院的病床上后，医生却没发现结核病的痕迹。一个瑞士医生检查她的血液，发现了"极严重的恶性贫血"。1934 年 7 月 4 日凌晨，在那个宁静的疗养院，萨瓦清冽的山风中，玛丽·居里死于她身体里不断累积的放射损伤。

居里是第一个分离了高放射性新元素的人，而我们名单上的下一个人欧内斯特·卢瑟福将解开最终置她于死地的机制。

欧内斯特·卢瑟福

科学家不是依赖于个人的思想，而是综合了几千人的智慧。

——欧内斯特·卢瑟福

6 欧内斯特·卢瑟福

稳居名单上第九位的是新西兰人欧内斯特·卢瑟福，他领导的团队分裂了原子。卢瑟福与科学家典型的内向形象完全沾不上边。他声音洪亮，有很好的幽默感，众所周知，他曾把科学这样分类，"科学研究除了物理学，都是集邮。"他的本意是想强调像生物学、化学和天文学这样的学科主要是在进行分类工作，而不是发展基本理论，具有讽刺意味的是他在1911年获得的却是诺贝尔化学奖。

在一个大多数科学家都是各自为战或者以小团队作战的年代，卢瑟福以从全世界搜罗顶尖人才与其工作以及培养新兴天才而著称。如果他有什么不知道，他会找到行家，与他们一起工作。他的学术生涯把他从新西兰的一个农场带到了世界上最好的物理学实验室——剑桥的卡文迪许实验室。

1871年8月30日，卢瑟福生于新西兰斯普林格罗夫（Spring Grove）。斯普林格罗夫［现今的布赖特沃特（Brightwater）］是一个小镇，在纳尔逊（Nelson）西南方向20公里处，位于新西兰南岛的北岸。卢瑟福的父亲詹姆斯（James）来自苏格兰的珀斯（Perth）。詹姆

Ten Physicists

斯在5岁时移民到新西兰，坐着一艘船花了半年时间才到达这个既新鲜又稍感熟悉的陆地。

詹姆斯·卢瑟福（James Rutherford）是一个农民，家境并不富裕。这块大英帝国的偏远之地是一个人们拼命劳作也只能勉强度日的地方。因此，年轻的卢瑟福从小就被灌输了一种良好的职业道德。上学前和放学后他都要帮着干农活。卢瑟福家可没有慵懒的暑假，所有人都要承担繁重的工作以确保农场的产出——尽管很贫瘠。

卢瑟福的母亲玛莎·汤普森（Martha Thompson）和詹姆斯·卢瑟福一样，也是从小就移民到了新西兰，和家人一道从英格兰埃塞克斯（Essex）的霍恩彻奇（Hornchurch）搬来。在嫁给詹姆斯前，玛莎曾是一位教师，比她未来丈夫的教育程度明显要高。这表现在她拥有蛮荒地带文明的象征性物品：一架布罗德伍德（Broadwood）牌钢琴。

在詹姆斯和玛莎最终诞下的12个孩子中，卢瑟福排行第4，是第2个儿子。据他母亲的回忆，他10岁时看了第一本科学书籍——鲍尔弗·斯图尔特（Balfour Stewart）所著的《物理学入门》（*Primer of Physics*），他的母亲在他从头到尾读完这本书之后将其收藏了很长时间。他上了本地的公立小学哈夫洛克（Havelock），他是这所小学校有史以来最好的学生。

15岁时，卢瑟福参加了纳尔逊学院（Nelson Collegiate School）的入学奖学金考试。由于他在本地的名气，不少人聚集起来想看看他们的本地英雄如何出人头地。他赢得了这一奖学金，得到了有史以来的最高分：总分600分，他得了580分。在纳尔逊学院，卢瑟福在很多科目上赢得了奖项和奖学金，包括英语、历史、法语和拉丁语。但他最擅长的还是数学和科学类学科。

18岁的卢瑟福获得了坎特伯雷（Canterbury）的基督城学院（Christchurch College）奖学金，这所学院是新西兰大学的一部分。他在1892年获得学士学位，并得到了一个进行一年研究生学习的奖学金。1893年，卢瑟福以物理学、科学、数学和数学物理学的硕士学位毕业。接着他被说服继续在基督城从事一年的研究，并于1894年底用他的毕业论文《高频放电产生的铁磁性》（*Magnetisation of Iron by High – Frequency Discharges*）获得了理学士学位。

卢瑟福接着申请了"1851 年博览会"奖学金，以图到剑桥大学卡文迪许实验室继续进行研究生学习。这一奖学金是在伦敦海德公园（Hyde Park）水晶宫（Crystal Palace）举行的大博览会（Great Exhibition）留下的巨大遗产。这个历史首次举行的贸易博览会引来了巨大的社会关注，在 5 个月的展览期吸引了超过 500 万参观者。当展览在 1851 年 10 月闭幕时，人们成立了一个皇家委员会，以将收益用来促进科学和工业发展。

委员会首先在南肯辛顿（South Kensington）购买了一块 87 英亩的土地，他们投资建造了一批非凡的建筑，包括维多利亚和阿尔伯特博物馆（Victoria & Albert Museum）、科学博物馆（Science Museum）、自然历史博物馆（Natural History Museum）、艾伯特演奏厅（Albert Hall）和帝国学院（Imperial College）。这个委员会现今仍拥有这块地方的大部分所有权。还剩下足够的钱建立了一个教育信托基金，该基金于 1891 年开始资助科学研究奖学金，此外每年还资助 25 名研究生的补助和奖学金。

卢瑟福不是唯一申请"1851 年博览会"的新西兰人，他要与化学家麦克劳林（J. C. Maclaurin）争夺那个唯一的位置。卢瑟福输给了这个年长的男人，似乎他必须得另寻他就了。但在最后一刻，麦克劳林订了婚，而根据规则结婚的男人不能获得这个奖励。消息传到卢瑟福家时，这名年轻的科学家正在花园干活。据说，卢瑟福把他的铁锹扔向空中，大喊大叫，"这是我挖的最后一颗土豆。"他成为了卡文迪许实验室的第一位研究生。

在詹姆斯·克拉克·麦克斯韦——我们名单上的第五名——任上成立的卡文迪许实验室，从 1884 年起就处于约瑟夫·约翰·汤姆森（Joseph John Thomson）的领导之下，到 19 世纪 80 年代，它成了世界一流的实验物理学实验室。卢瑟福追随了麦克斯韦的脚步，研究磁化针在变化电流产生的电磁场下会失去磁性的现象。他花了整整两年的时间研究希望提高设备的敏感性，使其能从 800 米距离以外能测到电磁波——这是当时的最佳纪录。他实际上制造的是一个电磁波的探测器。

但是，英国的科研传统是科学研究要与技术分离，一个卡文迪许实验室出身的科学家想为他的发现寻求商业用途是要遭人唾弃的。伽利尔摩·马可尼（Guglielmo Marconi）正在做相似的工作，尽管卢瑟福赶在了他前面，却是这个意大利人对收音机（当时被称为无线电）技术进行了商业性开发。卢瑟福被鼓励去坚持进行"纯"研究。

汤姆森决定成立一个小组，研究最新的 X 射线和放射性现象——它们分别由伦琴和贝克勒尔所发现。卢瑟福是汤姆森的首选成员之一，因为他具有相当的天分和想要成功的野心。这体现在卢瑟福写给他的未婚妻玛丽（Mary）的一封信里，这封信写在 1896 年 10 月，他说道：

> 我有一些非常大的奇思妙想希望去尝试，这些想法如果能成功，将使我获得巨大成就。如果你在某天早晨看到一份电报说你的挚爱发现了半打新元素，不要感到惊讶。

汤姆森的想法是用 X 射线去研究不可见离子的产生过程——离子指的是获得或者失去一个电荷的原子。词语"离子"来自希腊语的"漫游者"，因为人们观察到离子由于带电荷，在电场或磁场里到处漫游。关于这些离子的本质尚属探秘阶段，汤姆森希望能发现它们的性质。卢瑟福喜爱这一工作，因为离子的轨迹可以被追踪到，这可以方便卢瑟福对它们的运动和能量进行研究。这是他初次瞥见原子尺度的世界，卢瑟福将离子称作"令人愉快的小家伙……人们几乎看得到它们"。

汤姆森决定重点研究最常见离子的电荷 - 质量比。如果他可以发现离子的电荷与质量的某种关系，也许就能更好地描述原子的结构。这导致汤姆森在 1897 年发现了第一个亚原子粒子——电子，因为这个发现他获得了1906年的诺贝尔奖。与此同时，卢瑟福开始研究紫外线辐射，接着研究铀产生的辐射——玛丽·居里将其定义为放射性的机制。

卢瑟福发现放射性辐射现象远比起初认为的要复杂。他发现铀的某种放射线很容易被薄锡箔纸所阻挡，而另外一种则可以轻易穿透同一张锡箔纸。似乎存在两种不同的放射线类型，卢瑟福称它们为阿尔法射线（α射线）和贝塔射线（β射线）。他证明两种类型的射线都可以被电场和磁场所偏转，这提示了它们都是带电粒子。阿尔法粒子（α粒子）的穿透力比贝塔粒子（β粒子）要弱大约一百倍。贝克勒尔发现卢瑟福的贝塔粒子与汤姆森的电子具有同样的电荷质量比，从这点分析，它们极可能是同一种东西。

在提出阿尔法和贝塔射线概念的时候，卢瑟福已经离开剑桥大学在加拿大蒙特利尔（Montreal）的麦吉尔大学（McGill）就任了一个教授职位。汤姆森推荐了他这个职位，虽然卢瑟福知道麦吉尔是一潭科研的死水，但他急切地想把剑桥抛在脑后继续前进，因为他逐渐对他的待遇感到愤愤不平。

卢瑟福察觉到剑桥大学的年轻精英们对遥远大陆来的殖民者抱有一种公开的敌意。卢瑟福感到不公正对待贯穿他在剑桥的时光。他从没有被他的学院——三一学院提供过研究员的职位，这个职位本可以为他提供一个公寓和一份350英镑的终生薪水。他从未将这一伤痛透露给任何一位同事，但在给未婚妻玛丽的一封信中他写道：

> 根据目前我看到的情况，我得到三一学院研究员职位的机会非常渺茫。所有的大学教师天然地憎恨我们得到研究员职位的想法，无论这个人有多好，他都会被撵出去……考虑到这个地方的偏见，我想我若能离开剑桥则再好不过了。

卢瑟福离开剑桥去往麦吉尔大学的另一个主要原因是：由于蒙特利尔百万富翁威廉·麦克唐纳（William McDonald）的大力资助，麦吉尔大学新建了一个世界上设施最好的实验室。令人惊奇的是，麦克唐纳是靠烟草发财的生意人，但他却坚持吸烟是一种"令人作呕的习惯"。卢瑟福是一个大烟鬼，每次麦克唐纳来访，卢瑟福都会跑遍实验室的各个角落并打开窗户，以确保实验室里没有烟味。

在麦吉尔大学，卢瑟福将放射性的研究扩展到了钍，这是当时少数已知具有放射性的元素之一。在认识到他需要一名化学家后，卢瑟福雇用了弗雷德里克·索迪（Frederick Soddy）来帮忙，他之前是化学系的示教老师。1900—1903年，卢瑟福和索迪发展了一种理论，根据原子内部发射的阿尔法和贝塔粒子来解释放射性衰变，并提出原子会通过此过程变为另外的元素。他们将其称为"转化（transformation）"或"裂变（disintegration）"。

卢瑟福和索迪声称放射性的能量来自原子内部，当阿尔法或贝塔粒子被释放时，释放源就转变为另外一种元素。这一新理论对于炼金术士认为元素可以相互转变的古老观点来说并不太陌生——一种长久以来被唾弃的观念。但是这就是卢瑟福和索迪实验证据的价值，他们的理论很快得到了广泛的认可。

另一个重要的理论是钍的放射性会随着时间增长而稳步衰变。卢瑟福和索迪记录到，它每60秒减少一半，在下一个60秒继续减少一半。他们推导出一个指数衰变定律，将一定比例的放射性物质与一定长度的衰变时间联系了起来。这致使卢瑟福开始发掘半衰期理论，并于1907年建立了该理论。半衰期是半数样本原子经历放射性衰变的时间。对于不同的放射性元素，其半衰期可以从几分之一秒到一百万年不等。我们现在知道每种放射性元素或同位素都具有独特的半衰期。

法国科学家保罗·维拉尔（Paul Villard）在1900年发现的穿透性放射线被卢瑟福在1903年确认为第三种放射性衰变现象，他将其定义为伽马射线（γ射线）。卢瑟福认为这些射线不像阿尔法和贝塔射线（α射线和β射线）一样可以被磁场偏转，这证明了它们不是带电粒子。这个结论在1910年被威廉·亨利·布喇格（William Henry Bragg）所证实，他证明了伽马射线同X射线一样是一种电磁辐射。1914年，卢瑟福和同事爱德华·安德雷德（Edward Andrade）测量了伽马射线的波长，发现其与 X 射线相似但波长更短。

1904 年，卢瑟福开始探索放射性衰变现象不是单一过程的可能性，它更可能是一系列的衰变过程或者衰变产物链。以镭开始，衰变为氡，接着产生一系列中间产物。他给这些产物从镭 – A（钋 218）命名到镭 – F（钋 210）。通过一系列的阿尔法和贝塔粒子发射，终产物是稳定的铅。

1907 年，卢瑟福与耶鲁大学的美国化学家伯特伦·博尔特伍德（Bertram Boltwood）合作，两人发现镭是铀的衰变产物。这一衰变链（现在称为镭或铀链）的终产物是铅的一种稳定同位素，而其他两个衰变链——钍链和锕链——也最终产生了铅的稳定同位素。卢瑟福和博尔特伍德证明，通过检测放射性矿物中缓慢增加的铅量，他们可以确定岩石有数百年的历史。这为地球年龄的证明作出了重大贡献，同时，这一数据还支持了达尔文的自然选择进化论所要求的时间跨度。

卢瑟福在麦吉尔的岁月有一个著名的轶事。有一天，他步行穿过大学校园时，偶遇了地质学家弗朗克·道森·亚当斯（Frank Dawson Adams）。据这个故事所描述，卢瑟福问亚当斯，"地球有多老？"亚当斯回答，"1 亿年。"卢瑟福接着把手伸进衣兜，掏出一块沥青铀矿说，"我确信这块沥青铀矿有 7 亿年的历史，"然后得意地笑着走开了。

随着卢瑟福的研究越来越知名，工作机会开始如洪水般涌来。他接到了来自耶鲁、哥伦比亚和斯坦福的丰厚聘书，他甚至还被邀请担当华盛顿史密森学会（Smithsonian Institution）主任的职位。但是，卢瑟福渴望回到科学氛围更为活跃的欧洲。维多利亚大学（Victoria University）（现在的曼彻斯特大学）的兰沃西（Langworthy）讲座物理学教授阿瑟·舒斯特（Arthur Schuster）给卢瑟福写信，说明他计划退休，如果卢瑟福可以接任他在曼彻斯特的位置，他会感到很欣慰。维多利亚大学的物理实验室是英格兰继卡文迪许实验室之后第二重要的实验室。卢瑟福离开麦吉尔的新闻甚至登上了《纽约时报》，1907 年1 月该报纸如此评论道：

Ten Physicists

麦吉尔大学将要蒙受重大损失，自1898年就任麦克唐纳物理学教授的欧内斯特·卢瑟福教授辞去了职务。他已经接受了英格兰曼彻斯特维多利亚大学的职位。

卢瑟福教授年仅35岁，他凭借在镭方面的研究以及之前在无线电通讯方面的研究和发现跻身世界顶尖物理学家的行列。

1908年，在到达曼彻斯特后不久，卢瑟福因在放射性方面的工作获得了诺贝尔化学奖的荣誉。获奖原因是"因为其对元素裂变现象及放射性物质的化学进行的研究"。

初到曼彻斯特，卢瑟福就开始与德国物理学家汉斯·盖格（Hans Geiger）一起研究离子检测器。他们后来研究而成的盖格计数器成为了检测放射性的通用仪器。在学生托马斯·罗伊兹（Thomas Royds）的帮助下，卢瑟福分离出了一些阿尔法粒子，并证明它们是氦离子。卢瑟福接着从事了他最为著名的研究。

因为对阿尔法粒子持久的兴趣，他研究了这些粒子在轰击薄金箔时的分散方式。盖格在不同的位置放置了他的计数器，观察阿尔法粒子的计数随着入射粒子束的角度如何变化。

1909年，一个名为欧内斯特·马斯登（Ernest Marsden）的本科生加入了这个实验，并将其作为他的研究项目。卢瑟福建议马斯登观察是否有阿尔法粒子能偏转回薄金箔被轰击的同一面，而不是穿透而过。令所有人吃惊的是，这种超过90度的偏转被检测到了，这使得卢瑟福在1911年提出，原子在其中心具有高密度的带正电荷的核。

卢瑟福的原子结构理论花了很长一段时间才被大众广泛接受，而1913年丹麦物理学家尼尔斯·玻尔（Niels Bohr）（见第8章）在拜访了卢瑟福实验室后，提出放射性现象可以用原子核的能量变化进行解释。此外，气体的光谱——其被加热时发出的光的颜色——可以用仅允许电子在特定轨道上绕原子核旋转的理论进行解释。这些观点使得卢瑟福的模型被更广泛地接受了。

受第一次世界大战的影响,卢瑟福的研究一段时间曾被中断。1917年卢瑟福回到了用阿尔法粒子轰击不同气体产生的效用的研究当中。他注意到阿尔法粒子轰击氮气可以产生氢离子。他提出,所有的原子核都包含和氢离子一模一样的粒子。他实际上是进行了第一个核反应实验,将常态氮(氮–14)变为了氧–17(常态氧的一种同位素)和一个游离的氢离子。1920年,卢瑟福将这种氢离子命名为质子。他还推测原子核中存在一种中性粒子——中子,这在1932年被卡文迪许实验室的詹姆斯·查德威克(James Chadwick)用实验所证实——他也是被卢瑟福从曼彻斯特带过去的。

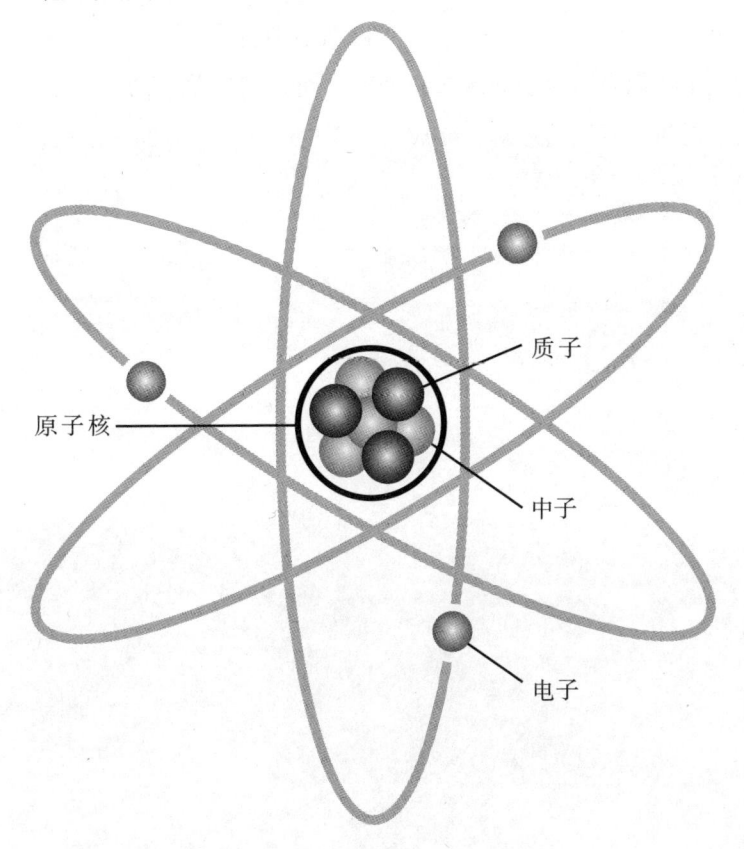

图6 卢瑟福的原子模型,该模型中原子的大部分质量位于中央的原子核(包含质子和中子),质量小得多的电子围绕原子核进行旋转。卢瑟福的原子模型通常被称为"太阳系"模型。

Ten Physicists

1919 年，在 J. J. 汤姆森退休后，卢瑟福得到了卡文迪许实验室的主任一职。他学术生涯的剩余部分都在那里进行核反应的研究。

卡文迪许实验室团队发现中子能比带电粒子更容易轰击原子核，因为中子不会与原子核发生电相斥作用。1934 年，卢瑟福、澳大利亚的马克·奥利芬特（Mark Oliphant）、德国的保罗·哈特克（Paul Harteck）轰击了氘（氢的一种自然形式，其原子核中有一个中子）产生了氚（氢的一种新的放射性形式，其原子核中有一个质子和两个中子）。

1914 年，卢瑟福获得骑士称号。1931 年，卢瑟福获得男爵爵位。1937 年，卢瑟福逝于剑桥，葬在了威斯敏斯特大教堂。他发现的原子核改变了我们对于原子的认知和理解，而我们名单上的下一个人改变了我们对时空本质的理解，并成为了有史以来最知名的科学家。

阿尔伯特·爱因斯坦

成功 = 艰苦的劳动 + 正确的方法 + 少谈空话

——阿尔伯特·爱因斯坦

7 阿尔伯特·爱因斯坦

阿尔伯特·爱因斯坦在我们的名单上意外地只排到了第四位，这个男人革新了我们对时间和空间的概念，并用一种完全不同的解读方式取代了牛顿的万有引力定律。

爱因斯坦的名字与天才同义，可当他还是学生时，差点连物理学学位都没拿到。然后，他在1905年担任专利局文书时所写的一系列非凡论文，不仅颠覆了牛顿力学广受珍视的理论，还诠释了布朗运动和光电效应。同一年，爱因斯坦关于气体扩散的博士论文给出了关于原子的存在当时最好的证据。那年，在他的第5篇论文中，他构想出了物理学中最著名的公式——$E = mc^2$。后来，爱因斯坦成为了世界上首位名人科学家，并在说服罗斯福总统在研发原子弹的过程中发挥了重要作用。与牛顿一道，爱因斯坦傲居物理学世界之巅。

1879年3月14日，阿尔伯特·爱因斯坦生于德国乌尔姆（Ulm）。他的父亲赫尔曼（Hermann）开办了一家电化学企业，但在爱因斯坦出生后不久，赫尔曼的生意日渐萧条，在他的兄弟雅各布的劝说下，他们举家搬到了慕尼黑（Munich）。赫尔曼的生意本金主要来自于爱因斯坦的母亲保利娜（Pauline）的娘家。

Ten Physicists

爱因斯坦学会开口说话的时间很晚，以至于他的父母担心他是否患有精神发育迟滞（又称智力落后）。与别的孩子不同的是，爱因斯坦刚学会说话，就能说出结构斟酌的完整句子。1881 年 11 月，爱因斯坦刚两岁半时，他的妹妹马娅（Maja）出生。他的母亲曾给爱因斯坦许诺，妹妹是他"可以玩的新玩具"，所以当马娅出生时，爱因斯坦非常失望，并向他的母亲质问这个"新玩具"的轮子长在哪里。

总体来说，爱因斯坦是个安静的小孩。虽然，作为一个小男孩他或许脾气稍显暴躁。当他被激怒时，会把手上的东西四处乱砸，被砸中的人通常是马娅。有一次，他用园艺锄打了马娅的头。还有一次，保利娜决定送他去学习小提琴，他火冒三丈，直接吓跑了第一个老师。所幸，一个更有耐心的老师帮助爱因斯坦培养了对这种乐器的终生爱好。

以当时的标准而言，赫尔曼和保利娜的育儿方法与常人不同，他们非常鼓励孩子的独立性。爱因斯坦 4 岁时，赫尔曼和保利娜就鼓励他独自去探索郊区的街道。5 岁时，爱因斯坦开始上学。他的父母虽然是犹太人，但并不特别地笃信宗教，他们把小爱因斯坦送到了附近的基督教学校。爱因斯坦痛恨上学，因为学校总是强调死记硬背，学生犯了任何错误伴随的就是斥骂和批评，这和自由自在的家里是完全不同的氛围。

同一年，爱因斯坦患病，在床上接受了几个星期的治疗。为了给他解闷，他的父亲给了他找了个指南针，爱因斯坦被迷住了。他着迷的是，无论怎么旋转指南针，指针都会一直指向北方。是什么神秘力量在起作用？爱因斯坦发现这比他在学校学到的任何东西都有趣。

10 岁时，爱因斯坦被路易博德（Luitpold）大学预科学校录取。虽然他对大多数学科都感到无聊，但还是爱上了数学。部分原因来自于他的叔叔雅各布（Jakob）的劝导，主要原因要归功于一名医学生马克斯·塔尔穆德（Max Talmud），他每周四都会去爱因斯坦家里吃晚饭。塔尔穆德离家在慕尼黑学习，当时，犹太家庭帮助年轻学生，在他们离家时提供舒适的家庭生活是一种传统。雅各布向爱因斯坦介绍了代数，同时，塔尔穆德和爱因斯坦一起讨论他在大学正在学习的最新知识。后来，据爱因斯坦的回忆，这种双重影响是使他成为一名科学家最重要的因素。

遗憾的是，大学预科学校的教学和初级学校一样沉闷。爱因斯坦很快失去了兴趣，他的成绩分数稳步下降。老师评论他是一个懒惰的男孩，永远成不了器。1894 年，在爱因斯坦 15 岁的时候，一场严重的危机行将发生。父亲在慕尼黑的生意出现滑坡，雅各布说服赫尔曼，意大利会有不错的市场，生意可以迎来新的希望。他们变卖财产并移民，但因为爱因斯坦学业上正处于关键时期，他被留在了慕尼黑，寄住在一个寄宿学校。

15 岁就开始的独立生活，帮助年轻的爱因斯坦快速成熟了起来。这也可能是他后来对自己孩子的育儿观的一个重要形成因素。他发现他接受的课程还是非常乏味，在父母离开后的 6 个月时间，他让他的家庭医生相信他正处于神经崩溃的边缘。他拿着医生的信找到了他的数学老师——他相处尚可的唯一一位老师。数学老师给了他一封信，说自己没什么可以教他的了。

带着这两封信，爱因斯坦去见了预科学校的校长，宣布他要退学。相反，校长回应，他要开除爱因斯坦，因为他是一个如此差劲的学生。所以 15 岁的爱因斯坦前往南方，和他在意大利帕维亚（Pavia）的家人团聚。

回家的愿望也许是这次行为的主要原因，但另一个理由也起了关键作用。爱因斯坦厌恶军队，从而产生了深刻的和平主义情结，也是他将终生持有的信念。在德国，所有男性只要年龄一到 17 岁，都要去军队服役 1 年。一想到参军，爱因斯坦就吓坏了。搬到意大利，他也逃离了这个可怕的未来。

爱因斯坦没向家里打招呼就到了帕维亚，后来的马娅描述她的哥哥兴致很高，完全没有"神经崩溃"的迹象。在回到意大利后不久，爱因斯坦宣布放弃他的德国国籍，并说服赫尔曼，同意让他在正式参加工作前，花几个月时间参观意大利的各大艺术中心。

这段时间，他和赫尔曼围绕他的未来争吵不休。爱因斯坦的前途看起来并不乐观。他有当教师的模糊理想，但赫尔曼希望他当学徒，接管家族生意。无论选择哪条路，他都需要一张大学文凭，所以爱因斯坦申请了苏黎世（Zurich）著名的瑞士联邦理工学院（Federal Institute of Technology）［又称为ETH，取自德文名（Eidgenössische Technische Hochschule）的缩写］。1895年秋天，在他17岁生日的6个月前，爱因斯坦前去参加了ETH的入学考试。

入学的规定年龄是18岁，但爱因斯坦自信自己可以提早入学。事实上，他未能通过ETH的考试。当他失败后，他感到很震惊：他在数学和科学科目上考得很好，但在其他科目的得分却很糟糕。大学当局因为他的年龄和数学上的成绩对他青睐有加，告诉他，如果他去一个瑞士学校注册，并获得高中文凭的话，他可以在下一年免试进入ETH。

虽然很失望，但爱因斯坦认识到自己别无选择。幸运的是，他的父亲赫尔曼为他在一个叫阿劳（Aarau）的小镇找到了一个学校，学校的气氛很轻松，学习方式很适合爱因斯坦。与玛丽亚（Maria）相遇也增添了他在那一年的快乐，她是校长约斯特·温特勒（Jost Winteler）的女儿。爱因斯坦寄宿在温特勒教授家里，和玛丽亚朝夕相处，两人很快坠入了爱河。这段感情没能持续到第二年，因为爱因斯坦去了苏黎世，但他的妹妹马娅后来嫁给了玛丽亚的兄弟保罗（Paul）。

爱因斯坦在阿劳用功学习。他顺利通过了文凭考试，在历史、几何和物理学上都得到了完美的分数。他在其他科目上做得没那么好，但也全部过关，1896年10月29日，他到达苏黎世，开启了人生的下一个篇章。

ETH给学生提供的自由极为吸引爱因斯坦。他选择自己喜欢的课程而将大部分他不感兴趣的课程放弃。他把业余时间都花在了咖啡馆和酒吧，和朋友们激烈地讨论，从政治、文学到物理学。他的一位讲师数学家赫尔曼·明科夫斯基（Hermann Minkowski）形容年轻的爱因斯坦是"一点也不为数学烦恼的懒家伙"。

爱因斯坦在 ETH 的同年同学中，只有 5 名学生选择了科学课程。其中一位是女士，名叫米列娃·马里奇（Mileva Maric），爱因斯坦很快与她建立了亲密的关系。他在 ETH 的最后一年，即 1899 年至 1900 年，他们的关系发展为了热恋。随着毕业考试的临近，爱因斯坦认识到他必须得沉下心来认真学习一些教学大纲上实打实的学习内容了，这些与他感兴趣的内容完全搭不上边。他借了同学兼好友马塞尔·格罗斯曼（Marcel Grossman）的笔记，开始拼命地赶上。

在毕业时，5 名选择科学课程的学生仅有 4 人通过了毕业考试，爱因斯坦的分数排名第 4，而他的恋人米列娃没能及格。在几乎是勉强获得学位后，爱因斯坦又面临了新的困难——找工作。虽然他曾梦想在 ETH 大学留校任教，但 ETH 的教授们却不准备给爱因斯坦提供职位。实际上，没有一位教授会给他一封好的推荐信。在课堂上，他总是挑战他的讲师们，对他们的物理问题的解决方法提出异议。

爱因斯坦的愿望是独立进行研究，他希望这能让他获得一个博士学位。因为他倾向于理论研究，这在事实上增加了他获得学位的可行性。只要他能进入一个好的图书馆，他就能避开大学而进行独立的研究工作。但在爱因斯坦需要撰写博士论文工作的几年里，从财政上他需要自力更生。

与此同时，米列娃决定重修最后一学年的课程。就在她预定的重修考试前的几个月，她发现自己怀孕了。这是一个噩耗，米列娃依然未能通过她在次年的重修考试。1901 年底，爱因斯坦应聘了一个临时教师岗位。这对情侣的生活状况在当时非常糟糕，后来在爱因斯坦的朋友马塞尔·格罗斯曼的帮助下才慢慢得到好转。格罗斯曼说服了他的父亲跟一个朋友——伯尔尼（Berne）瑞士专利局的主任——打了招呼，通过这层关系，爱因斯坦得到了一份稳定的工作，并在 1902 年 6 月正式入职。

米列娃在这段时间躲藏了起来，这样她的怀孕就不会被人注意，因为在当时非婚生子的丑闻会毁掉爱因斯坦在学术界的前途。1903 年

1月底，米列娃生下了女儿莉塞尔（Lieserl），莉塞尔出生后被送给别人领养，之后就没了消息。直到今天，也没人知道莉塞尔的状况。

爱因斯坦一直在专利局待到了 1909 年 7 月。虽然对一名刚崭露头角的理论物理学家来说，这似乎并非一份理想的工作，但爱因斯坦在这段时间的工作却非常出色。他敏锐的头脑可以快速发现专利申请书中的所有纰漏。在之后的一段时间，他发现这份工作要求不高，这给他提供了足够的时间去思考物理学。

在刚开始工作的几个月后，1902 年 8 月，他的父亲去世了。随着赫尔曼的去世，反对爱因斯坦娶米列娃的意见也消失了，这对情侣在 1903 年 1 月 6 日结婚。爱因斯坦从灾难的边缘实现了逆转，既得到了好工作，又得到了体面的家庭生活。

米列娃逐渐适应了家庭主妇的角色，爱因斯坦则喜欢时常能和一群志同道合的朋友在一起，这些朋友包括莫里斯·索洛文（Maurice Solovine）、康拉德·哈比希特（Conrad Habicht）和米凯兰杰洛·贝索（Michelangelo Besso）。这个自称是奥林匹亚科学院（Olympia Academy）的团体，频繁地聚会并激烈地讨论物理学的新理论。当爱因斯坦开始形成那些产生了 1905 "奇迹年" 成果的思想时，他们起到了共鸣板（sounding board）的关键作用。

1904 年，爱因斯坦就已经发表了几篇论文，尽管并未太引起人们注意，但都是他坚实的研究成果。爱因斯坦一直试图证实建立原子和分子的现实基础，这是科学界讨论的热点问题。如何解决这个问题是他在 1905 年提交博士论文的主要动机。在这篇博士论文中，爱因斯坦计算出了分子在溶液中的行为方式。具体来说，他研究了溶解在水中的糖分子，计算了糖在水里产生压力的方式，并用他的计算方法与文献中的实验数据进行了比较。

作为研究的一部分，爱因斯坦计算了糖分子的大小，算出其直径略大于一百万分之一厘米。这个计算结果优美而极具开创性。爱因斯坦在 4 月完成了他的研究，并在 7 月将其研究成果以论文的形式提交给了 ETH，而学校则以爱因斯坦的论文过于简短而拒收了。后来，爱因斯坦总会非常得意地告诉人们，他的博士论文就是以此为底稿仅加了一句话，而这次它被迅速接受了。

1905年他的博士论文完成与提交之间的拖延是由于其他研究的介入。5月11日，爱因斯坦所写的一篇论文寄到了德国杂志《物理学年鉴》(Annalen der Physik)的办公室。这篇论文是关于布朗运动——微小颗粒（如花粉粒）置于液体或悬浮在空气中时发生的奇怪的轻微摆动。有人提出这种运动是由于这些微粒被水或空气的分子撞击所致，但却忽视了花粉粒的每次不规则运动是被单个分子撞击所致这种理论的漏洞。如果是分子造成了这种运动，它们就必须与花粉粒一般大小。

爱因斯坦在为他的博士研究测定分子大小时，将其应用到了布朗运动中，他证明如果每一花粉粒一直受到水或空气分子的轰击——力度不一定每次都相等——这种效应就会发生。关键的是，爱因斯坦将精确计算引入了他的理论，并用严格的统计学概念描述了这种不规则运动。正是这种数学上的严谨性使大多数物理学家信服他的理论是正确的。

这是那年他投给这个杂志的第二篇论文，他在1905年3月投交的关于光电效应的论文后来为他赢得了诺贝尔奖。爱因斯坦解释的是19世纪末被发现的一种实验现象。当光被投射到某些金属表面时会产生电流。

匈牙利科学家菲利普·莱纳德(Philipp Lenard)对这种效应进行了最详细的研究。莱纳德发现通过改变照射到金属表面的光的波长，这种效应可以消失。蓝光更容易发生这种效应，而红光产生不了电流。此外，更亮的光可以产生更大的电流（金属中释放更多的电子）；每个电子被测出具有相同的能量，这种能量取决于光的波长，而不取决于它的强度。

物理学家已经思考光的本质达数个世纪之久。牛顿的光微粒理论（见第2章）已经被光以波的形式传播的理论所代替，这是克里斯蒂安·惠更斯首次提出的理论。托马斯·杨(Thomas Young)在1800年进行的实验似乎解决了这个问题。杨发现，当光从单个光源发出并穿过两个狭缝时，可以产生干涉图形——一种只能用光以波的形式传播来解释的图形。接着，1865 年，麦克斯韦发表了描述电磁力的公式（见第 4 章），他声称光是一种电场和磁场中的振动波，且电场和磁场的方向相互垂直。

这是 20 世纪初期被大众广泛接受的观点。但是，某些裂缝出现了。第一个裂缝出现在德国物理学家马克斯·普朗克（Max Planck）在 1900 年试图解释黑体辐射（blackbody radiation）的时候。这是一种能吸收所有入射辐射的物质所发出的辐射。太阳及所有恒星的表面近似黑体，它们的温度高到其发射的辐射可以通过我们的肉眼看到。因为人体具有体温，我们也能发射黑体辐射，但我们身体的温度相比太阳和其他恒星要低得多，所以黑体辐射在光谱的红外部分。

从 19 世纪 90 年代所做的实验可以得知，黑体发出的不同波长的辐射遵循一种特定的曲线分布。从长波长到短波长（或者从低频到高频），辐射会上升至顶峰然后再次下降。顶峰的位置可以通过黑体的温度进行精确计算。但在当时，解释这种曲线的理论却不能奏效——理论预测这一曲线会一直升高，释放出无限的能量。这一理论的失败被称作紫外灾难，这是 19 世纪末物理学最大的问题之一。

马克斯·普朗克寻求一种数学方程来拟合这种曲线。他成功了，但他的方程只适用于特定频率释放的辐射。他不得不假设光只能以一份一份的形式发出，他称之为"量子"（quanta）。每一份的能量可以用公式 $E = hf$（f 是光的频率，h 是我们现在所称的普朗克常量）得出。大多数物理学家认为普朗克的解决方案是临时的，甚至他自己也认为这只是一种计算方法——他也不确定量子的存在。但在 1905 年，爱因斯坦扩展了普朗克的研究，证明了如果光是由真实存在的量子组成的话，光电效应就可以得到解释。

爱因斯坦证明每个光量子（我们今天将其称之为"光子"）携带一份普朗克公式给出的能量，一个光子要么将全部能量传递给金属表面的电子，要么完全不传递。如果光子的能量足够强，就可以逸出电子，但由于光子的能量依据公式 E = hf 取决于光的频率，所以蓝光可以产生效应，红光则不行。此外，爱因斯坦还证明了光的强度有且只能增加光在每秒内撞击物体表面的次数，而不能增加每个光子的能量。这解释了莱纳德发现的现象——电子的能量并不取决于光的密度。

爱因斯坦的论文在当初发表的那段时期并未引发多大反响。这部分原因是鉴于他的圈外人的地位，主要原因是当时的物理学家们并不愿接受光除了是波之外还可能是其他东西的理论。获得过诺贝尔奖的美国物理学家罗伯特·密立根（Robert Millikan）就强烈反对这种理论。为了证明爱因斯坦错误，他进行了一系列详细的实验。他后来评论：

> 我花了 10 年时间检验爱因斯坦的 1905 年方程，而检验结果和我所预期的正好相反，我在 1915 年被迫越过它的不合情理并接受了它的证明过程。

这些关于光电效应和布朗运动的论文，加上他的博士论文，仅仅是爱因斯坦 1905 年研究工作的开端。6 月 30 日，另一篇题为《关于运动物体的电动力学》（*On the Electrodynamics of Moving Bodies*）的论文投到了《物理学年鉴》杂志社，研究的主题是狭义相对论。

正如我们在第 1 章所见，伽利略引入了相对性的理论，他证明没有力学实验能够分辨静止与匀速运动。因为他发现光与电磁波的速度恰好一致，所以麦克斯韦提出光是电磁波的一种形式。但如果光是一种波的话，就要求存在变化的电场产生变化的磁场，同时，这种变化的磁场又会产生一种变化的电场，如此反复。爱因斯坦思索了如果人可以随着一道光波进行旅行时会发生的情况。这会使电场静止，从而无法产生磁场，光就会消失。

此外，在麦克斯韦方程中，光在真空中的速度是恒定的。但是，据牛顿的理论，它应该根据你自身的运动而变化。如果光以 3×10^8 米每秒的速度传播，而一个观察者以 1×10^8 米每秒的速度向其运动，通过牛顿定律会得出这个观察者测出的光速为 4×10^8 米每秒的结果——但这与麦克斯韦方程组所预测的速度相悖。要么是麦克斯韦错了，要么是牛顿错了，当时的大部分人认为麦克斯韦是错的。

爱因斯坦相信麦克斯韦是对的，牛顿是错误的。他采用了伽利略的相对论——其只适用于力学实验，并将其推广到了光——从而得到了这篇论文的题目。爱因斯坦证明没有实验——力学或光学——可以分辨静止或以恒速进行的运动。

爱因斯坦的证明以两个假设开始（伽利略相对论的扩展理论和光速的恒定理论），我们必须要改变对时间和空间概念的理解。当这些要求被插入到运动方程中，时间和空间开始变得具有相对性。两个相对彼此旅行的观察者对时间和空间的测量会有差异。但是，这些效应只有在两个观察者的相对速度大约为光速的一半时，才会变得明显，这就是为什么我们在日常生活中注意不到这种差异。人类相对地球可以达到的最快速度是乘坐阿波罗号飞船的 3.9896×10^4 千米每小时——大约为光速的 0.000 037 倍。

狭义相对论在绝对的高速下才会变得明显，带来的结果可以解释时间膨胀和空间收缩——这是一个硬币的两面。时间膨胀意味着从相对运动的地方观察时，一个运动物体的时间会变慢。这会导致运动物体的长度在其前进方向上缩短——空间收缩——反之亦然。这一效应具有对称性，例如一个正坐在高速火箭上的人可以观察到地面上的你，他们会看到你的时间变得更慢，而你也会看到他们的时间开始变得更慢。这不仅是一种显著的差异，在粒子加速器里这已被上千次地证明它是真实存在的。加速器里面生成的粒子会在极短的时间内衰变，但由于它们的高速运动，所以它们存在的时间会比它们本应该存在的时间更长。

狭义相对论带来的另一个预测是物体的质量随着速度的增加而增加，以及没有什么可以比光速更快。正如我们在第 2 章所见，牛顿的第二运动定律 $F = ma$（F 是力，m 是质量，a 是加速度）告诉我们，如果我们对物体施加一个力，物体就会加速。爱因斯坦证明这不再适用于高速状态，因为更高的速度也会使物体质量增加——随着物体质量的增加，加速它所需的力也会增加。再次，这一效应在粒子加速器里也被人们每天观察到。当我们在巨型原子加速器里加速质子或电子时，它们的质量就像爱因斯坦的理论预测的那样增加了。

爱因斯坦在寄出论文后不久，又进行了下一思考。他认识到他的理论提示质量和能量之间存在一种联系，因为质量在我们增加物体的动能（运动的能量）时会发生变化。他将这一联系写成一篇简短的论文，发表在 1905 年 11 月的《物理学年鉴》上——一篇包含 $E = mc^2$ 的论文，这是自然科学里最著名的方程。这一方程显示物质和能量是可以互换的。E 是能量，m 是物体的质量，c 是光速。因为光速是如此巨大的数字（3×10^8 米每秒），所以很小的质量就相当于巨大的能量——这就是太阳有如此大的能量以及原子弹可以释放如此毁灭性的力量的原理。

这些关于狭义相对论的论文以后会成为物理学界标志性的论文，但在当时几乎没人注意到它们。爱因斯坦的家庭生活看起来就像任何一个 20 多岁男人的生活。他的长子汉斯（Hans）出生于 1904 年 5 月。1904 年 9 月，爱因斯坦在专利局的薪水从 3 500 瑞士法郎增加到了 3 900 瑞士法郎。这在当时是一个不错的收入水平，足以让他和自己的家人外出休假。他开始频繁进行帆船运动，这成为他终生都保持的爱好。

尽管爱因斯坦的相对论论文没有引起人们的太多注意，但他在 1905 年的其他产出还是让他的名字在一小群物理学家中变得知名起来，特别是在德国。1906 年 4 月，爱因斯坦被提升为技术专家（二级），又加了一次薪。他本可以安定下来过上舒适的生活，他在专利局的前途非常光明，薪水足以养家。但他的朋友们催促他去寻求一个大学职位，他现在拥有了一个博士学位，从他发表的论文来看，他已经具备了进行原创性思考的能力。

但进入学术界可不是件容易的事情。首先他得找到一个编外讲师

（privatdozent）的职务——这是大学里无薪俸的讲师职位。这个职位允许讲师教授一门自己选择的课程，学生上课将被收费。1907年，爱因斯坦申请了伯尔尼大学（Berne）的工作并遭到了拒绝，被拒绝的部分原因是当时的系主任认为爱因斯坦的狭义相对论"无法理解"。爱因斯坦寻求了其他几个教职，也毫无所获，直到1908年才申请任职成功，在这期间他一直留在专利局工作。他在最初阶段的讲学表现得非常平庸，这让他在学术界的未来充满未知数。然后，出乎意料地，他得到了他过去的数学讲师赫尔曼·明科夫斯基的支持。

在爱因斯坦大学毕业后，明科夫斯基跳槽到了哥廷根大学（Göttingen University）担任数学教授。他是最先意识到爱因斯坦狭义相对论重要性的著名学者之一，正是明科夫斯基帮助爱因斯坦迈出了关键的一步，将爱因斯坦的方程与四维几何的描述联系起来。明科夫斯基提出了"时空"（spacetime）的概念，强调时间和空间是不可分离的观点。正如明科夫斯基在1908年9月2日于科隆（Cologne）的一个演讲中所言：

> 我想首先陈述的是，对时间和空间的观点……是激进的。从今以后，空间本身和时间本身注定将消失于阴影中，只有两者的统一才是永久独立的存在。

起初，爱因斯坦被明科夫斯基试图要将他的理论占为己有的企图激怒，并对明科夫斯基试图把他的方程置入几何形式感到不以为然。但是，爱因斯坦后来发现明科夫斯基的策略确实是让更多读者开始理解这个理论的好办法。在明科夫斯基的演讲后不久，爱因斯坦收到了第一份有酬职位的聘书——苏黎世大学（University of Zurich）的物理学教授。1909年7月6日，他从专利局辞职。

没过多久，随着学术界对他工作讨论的传播，爱因斯坦开始推掉各式各样的聘书。但就在离开专利局前，爱因斯坦产生了后来他描述为"他一生中最快乐的想法"。这个想法就是，自由落体的人不会感

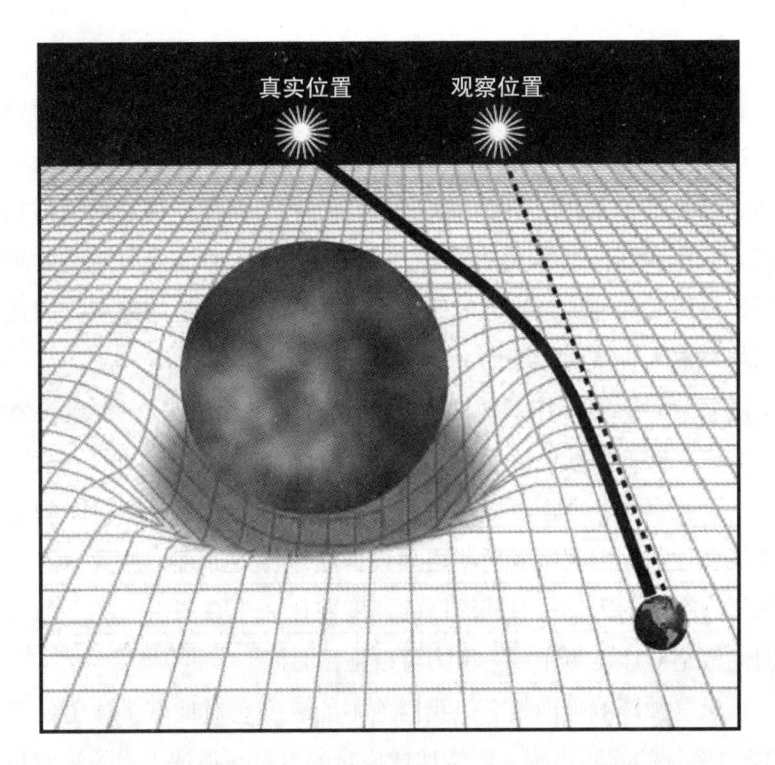

图 7 星光被太阳扭曲的图示,这是爱因斯坦的广义相对论做出的预测之一。因为这种扭曲,当恒星的光划过太阳边缘时,恒星会出现在天空中一个稍微不同的位置("被观察到的位置"而不是"真正的位置")。这一预测被亚瑟·爱丁顿(Arthur Eddington)在1919年通过日食期间观察恒星惊人地加以证实。

觉到重力作用,当人作自由落体时,其他作自由落体运动的物体会浮在他们身边。经过初步的思考后,爱因斯坦没花多少时间就发现了"等效原理",提出引力和加速度产生的效应是无法分辨的。这个理论对于我们理解引力具有深远的意义。

等效原理的一个推论是引力可以弯曲光。想象下,你坐在一个处于真空中的火箭上,该火箭可能处于静止状态也可能处于匀速运动状态。爱因斯坦的狭义相对论认为没有办法对以上两种状态进行辨别。我们想象有一束光,从火箭内部的一面墙射向另一面墙。无论火箭处于静止状态还是匀速运动状态,火箭内外的观察者观察这束光,光均为直线传播。

相反，假设这个火箭并非处于静止状态或匀速运动状态，而是处于加速运动状态。对外部观察者来说，光束并非以直线运动轨迹横穿火箭，而是呈一条曲线型态。实际上，这条曲线将严格遵循抛物线的形状，就像伽利略所预见的那样（见第1章）。通过爱因斯坦的等效原理，适用于加速度产生的效应也会适用于引力产生的效应，因此爱因斯坦预测光将被引力弯曲。

随着爱因斯坦更仔细地深入思考他的"快乐想法"，他慢慢意识到引力也会影响时间的流逝。如果一个在太空中加速运动的火箭两头都有一个观察者，那么可以证明火箭后面部分的观察者测量时间流逝的速度要比前面的观察者所测得更慢。通过等效原理，这意味着一个在强引力场下的人测量时间流逝的速度要比一个在弱引力场下的人测量时间流逝的速度更慢——引力可以拖慢时间。

虽然这种影响很细微，但我们绝不能忽略它对地球全球定位卫星（GPS）系统的实际影响。围绕地球旋转的卫星与地球表面的我们相比处于更弱的引力场，而我们用以测量位置的计时系统却能达到如此精确，正是因为它们考虑了卫星上的时间比我们在地球表面上的时间流逝得更快的效应。

接下来，爱因斯坦会发表他在引力上的新研究：广义相对论。"广义"针对的就是有加速度存在的情况，而"狭义"相对论只适用于速度是常量（静止和匀速运动状态）时的情况。爱因斯坦为了将他对引力的思考转换为一种成熟的理论，他学习了一种全新的数学分支，8年后才将其论文正式发表。这种全新的数学分支就是由波恩哈德·黎曼（Bernhard Riemann）和卡尔·弗里德里希·高斯（Carl Friedrich Gauss）在19世纪中叶发展出来的曲面几何，但对当时的爱因斯坦（包括当时其他任何物理学家）来说，这是一种全然陌生的数学。

回到明科夫斯基曾强调的对狭义相对论的几何诠释，爱因斯坦认识到，描述引力与加速度等效最好的办法就是证明"引力形成了时空的结构"。如美国物理学家约翰·阿奇博尔德·惠勒（John Archibald Wheeler）所言，"物质告诉空间如何弯曲，空间告诉物质如何运动。"（纯粹主义者会指出他应该说"时空"而不是空间。）

与此同时，在产生他"最快乐想法"的 1907 年和发表广义相对论的 1915 年之间，爱因斯坦的个人生活动荡不定。1910 年 7 月，他第二个儿子爱德华（Eduard）出生，1911 年他离开了苏黎世大学，前往布拉格大学（University of Prague）得到了一个更好的职位。1912 年，ETH 为其任性的学生提供了一个教授职位，把爱因斯坦带回了苏黎世。他的名气与日俱增，几乎每所欧洲的大学都在追求他。

1914 年，马克斯·普朗克受柏林大学（Berlin University）所托，希望不惜一切代价延揽爱因斯坦。普朗克为爱因斯坦提供了一个梦想的工作——任柏林普朗克自己的研究所的教授，薪水大大提升且没有教学要求，这样爱因斯坦就可以集中精力放在自己的研究上。普朗克和柏林大学希望爱因斯坦在发表他的新相对论研究时，成为他们的一员。

柏林大学在 20 世纪早期时候是全世界物理学的中心。尽管爱因斯坦顾忌回到德国，但在 1914 年春天，他还是离开苏黎世去了柏林。但厄运也接踵而至，他与米列娃本就不稳固的婚姻开始变得更加风雨飘摇。米列娃和孩子们最初阶段还跟爱因斯坦一起搬到了柏林，但几个月后，她带着孩子们回到了瑞典，并在实际上表示她希望结束他们的婚姻。

在大学里，爱因斯坦坚持拥有不受外界干扰的独立研究的自由。但在他到达德国的几个月后，政治局势发生了剧烈变化。随着第一次世界大战的爆发，学术界面临着德国政府希望他们支持国家战争的强大压力，而大多数人都乐意服从。弗里茨·哈伯（Fritz Haber），柏林著名的化学家，研究并开发了毒气，最终杀死了数十万盟军部队，包括普朗克在内的学者也对德国的战争持支持态度。普朗克与 92 名其他著名的科学家以及公众人物一道，签署了"向文明世界的宣言"。这一宣言提出德国不是侵略者，而是在守护真理和正义。爱因斯坦拒绝签名，这使他与同事的关系疏离开来。

　　爱因斯坦独自居住，寄钱回去养育回到了苏黎世的孩子们。因为醉心于相对论，他的饮食变得不规律，健康开始受到了影响。这段时间，爱因斯坦的体重减轻了许多，他的黑发大部分变成了灰色。离他在柏林的公寓不远，住着他的表姐埃尔莎（Elsa）和她的两个女儿。最近刚离婚的埃尔莎很同情爱因斯坦，并密切关注着他，为他提供饮食帮助，并试着确保他的健康状况不会继续恶化。对爱因斯坦而言，这种沉迷的工作状态让他享受。他成功地将他的狭义相对论扩展到囊括了加速度的情形，从而对引力进行了全新的诠释。

　　爱因斯坦于1915年11月在普鲁士科学院（Prussian Academy of Sciences）所做的一系列演讲中报告了广义相对论，并于1916年将其论文随即发表。很多人此后将其描述为物理学真正的里程碑，比狭义相对论具有更加基础的意义——如果爱因斯坦没有更早地发展出狭义相对论，其他人也许还会走很多弯路才能到达。例如，亨利·庞加莱在1904年发表的研究就非常接近于时间膨胀。但爱因斯坦的广义相对论是一个更大的飞跃，如果没有爱因斯坦，我们也许还在等待着这一理论的诞生。

　　一个科学理论必须能描述所有已知的现象，将它们囊括在其范围之内，并能预测尚未被观察到的事物。爱因斯坦的理论在被应用于对水星轨道（Mercury's Orbits）的解释时通过了第一重考验，几十年来人们已经知道它没有被真正地理解。就像所有行星一样，水星以椭圆轨道围绕太阳运行，它最为接近太阳的位点是"近日点"（perihelion）。水星的近日点在太空中的运动（进动，precess）更像是一系列的椭圆，就像一个人绘制花瓣时的椭圆。虽然某些进动可以通过其他行星的引力影响进行解释，但牛顿的万有引力定律得出的答案不能回答人们观察到的现象。

　　人们对牛顿理论的信仰是强大的。要知道，这个理论在19世纪中叶已经准确预测了一颗新行星——海王星的存在。天文学家主张水星一定是有一颗不可见的名为祝融星（Vulcan）的伴星在影响其运行。

爱因斯坦初期并未意识到水星轨道的这个问题，但当别人提到之后，他很快地计算出这种进动可以被他的理论所预测。最终，他的理论成功地与观察现象达成了一致。

接下来发生的事情将更为精彩。受到第一次世界大战的影响，所有德国的科学杂志都被英国方面禁止发行，所以爱因斯坦的相对论没有传播到英国的物理学家和天文学家那里。但是，1916年，来自中立国荷兰的数学家威廉·德西特（Willem de Sitter）将爱因斯坦的相对论的细节传达给了剑桥大学的亚瑟·爱丁顿。爱丁顿是当时剑桥大学最出色的年轻天文学家。爱丁顿阅读了广义相对论后，对该理论信服且持推崇态度。（曾有一个著名典故：一个记者采访爱丁顿时提到，"世界上只有三个人理解相对论"，爱丁顿回答道，"谁是第三个？"）爱丁顿意识到在发生日食时通过对太阳四周的天文学观察，可以检验爱因斯坦关于光会被引力弯曲的预测。本应被太阳遮挡的恒星发出的光在日食时应该会被弯曲，进入观察视野。爱丁顿相信照下这些恒星的位置，并拿这些位置与6个月前拍的照片进行比对，应该可以帮他检验这个理论。他知道1919年5月29日将会发生一次掠过巴西局部、大西洋全境并到达非洲大陆的日食。

爱丁顿从皇家天文学会（Royal Astronomical Society）和皇家学会筹集到足够的钱进行了两次考察，第一次是去巴西的索布拉尔（Sobral），第二次是去非洲西海岸的普林西比（Príncipe）岛观察日食。在日食当天，普林西比的天空多云，这可不是观察天象的好天气，就在日全食快要结束的时候，天空突然晴朗了。爱丁顿得以拍到了几张照相底片，记录下了恒星的位置。回到剑桥后，他开始在底片上细心定位恒星的精确位置。

1919年11月6日，在皇家学会和皇家天文学会举行的一次联合会议上，爱丁顿宣布爱因斯坦的理论是正确的。（最近，有人提出爱丁顿的证据最多是沾了点边——但自此以后，有很多实验证据证实了爱因斯坦理论的正确性。）这个宣布的结果登上了全世界各大报纸，一夜间，40岁的爱因斯坦成了大名人。

爱因斯坦为了完成这个理论将太多时间奉献给了他的事业，这导致他的身体健康状况每况愈下，他的体重减轻了大约25公斤。他经常发作的消化不良后来被证明为患有胃溃疡，他35岁的年轻面孔看起来比40岁还老。1917年后半年，他大部分时间都在卧床休息，他的表姐埃尔莎负责照顾他。1917年夏末，他搬进了埃尔莎同一街区的一个公寓，但他的恢复很缓慢。直到差不多一年后，1918年春天，他才能离开这栋房子。

经过这次生病，爱因斯坦和埃尔莎越来越亲密。1918年夏天，他希望让他们的关系更进一步。爱因斯坦写信给了米列娃提及离婚事宜，米列娃同意离婚，条件是她要得到爱因斯坦从诺贝尔奖中获得的所有钱。从1910年起，爱因斯坦每年都会被提名，所以很难将这个从离婚协议中排除掉。当时的奖金是30 000瑞典克朗，那个时候已经足以让米列娃和他们的两个儿子过上舒适的生活。离婚最终于1919年2月办妥，6月，爱因斯坦娶了比他大3岁的埃尔莎。

1915年之后，爱因斯坦对物理学的重要贡献相对较少。但是，从对光电效应的研究起，他一直对光量子理论保持着兴趣，并跟进着原子理论方面的进展。1916年，爱因斯坦对玻尔提出的电子在原子中具有固定轨道的理论作出了一个重要贡献（见第8章），他预测电子在轨道——或者如物理学家所称呼的"能级"间进行跃迁时会产生一种效应。

玻尔模型认为，一个电子如果被另一个电子撞击或者吸收一个光子，就可以跃迁至更高的能级，且它会在较短时间内试图回到之前的更低的能级。当它跃迁回去后，这个电子会发射出一个光子，光子的频率与两个能级间的能量差异有关，可以用普朗克在1900年的黑体辐射论文中引入的公式 $E = hf$ 得到。爱因斯坦补充了"受激发射（stimulated emission）"的概念。这个理论是，被推至一个更高能级的电子被恰当频率的光激发后跃迁回去，会有效地放大穿过的光。这就是激光——即"通过受激发射光扩大"（Light Amplification by Stimulated Emission of Radiation）——发射的基础原理。

1922年，爱因斯坦因为光电效应被授予了诺贝尔奖——可能因为他的相对论尚未被瑞典科学院的院士们所正确理解。在1924年夏天，爱因斯坦突然爆发，为物理学作出了最后一个重大贡献。

这个贡献是由一封来自印度年轻科学家萨蒂延德拉·玻色（Satyendra Bose）的信所促成的。玻色给爱因斯坦展示了一种新的推导普朗克方程——该方程不需假设光以波的形式就可以解释黑体辐射——的方法。他把光当作了一种由光子组成的气体，并用一种新的统计学来描述它们。爱因斯坦改良并改进了这一理论，扩展了它的应用范围，这个系统被称作玻色-爱因斯坦（Bose–Einstein）统计模型。他们把粒子的行为称为玻色子（bosons）。（欧洲核子研究组织让我们认识了希格斯玻色子是最有名的玻色子，但光子如同所有携有强或弱核力的粒子一样，也是玻色子。）正是这一工作帮助物理学界接受了光子。[光子的概念由美国化学家吉尔伯特·刘易斯（Gilbert Lewis）在1926年提出。]

这时，爱因斯坦已经是物理学的元老之一了，所以任何有关物理学的新理论出现时，人们都会咨询他。爱因斯坦成为波粒二象性理论的坚定支持者，该理论由路易斯·德布罗意（Louis de Broglie）在1923年提出，爱因斯坦在1925年发表的一篇论文中用炫丽的词汇引用了这一理论。但是，随着德布罗意的理论让位给了成熟的量子力学，爱因斯坦发现自己逐渐远离了主流。我们在第8章将会看到，爱因斯坦从未接受量子力学的统计学本质，他发表过著名的反对意见，"上帝从不掷骰子。"到20世纪20年代末期，爱因斯坦逐渐和量子力学的首席建筑师玻尔分道扬镳。

爱因斯坦还有另外的烦恼。随着德国纳粹势力越来越壮大，爱因斯坦越来越担心自己的犹太人身份会给自己带来的麻烦。1931年，美国教育家亚伯拉罕·弗勒斯纳（Abraham Flexner）开始筹建一个新的科研中心，他希望能吸引到世界上最伟大的科学家们。第二年，弗勒斯纳拜访了加州理工（California Institute of Technology）大学，和管理这个中心的诺贝尔奖得主罗伯特·密立根讨论了这个想法。密立根希

Ten Physicists

望吸引爱因斯坦到加州理工大学定居，他告诉了弗勒斯纳像爱因斯坦这样的名字能带来多大的名望。密立根的这个赤裸的理由进一步加深了弗勒斯纳希望争取到爱因斯坦的心情。

几周后，弗勒斯纳拜访了爱因斯坦——他当时短期在牛津大学驻留——试图说服他移居到美国，来领导他的新的研究中心。爱因斯坦很感兴趣，但并未真的决定移居美国。然而，弗勒斯纳很耐心，几个月后他再次拜访了爱因斯坦，这次他成功了。爱因斯坦加入了这个新的高等研究所（Institute for Advanced Study），并计划将自己剩下的时间全部分配给柏林和普林斯顿。（该研究所由弗勒斯纳在1933年秋奠基于普林斯顿）

1932年12月10日，爱因斯坦和埃尔莎离开德国作客加州理工大学。在这两个月后，希特勒就任德国元首，爱因斯坦知道住在德国已不再安全。在他驻留加州理工大学的日子里，也就是1932—1933年冬天，他在德国的家遭到了纳粹分子的搜查，他的书籍被公开焚毁。在这之后爱因斯坦离开美国加州理工大学并短暂居住在英国牛津大学，并在访问比利时海滨的滨海乐卡克（Le Coq sur Mer）度假村时宣布，德国纳粹的威胁使他无法回家。1933年10月7日，他再次起航前往美国，最终定居在普林斯顿，他在那里度过了余生。

在弗勒斯纳的研究所的20多年间，爱因斯坦没有取得任何重大突破，大部分时间都花在徒劳地寻找一种可以统一引力和电磁力的理论上面。但是，他的科学影响从未衰退。当耶诺·维格纳（Eugene Wigner）和利奥·齐拉特（Leó Szilárd）意识到美国需要研发原子弹才能打败以德国为首的轴心国时，他们正式说服爱因斯坦让其给美国总统罗斯福写信使其相信了核研究的必要性。

埃尔莎于1936年去世，在这之后，爱因斯坦的个人事务由他的秘书海伦·杜卡（Helen Dukas）照看。她执着地保护着爱因斯坦的隐私，直到爱因斯坦去世后多年的1982年，有关爱因斯坦的许多个人生活细节才为人所知。包括他第一个孩子莉塞尔的存在（被领养的那个）。

第二次世界大战后不久，新成立的以色列国请求爱因斯坦担任他们的第一任总统，但爱因斯坦拒绝了。现在他已成为了心不在焉的教授的典型：有着疯狂花白头发的爱因斯坦从不穿袜子，缘由是他有一天忘记了穿袜子，此后，遂决定再也不需要它们了。

他是历史上最有名的科学家，他是完全颠覆了我们对时间和空间概念认识的科学家。但是，尽管他天才横溢，爱因斯坦却从未完全接受过量子力学，这一革命性的理论源自他的研究，开创者却是我们名单上的下一个人物——丹麦物理学家尼尔斯·玻尔。

尼尔斯·玻尔

我们称之为真实的事物并非由真实之物所构成。

——尼尔斯·玻尔

8 尼尔斯·玻尔

丹麦理论物理学家尼尔斯·玻尔曾靠他对物理学的贡献获得了嘉士伯（Carlsberg）公司提供的终生免费淡啤，他大概是历史上唯一获得过这种待遇的物理学家。他还是少数几个在一场长期争论中证明了爱因斯坦的错误的科学家之一，他和爱因斯坦为量子理论中的随机性争论许久。玻尔在我们的名单上排名第二，大多数人会认为这个位置太高了。但是，他的德国理论物理学家同行维尔纳·海森堡和其他一起推进量子力学发展的科学家对于这个位置肯定没有任何疑虑。正如海森堡所言："玻尔对物理学和我们这个世纪（20世纪）的物理学家们的影响比其他任何人都要大，甚至超越爱因斯坦。"

1885年10月7日，玻尔出生于哥本哈根（Copenhagen）。他的父亲克里斯蒂安（Christian）是哥本哈根大学（Copenhagen University）的生理学教授，差点因为对呼吸系统化学的研究获得诺贝尔奖。玻尔的母亲埃伦（Ellen）是犹太人后裔，来自一个显赫的银行家和政治家家庭。玻尔和他的姐姐燕妮（Jenny）以及小他18个月的弟弟哈拉尔（Harald）一起，在一个充满进步的自由知识分子氛围的家庭长大。两个男孩上的是哥本哈根著名的旧霍尔姆（Gammelholm）文法学校。哈拉尔非常好胜，当他们毕业时，他在大部分科目上都已经赶超了玻尔。与玻尔文静的内向性格相比，哈拉尔风趣、活泼，他是一名才华横溢的足球运动员，也是一位有天赋的数学家。

尽管他们两人似乎在相互较劲，但这并不影响他们的感情。这可能与哈拉尔重点关注数学而玻尔重点关注物理学相关。这样，他们可以彼此帮助和咨询，而不用相互竞争。燕妮先在哥本哈根大学学习，然后是牛津大学，最后回到丹麦成为了一名有感召力的老师。燕妮终身未婚，晚年罹患了严重的心理问题。根据她的死亡证明所描述，燕妮死于"抑郁症的躁狂期"。

1903年，哈拉尔和玻尔进入了哥本哈根大学。两兄弟都入选了大学足球队艾卡迪米锡（Akademisk Boldklub）——即后来的AB俱乐部——这支球队现仍在丹麦二级联盟踢球。玻尔踢的是门将位置，当双方球队在对面半场进行着攻防的时候，他会在球门柱上做计算题来打发时间。在比赛突然回到他的半场时，这种注意力分散到突然集中往往可以给他带来奇迹般的扑救动作。与玻尔相比，哈拉尔则更具有天赋，他曾代表丹麦参加了1908年的奥运会，球队在半决赛中以17:1的比分打败了法国队，后来在决赛以2:0输给了英国队。

没过多久，同学们给两兄弟都打上了天才的标签。玻尔从早年起就是一个如饥似渴的书迷，还在大学读本科课程的时候，他就试着追踪物理学的最新进展。他对待科学的态度一丝不苟，以喜欢在教科书上纠错出名。两兄弟在大学阶段大多住在家里，他们的父亲会定期邀请丹麦一些最著名的知识分子共进晚餐。在吃完饭后，玻尔的父亲会和客人们一起讨论，而玻尔和哈拉尔会被允许坐在一边当安静的听众，玻尔后来对哲学讨论的钟爱无疑是在这些夜晚被激发出来的。

1907年，在玻尔毕业的那一年，他获得了丹麦皇家科学院（Royal Academy of Sciences and Letters）的金奖，获奖原因是一篇关于水的表面张力的论文，其中包含了玻尔做的详细的实验研究，这是他在准备大学毕业考试的期间完成的。玻尔可以获得这个金奖很大程度上取自于哈拉尔对他提供的帮助。据玻尔自己的笔记记录,当时的他非常繁忙,论文的部分手稿是由哈拉尔所写,如非哈拉尔的帮助,他几乎会错过这次评奖的最后截止期。

这些实验需要精确测量喷射水流表面的振动。玻尔自己设计和执行了每一个实验,来生成半径小于 1 毫米的喷射水流。他用自制的玻璃喷嘴,通过在给定的时间间隔于同一位置两次切断水流来测量水流的速度,并用照相机捕捉剪切片段的长度。使用照相机还可以测量喷射水流表面的振动。为了减少外源性的振动,他大部分的实验都必须在凌晨的几个小时进行,那时的交通环境比较安静,更利于提高实验的准确性。

1909 年玻尔开始了他的博士论文研究——《对金属电子理论的研究》(*An Investigation into the Electron Theory of Metals*)。十年前剑桥大学刚发现了电子,发现者是卢瑟福的老板,英国物理学家 J. J. 汤姆森(见第 6 章)。从汤姆森的实验中可以知道,电子带有一个负电荷,它的质量比最轻的氢元素要轻几千倍。汤姆森建立了一种后来被称为葡萄干布丁的原子模型,带负电的电子镶嵌在具有正电荷的"蛋糕"中,分布在整个原子内,使其整体呈现中性。

为了解释类似于金属磁性这类的现象,科学家修改了一下这个模型。金属被想象为带正电的离子晶格中的电子气体。在玻尔的博士论文中,他发现了现有金属电子理论的不足。解决这个问题显而易见的办法就是探究电子的存在——但是玻尔采取了一种完全不同的方式,在这里我们来看一下他进行原创性思考的惊人能力。

他论证了金属电子理论在某些情况下站不住脚。物理学界急需一种新型的理论来描述这个亚原子世界。虽然玻尔没有在他的博士论文中建立这种新理论,但他的论证过程有详细的计算和合理论点进行支撑,1911 年他取得了博士学位。在赢得了赴国外进行一年学习的嘉士伯奖学金后,他前往剑桥大学,在卡文迪许实验室和电子的发现者汤姆森一起工作。

遗憾的是,在剑桥的生活并不如玻尔所希望的那样顺利。汤姆森没有多少时间在他著名的实验室里和博士后研究者们交流。此外，玻尔的英语很糟糕，汤姆森很快就对玻尔不准确的专业术语和结结巴巴的言辞失去了耐心。举个例子，一次在讨论电的时候，玻尔将"电荷"称为了"负荷"，汤姆森甚至失去了搞清楚这个年轻人到底在说什么的耐心。最沮丧的时刻是，有一次，汤姆森打断了玻尔的发言，轻蔑地称他的想法是垃圾，然后用正确的专业术语继续推进同一个论证过程。

玻尔需要学着变得更加圆滑和得体。他继续保持着本科时在教科书里挑错的习惯，指出了伟大的汤姆森在研究中的某些错误。尽管玻尔是对的，但他得罪了汤姆森，甚至严重到了不得不去寻找另一个职位的地步。他希望留在英格兰，由于他性格中的坚定使然，他通过阅读查尔斯·狄更斯（Charles Dickens）的著作来提高自己的英语水平，手头随时放着一个英语–丹麦语字典。

1911年10月，玻尔参加了卡文迪许实验室的年度晚宴，晚餐后的演讲者是欧内斯特·卢瑟福。1911年的时候，卢瑟福正是曼彻斯特大学物理系的主任。玻尔被卢瑟福的演讲所吸引，在之后的交谈中，卢瑟福也对玻尔的活力和热情印象深刻。他在第一次谈话中就感觉到了玻尔是一名具有巨大潜力的年轻人。卢瑟福说，"这个年轻的丹麦人是我遇到过的最聪明的小伙子。"

卢瑟福最近发现了原子核，这产生了一个与汤姆森的"葡萄干布丁模型"截然不同的原子理论（见第6章）。卢瑟福的理论被称为太阳系模型，因为它与我们的行星系统相似。在这个模型中，负电子围绕带正电的原子核作轨道运行，微小的原子核位于原子的中央，含有一个正电荷以及几乎所有的原子质量。这个模型的麻烦在于，在经典物理学中，围绕一个原子核作轨道运行的加速电子会辐射出电磁波，并会呈螺旋式地降落到原子核上。

卢瑟福邀请玻尔加入曼彻斯特大学，对自己在剑桥的遭遇大失所望的玻尔欣然接受了。他打包好行李，在1912年往北到了卢瑟福正在成长中的物理系工作。两个科学家很快建立了密切的关系，玻尔告诉卢瑟福，他希望研究电子轨道的谜团，他想知道为什么这些电子不会降落到中央的原子核上。卢瑟福认为这个问题太难，短期内很难解决，但他很重视玻尔的能力，所以让他去放手一试。

玻尔开始动手寻找电子作轨道运行但又不辐射出能量的方式。虽然玻尔有物理学的学士学位，但他对光谱学却一无所知，因为光谱学大部分情况是应用于化学的。从19世纪中叶起，人们就已经知道每种化学元素都具有独特的光谱指纹。当对盐类在火焰中燃烧时发射出的光进行分析时，每一种元素的光谱中显现的明线都是不同的。实际上，氦元素就是在太阳光谱中被发现的。

玻尔有一种直觉：每一种元素的独特光谱都透露出了原子结构中的某些基础性信息。于是他搜索了光谱学的文献，其中最著名的光谱是氢的光谱——1885年一位瑞士中学老师约翰·巴耳末（Johann Balmer）发现了一个经验公式，可以完美地拟合人们观察到的光谱。巴耳末的公式非常管用，但当时没人知道它管用的理论依据。

玻尔正是在这里运用了他非常规的思考能力。在研究了巴耳末公式一阵子后，他认识到可以使用常量 h 以另一种方式改写这个公式，h 是普朗克在黑体辐射中为他的光量子引入的常量，而爱因斯坦用它来解释了光电效应。似乎氢的光谱以某种方式与普朗克和爱因斯坦的量子理论联系了起来。

下一个挑战是弄清楚这到底是怎么回事。根据经典物理学的定律，电子应当仅仅辐射出一种频率，因为它的加速度是恒定的。但事实与此相反，它有时候产生红光，有时候是绿光，有时候又是蓝光。玻尔意识到，如果电子可以在不同轨道上绕原子核运行，就可以根据所在轨道的不同从而辐射出不同的频率。大的轨道意味着更高的频率和蓝光，而更小的轨道会导致更低的频率和红光。玻尔很快看到了这种联系——氢光谱中不同的线可能是由于不同的电子轨道造成的。

但这些轨道是什么？是什么决定了它们的大小？任何作轨道运行的物体都会具有角动量，玻尔决定看一看，如果他只让角动量赋上特定的与轨道直径和普朗克常量相关的值时会发生什么。当他代入这些数值时，一切都水到渠成。他得以从另一个假设出发推导了巴耳末公式——电子只能以特定轨道围绕原子核作轨道运行，他将这些轨道称为"容许态（allowed states）"。玻尔扩展了已知的理论——光的发射和吸收是量子化的——提出原子的结构也是量子化的。

1912年夏末，玻尔离开曼彻斯特回到丹麦娶了玛格丽特·诺伦德（Margarethe Norlund）——他在前一年夏天遇到的一名学生。他很快被委任为哥本哈根大学的初级讲师。但是，玻尔仍然和曼彻斯特保持着密切的联系，经常写信给卢瑟福，谈论他最新的想法。他开始将电子轨道量子化的研究写成论文，但玻尔是一名煞费苦心的写作者，经常要写几十份手稿才会满意。他将每一份草稿都寄给了卢瑟福，繁杂而错乱的手稿让卢瑟福对玻尔的写作过程慢慢失去了耐心。

1913年3月，玻尔给卢瑟福寄出了他的最后一稿。在逐行阅读完玻尔的手稿后，卢瑟福回信，"我猜你不会反对我删去我认为你的论文中不必要的东西？"收到卢瑟福的回信后，玻尔从哥本哈根搭上一艘前往曼彻斯特的轮船，然后花了整整一天的时间试着为自己的论文辩护。玻尔固执地与卢瑟福争论，逐行为他的论文进行辩护。最终，卢瑟福在玻尔猛烈的攻击下屈服，同意这篇论文应当以原样提交。这篇论文被送往《哲学杂志》（*Philosophical Magazine*），并引发了巨大的震动。

忽然间，玻尔变成了任性的原子小孩，携带着一个大部分物理学家都不以为然的理论。在当时，光量子（光子）的理论仍未被广泛接受，物理学家几乎没什么兴趣将这个理论扩展到原子的结构上去。对于许多科学家来说，量子是普朗克和爱因斯坦编造的一个德国发明物，它被广泛地摒弃为幻想的产物，甚至在德国都有许多人公开反对它。德国理论物理学家马克思·冯·劳厄（Max von Laue）曾强烈地怀疑玻尔的理论，他说，"如果这个理论是正确的，我将退出物理学。"幸运的是，他的这种激进行为被劝阻了。

许多人反对玻尔的理论，是因为他将诸如角动量这样的经典物理学概念与量子理论结合了起来。但玻尔可以在他的模型中成功地用巴

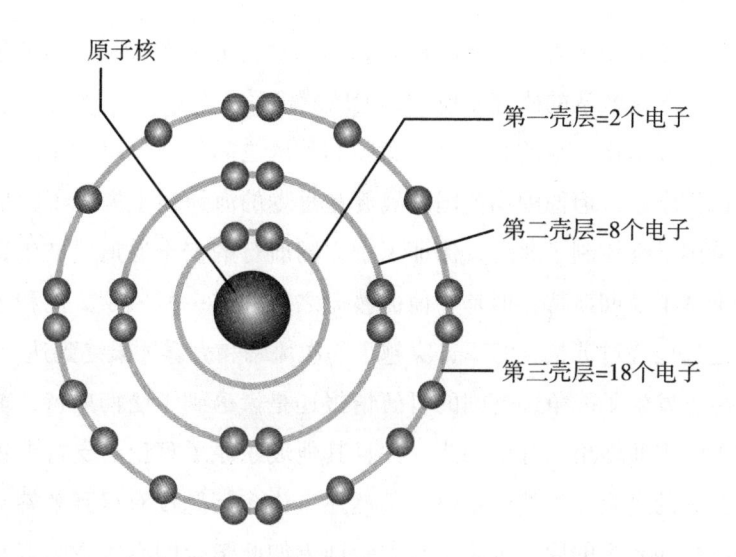

图 8 玻尔原子模型的示意图。玻尔论证，电子只能占据特定的轨道，每一条轨道只能存在最多两个电子。这意味着第一壳层最高可以有两个电子，第二壳层最多有八个电子（因为第二壳层有八条可能的轨道）等等。这个模型不仅能解释原子的发射和吸收光谱，还能解释化学元素的周期表。

耳末公式解释氢光谱中观察到的红、绿和蓝线，没人能够反驳这一点。

人们后来证实了红、绿和蓝线不是单独的谱线。在高分辨率下，每种色光都分成了几根密集的线。玻尔的模型没法解释这个现象。另一个量子理论的早期支持者，德国理论学家阿诺德·索末菲（Arnold Sommerfeld）将狭义相对论应用到了电子轨道上，他发现这些轨道并不全部都是圆形，也可以是椭圆形。这就可以帮助玻尔解释他的模型不能解释的问题，玻尔模型被拯救了。

然而，量子化轨道的理论还是对当时的许多物理学家造成了困扰。经典物理学和量子理论的本质区别似乎是不可逾越的。此外，玻尔-索末菲模型也只能准确预测氢的光谱线，而不能适用于其他元素。玻尔勉力地进行着恐怖的复杂计算希望扩展他的模型，但事实上并未取得实质上的进展。加上在哥本哈根教职的教学任务，玻尔每天都被工作累得筋疲力尽。所以在 1914 年，卢瑟福在曼彻斯特给玻尔提供了一个无需教学的研究职位时，他欣然接受了。

就在玻尔接受他的职位前，德国和英国之间的战争爆发了。虽然丹麦保持中立，但德国和英国的战舰在丹麦的海岸线上展开了一场战争。英国最终控制了北海，保证了中立国航行的安全通道。玻尔得以安全抵达了曼彻斯特，但是，他的渡海之行并非一帆风顺。他和妻子被迫远远地绕过苏格兰海岸，穿越了一次风暴和大雾才最终到达。

尽管发生了战争，德国的科研情报还是渗透到了曼彻斯特，玻尔得知了索末菲做出的理论预测，并且其他玻尔原子理论的支持者也取得了巨大的进展。虽然玻尔模型仍然还有许多问题没有得到解答，但它能解释如此多的原子现象并与实验结果如此契合的事实意味着它不能被抛弃。索末菲团队做出的一个理论预测使玻尔极为兴奋，他决定设计一个实验来证实它。玻尔需要复杂的设备，于是向卢瑟福求助并得到了设备。遗憾的是，玻尔不小心让这个设备着了火，使复杂的、手工吹制的玻璃制品变成了一堆炸裂后的碎片。

玻尔回归实验的举动也许注定是短暂的，但他的理论研究得到了越来越多的承认，丹麦当局意识到他们不能将这名天才输给曼彻斯特。哥本哈根大学为 30 岁的玻尔提供了一个教授职位，诱使其回到祖国，许诺为他提供资金，成立一个供玻尔进行理论研究的特别研究所。

所以在 1916 年，德国和英国军队在日德兰（Jutland）海岸彼此对峙的时候，玻尔和妻子通过一次危险的旅程回到了哥本哈根。这时，玛格丽特怀孕了。几个月后，他们的第一个孩子出生在哥本哈根。玻尔以父亲的名字克里斯蒂安给儿子起了名，他的父亲在玻尔遇见卢瑟福的几个月前已经去世。因为对卢瑟福团队的欢乐气氛和效率印象深刻，玻尔以卢瑟福的实验室为模板建立了自己的研究所。在未来的岁月里，玻尔的研究所将成为量子理论发展历程中的文化中心。

玻尔不拘小节，这个特点导致他在成为哥本哈根大学的教授后发生了一次尴尬的事件。作为新任教授，他必须身着燕尾礼服和白手套拜见丹麦国王。当玻尔与国王见面时,国王握着他的手说,很高兴能遇到一位如此杰出的足球运动员。玻尔冒失地纠正了国王的说辞,指出曾为丹麦队踢球的人是他的弟弟哈拉尔。国王被这样的失礼行为吓得目瞪口呆。他重复了自己的话,而玻尔让情况变得更糟,他又一次指出,虽然他在年轻时是足球运动员,但他的弟弟才是一名伟大的球员。愤怒的国王宣布,"Audiensen er jorbi!(接见结束!)",玻尔则从国王的视线中淡开。

1918 年,理论物理学研究所的筹建工作开始了,尽管名称上为理论物理学,但还是配上了玻尔在曼彻斯特羡慕的实验室。起始资金由著名的淡啤制造商嘉士伯提供,但玻尔被迫去寻找了其他的赞助,最终于 1921 年才完成。研究所刚成立,就吸引了全欧洲最聪明的理论物理学家。

玻尔原子模型的一大成功就是它预测了一种新的元素。随后,他进一步拓展了他的理论,玻尔推论当更多的电子被加入一个原子时,电子轨道会变得拥挤,所以更重的元素会拥有更多的电子壳层。玻尔论证,一种特定元素的化学特征仅由其最外部壳层的电子数量决定。这在今天是大家都通用的知识,但在当时,玻尔是第一个提出来该理论的人。在这个模型的基础上,玻尔认识到,原子数 72 的位置上缺失一个元素,并基于其在外部壳层应当拥有的电子数预测了其化学性质。

使用光谱分析,玻尔研究所的实验室发现了 72 号元素,并以哥本哈根的拉丁名字为其命名为铪(hafnium)。这种新元素的预测和发现对说服理论物理学家相信玻尔模型的有效性起了很大的作用,但是这一令人兴奋的发现很快遇到了麻烦。铪的存在被 76 岁的爱尔兰实验物理学家亚瑟·斯科特(Arthur Scott)所驳斥,他宣称自己 9 年前就已经发现了它,并已将其命名为"celtium"。

这一争论很快登上了大众媒体,他们将其上升为国家荣誉的问题。对玻尔来说,代价很高,他的新研究所的名声可能会招致极大的毁坏。斯科特带着一试管的"celtium"样本出现在公众面前,这次争论持续发酵。最后，卢瑟福不得不出面调停。他说服了不太情愿的斯科特寄出一份"celtium"样本到哥本哈根进行光谱分析。光谱分析的结果是里面不含有一丝"celtium"，这个词语从此变成了历史。

1922 年，玻尔得到了物理学最高荣誉——诺贝尔物理学奖。1918年，普朗克"因为能量量子的研究"获得了诺贝尔物理学奖，1921年，爱因斯坦"因为他用普朗克的光量子解释了光电效应"也得到了这个奖项。1922 年，玻尔获奖的颁奖词是，"因为他对原子结构及其发出的辐射的研究。"

尽管玻尔的工作终于得到了官方承认，但他的原子模型的整座大厦依然是建立在一个摇晃的地基上。虽然这个模型有效，可以做出实验能证实的预测，但尚无人能妥善地将经典物理学和这一量子模型之间显而易见的矛盾解决。在量子论的描述中，原子发射的辐射是在它们从高轨道"跃"至低轨道时发出的。当它们在某个特定轨道时，不会发射出任何辐射。这与经典物理学观点相矛盾，这两种方式的矛盾性预示着两者不可能同时正确。

但是，玻尔相信原子既遵循经典物理学也遵循量子理论。他发现每一次量子跃迁都可以与一个遵循经典力学的轨道联系起来。实际上，玻尔发现对于更低的频率（更低的能量）来说，量子理论和经典理论产生的完全是相同的结果。这导致玻尔提出了对应原理（correspondence principle），对应原理的意思是在足够低的能量水平上，量子论和经典力学是相同的。对应原理不能提供答案，它只是提示量子论和经典物理学可以共存的范围。

到 20 世纪 20 年代初，物理学界大部分最聪明的头脑都在研究量子论，而玻尔在哥本哈根的研究所成为了这一研究的主要中心。与玻尔一起工作的人的名单就是量子论的名人录。来自瑞典的沃尔夫冈·泡利（Wolfgang Pauli），来自英格兰的保罗·狄拉克（见第 9 章），来自德国的维尔纳·海森堡和埃尔温·薛定谔（Erwin Schrödinger）以及来自苏联的列夫·朗道（Lev Landau）。某种程度上，几乎每个研究过量子论的人都有过玻尔研究所的经历。

在这10年的大部分时间中，量子理论本身只能摸索着前进。一个不可思议的复杂性图景已经零星出现，但没人能为这座纸牌屋搭建一个地基。1924年，沃尔夫冈·泡利解决了一个主要问题。他提出了一种观点，他认为电子具有一种被称为"自旋（不是真正的旋转）"的性质，与自转的行星具有某些相似性。泡利提出，没有两个电子可以具有完全一致的量子状态，这意味着每条轨道容纳的两个电子中，总是一个自旋朝上而另一个自旋朝下。第一壳层内只有一条轨道且只能容纳两个电子。第二壳层有四条轨道，意味着它可以容纳多达八个电子。泡利把这个理论称作是不相容原理（exclusion principle）。

泡利的理论不仅解释了为什么电子不会全部位于第一壳层，它还对化学元素周期表作了补充解释。例如，周期表上氢之后的下一个元素氦是一种惰性气体。这意味着氦元素不会轻易与其他元素化合。泡利论证，氦元素的惰性是由于它的内壳层只含有两个电子且满员，所以它不会寻求化合其他元素来填补它的外壳层。

元素周期表的下一个元素是锂，有三个电子。锂具有高活性。在泡利的模型中，锂的第三个电子位于第二壳层内，意味着它将尽其所能地与其他元素化合，将它自己这个单独的电子分离出去。在第一壳层装满两个电子、第二壳层装满八个电子的情况下，两个壳层都满载的元素将具有十个电子。恰好，原子数10的元素是氖，像氦一样也是惰性气体。泡利的不相容原理解释了为什么氦和氖具有相似的化学性质。

虽然玻尔不是泡利论文的共同作者，但他是这篇论文的关键贡献者。他在泡利多次拜访玻尔研究所时与后者进行了长时间的交谈。在泡利努力构想不相容原理的几个月里，他和玻尔频繁地通信。玻尔在泡利和其他年轻的量子物理学家们心里已然成为了父亲形象，并给予了他们重要的洞见。玻尔在哥本哈根创造了这样的一种氛围，即使是最激进的想法也可以被讨论。

第二年，另一个具有轰动效应的进展发生了。维尔纳·海森堡提交了一篇题为《关于运动学和力学关系的量子论新释》（*On a Quantum*

Theoretical Reinterpretation of Kinematics and Mechanical Relations）的论文给了《物理学杂志》（*Zeitschrift für Physik*）的编辑。尽管年仅 23 岁，海森堡已是量子物理学的老手。1922 年 6 月，他听取了玻尔在哥廷根大学所作的一系列演讲，并被玻尔在遣词造句上的精准所打动。海森堡后来说，"（玻尔）细心斟酌的每句话都揭示了内在思想、哲学反思的逻辑链条，并辅以暗示的手法而不是完整的表述方式。"在玻尔第三次演讲的末尾，海森堡指出了玻尔曾赞赏过的一篇论文中的一些难题。

随着人们开始离开演讲厅，玻尔询问海森堡是否愿意在那天晚些时候一起散步讨论。边散步边讨论物理学，是玻尔最喜爱的与同行们的交流方式。他们步行了大概 3 小时，到了附近的一座山上，后来海森堡写道"我真正的科学生涯始于那个下午"。玻尔邀请海森堡来哥本哈根一个学期共同研究，海森堡抓住了这个机会。

1924 年 3 月 15 日，海森堡站到了一座新古典主义风格的三层大厦前。一进入大楼，他就发现这座建筑只有一半的房间被用作物理学研究，其余部分都被拿出来提供了住宿。玻尔和家人住在一个装饰精致的公寓内，占据了整个一楼区域。顶楼的房间提供给了内部员工和客人。当海森堡到达时，这里已经住进了 6 个长期员工和一打访客，这个研究所的空间非常窘迫。

玻尔此时正准备计划对这座大楼实施扩建，虽然它距其成立时间不足三年。在接下来两年里，邻近的土地被买了下来，增加了两座新建筑，将研究所的容积扩大了一倍。玻尔和家人住进了邻近专门建造的房子，为原来的大楼创造了更多的办公空间、一个餐厅和一个独门独户的三房公寓。泡利和海森堡在他们的多次访问玻尔的期间就经常住在这里。

海森堡起初只和玻尔一起工作了 1 个月，在 9 月就回去了。他后来说，"从索末菲那里我学到了乐观，在哥廷根我学到了数学，从玻尔那里我学到了物理学。"接下来的 7 个月时间里，海森堡在这样的氛围里如鱼得水，他亲眼看到了玻尔如何尝试着解决困扰量子物理学界的那些问题。海森堡发现玻尔不会谈论其他任何东西。玻尔将自己的认识传递给海森堡后,他对这位年轻人寄予了巨大希望,希望他能解决这些问题。海森堡的回应则非常给力,他推出了矩阵力学(matrix mechanics),这一机制可以抛弃那些为完全契合观察值而人为设想的模型,对量子物理学的结局进行预测。

虽然矩阵力学是非常大的进步,但玻尔并不喜欢由它推导出的亚原子世界物理模型的方式。而且,当时的物理学家们对奇特的矩阵数学全然陌生。海森堡自己都评论,"我甚至都不知道什么是矩阵",许多物理学家希望对量子世界进行不同的解释。他们没有等待多久,几个月后,奥地利理论物理学家埃尔温·薛定谔提供了一个迥异的解释,物理学界接受它要轻易得多。

薛定谔想出了一种被他描述为波动力学(wave mechanics)的方法,得到了一个以驻波来描述电子轨道的波动方程——驻波就像一根一端被固定的跳绳上的波。海森堡参加了薛定谔对他的理论的讨论,当时,玻尔邀请薛定谔来自己的研究所,在哥本哈根将他的理论复述给玻尔听。当薛定谔在哥本哈根登下火车时,玻尔正在等着他。在相互客气了几句后,战斗开始了。据海森堡所说,这"从清早到深夜持续了一天"。为了最大化地利用他们在一起的时间,玻尔将薛定谔安排在他家里的客房里,利用一切可以利用的时间试图说服薛定谔,他的波动力学是错误的。

在一次激烈的讨论中,薛定谔说,"量子跃迁的整个理论都是纯粹的幻想,"玻尔对此迅速回应,"但这并不能证明量子跃迁不存在。"它所能证明的,玻尔继续说道,"是我们没法想象它们"。

有一次,薛定谔咒骂道,"如果所有这些该死的量子跃迁真的存在,我会对自己曾和量子论扯上关系感到遗憾。"

为了弥合这个裂痕,玻尔回答,"但我们其他人都极度感激你研究了量子论。"

当薛定谔回到苏黎世时,他写了一封信给威廉·维恩(Wilhelm Wien),在信中他这样说玻尔,"我完全相信玻尔对波动力学这个词语常规意义的任何解释都是不可能的。"

在薛定谔来访后的几个月，玻尔一门心思想要找到一种对量子力学的解释。这是他与海森堡在那段时间唯一的话题，海森堡现在是他在哥本哈根的助手。最为困扰玻尔的一件事是波粒二象性。海森堡后来说，"我们就像药剂师试图从某种溶液中提炼出毒药一样，试图提炼出这一悖论中的毒药。"

玻尔决定要力图探索相互竞争的波动力学和矩阵力学方法背后的物理学，这两者都具有高度的数学化。他想要抓住波粒二象性背后的真实本质。玻尔认为，如果他可以调和"一个粒子有时候表现得像波，有时候表现得像粒子"的矛盾概念，他就可以解决量子力学之谜。最为困扰玻尔的事情之一就是对量子论存在两种数学描述形式——但是现实只有一种。

这个具体的问题被英国理论物理学家保罗·狄拉克（见第9章）解决。狄拉克在1926年9月拜访了玻尔的研究所，且停留了6个月时间。在当年秋天，他证明了矩阵力学和波动力学在数学上是等价的。此后，玻尔比以往更坚定地想要为这个理论找到一个物理学解释。

在与海森堡进行了几个月的深夜讨论后，玻尔去挪威休了4个月的滑雪假期。在他休假期间，海森堡想出了他的测不准原理（uncertainty principle），揭露了经典力学和量子力学的根本差异。该原理告诉人们，要同时精确地测定一个粒子的位置和动量是不可能的。

在吃力地解决完休假期间堆积的管理事宜后，玻尔看到了海森堡放到他办公桌上的测不准原理论文。在他仔细地阅读之后，两人见了面。海森堡很惊讶，玻尔告诉他这"不太对劲"。海森堡在论文中为了解释他的理论使用了一个思想实验，玻尔在这个思想实验里发现了一个错误。他继续向海森堡指出他的论文里的测不准关系可以用电子的波动模型推导出来，而不是海森堡的粒子模型。

玻尔试图说服海森堡不要发表此论文。海森堡后来回忆，"我记得最后我的眼泪夺眶而出，因为我完全不能忍受玻尔的这种施压。"玻尔让了步，1927年3月22日，海森堡刊发了他关于测不准原理的论文《量子理论运动学和力学的直观内容》(*On the Perceptual Content of Quantum Theoretical Kinematics and Mechanics*)。

玻尔并没有闲着。在挪威滑雪的时候，他想出了互补性（complementarity）的理论。对玻尔而言，这是一种量子论运行的根本原理。在互补性原理中，玻尔感到他找到了解决波粒二象性悖论的关键。他的理由是，电子和光子、物质和辐射的波和粒子性质是互不相容的，然而又是同一事物的互补的两面。波和粒子是硬币的两面，看待同一现实的两种方法，但它们不能被同时看到。玻尔声称，要完整地描述量子世界，两者都必须考虑在内。当玻尔知道海森堡的测不准原理也提出人们不可能在某个特定时刻知道一个粒子的精确能量时，他知道，测不准原理也支持互补原理。

能量和动量是我们赋予粒子的性质，而频率和波长是波的性质。普朗克的方程 $E = hf$ 和法国人路易斯·德布罗意的公式 $p = h/\lambda$（p 是动量，λ 是波长）已经显示能量和频率可以联系起来，动量和波长也是如此。玻尔熟知的这两个方程都分别有一个量与粒子有关，一个量与波有关。在这两个方程中，每一个都同时具有波和粒子的特征，这让玻尔感到困扰。所以，读完海森堡的测不准原理论文后，玻尔看出，这一原理源自测量两个互补但互不相容的经典概念。粒子和波互补而不相容，动量和位置互补而不相容（动量和位置无法同时测量，即测不准）。

1927 年 9 月，为了纪念亚历山德罗·伏打逝世 100 周年，国际物理学会议在意大利科莫（Como）召开。玻尔预定要投一篇论文，直到演讲那天他才完成原稿。在急切想要聆听玻尔演讲的听众中，有德国理论物理学家马克斯·玻恩（Max Born）、德布罗意、海森堡、泡利、普朗克和索末菲。玻尔第一次宣讲了互补性原理，并讨论了海森堡的测不准原理以及测量在量子论中的作用。玻尔将每一种要素编织在一起，并囊括了玻恩对薛定谔波函数的概率论解释。他的目的是为量子力学的一种全新诠释奠定基础，这种诠释在后来被称为哥本哈根解释（Copenhagen interpretation）。

Ten Physicists

　　科学家总是假设他们在操作一个实验时是被动的观察者。观察者和被观察对象间具有明显的区别。哥本哈根解释抹去了这一区别，主张测量行为会导致"量子态的坍缩"，从一种未知量坍缩为被测量。在玻尔的观点中，没有测量就没有现实。玻尔在对电子进行测量前，他认为电子没有位置或速度只有出现的概率，我们对电子进行测量的行为使这个电子"真实化"了。爱因斯坦无法接受玻尔的这个说法，因此，两人为量子物理争论了几十年。

　　1931年12月，丹麦科学院将玻尔选为"荣誉之屋（House of Honor）"的下一位主人，这是嘉士伯酒厂创立人建造的宅邸。该公司还为房屋主人提供了无限的淡啤供应。这时的玻尔已将注意力转向原子核，20世纪30年代末，他提出了一个原子核的理论模型，解决了原子物理学实验中出现的诸多矛盾理论。他将原子核视作为由短程力结合起来的一群粒子，与由一群分子组成的一滴液体极为相似。

　　玻尔还第一个描述了核裂变时发生的物理效应——当更大的原子核碎裂成为更小的原子核时。核裂变实验在1939年由德国物理学家奥托·哈恩（Otto Hahn）和同事莉泽·迈特纳（Lise Meitner）首次达成。作为犹太人，迈特纳被迫在研究中途逃离了纳粹德国到了瑞典。哈恩秘密地寄出了他们的实验结果复制品——实验结果显示核裂变已经发生。迈特纳将这个消息传达给了附近哥本哈根的玻尔，玻尔认识到原子核被分裂时瞬时释放出巨大的能量。在那年晚些时候玻尔造访美国时，他警告爱因斯坦，德国拥有制造原子弹的理论指导。

　　当丹麦在1940年被德国占领时，玻尔在德国纳粹的干扰下，尽最大的可能维持着正直的人格，继续与英国科学家保持秘密联系。1941年，海森堡拜访了他，这时他们的关系已大为冷淡。海森堡是选择留在德国的少有的几个顶尖物理学家之一，还是德国原子弹研究计划中的关键角色。在他们的会面中，海森堡传递给玻尔一张图表，展示了纳粹在开发这种武器中的进展。海森堡后来声称他的目的是劝告双方的科学家放弃对这种毁灭性武器的研究。但事实上，不知是什么原因导致玻尔对此进行了相反的解读——据玻尔的传记作家保罗·斯特拉森（Paul Strathern）所说。

1943年9月，玻尔听闻"自己反对德国纳粹占领丹麦的言论"将导致他被逮捕。玻尔和家人躲到了哥本哈根郊区的一间房子，等到夜幕降临，他们爬过田野到达了一个废弃的海滩，那里一艘渔船接他们航行了25公里后到达了中立国瑞典。玻尔被急速送往斯德哥尔摩（Stockholm），英国安排了一架无标记的蚊式战斗机（Mosquito bomber）接走了他。

玻尔被安置在空置的炸弹舱里。在夜色的掩护下，飞机飞往了英国。在飞越纳粹占领的挪威时，他们躲过了德国纳粹空军，穿过了北海。这时，57岁的玻尔由于飞机上的恶劣条件差点被冻死，到飞机安全降落在英格兰时，他几乎失去了知觉，遭受了体温过低和缺氧带来的巨大挑战。玻尔继续旅行到了美国洛斯阿拉莫斯（Los Alamos），在那里，他加入了秘密的曼哈顿计划（Manhattan Project）——由罗斯福总统组建的建造原子弹的计划，随后，玻尔在这种武器的研发中发挥了关键作用。

第二次世界大战刚结束，玻尔就回到了他心爱的哥本哈根研究所，继续作为研究所所长进行工作，现在他有了儿子阿格（Aage）对他的强力帮助。（阿格后来因为对玻尔于20世纪30年代末期提出的原子核液滴模型的研究获得了诺贝尔奖。）

在爱因斯坦于1955年去世后，玻尔接过了在世最伟大科学家的头衔，并在生命中最后的岁月里积极地推进核裂变的国际共享。玻尔死于1962年，享年77岁。在他漫长的学术生涯中，他不仅开创了原子的量子革命，还培养和提携了几十位理论物理学家的学术生涯，他们继续变革着我们对自然的理解。其中一位就是英国理论物理学家保罗·狄拉克，他是我们下一章的主题人物。

保罗·狄拉克

自然界的基本规律，并不像我们设想的图像一样，是用任何很直接的方式来支配宇宙的。相反地，这些规律控制着一个基础，我们不引入不相干的东西，就无法在脑海中形成关于它的图像。

——保罗·狄拉克

9　保罗·狄拉克

最后一名（名单上的第十位）是保罗·狄拉克。尽管，他在物理学界之外并不为人所知，但爱因斯坦曾对他有这样的评价，"狄拉克在天才和疯狂之间令人目眩的道路上的平衡力太惊人了！"现在有人怀疑狄拉克患有自闭症：他经常会用沉默中断与别人的对话，间杂发出单音节或怪异的字句。

保罗·阿德里安·莫里斯·狄拉克（Paul Adrien Maurice Dirac）可算是童年不幸，对此，大部分责任要归咎于他的父亲——瑞士流亡者查尔斯·狄拉克（Charles Dirac）。查尔斯 20 岁就移居英格兰，在多个学校学过语言，最后定在了布里斯托（Bristol），在那里他于 1896 年进入了商业职业技术学校（Merchant Venturers' School）的现代语言系。正是在这座城市的图书馆，他遇见了比他年轻 12 岁的妻子，即保罗的母亲——弗洛伦斯·霍尔滕（Florence Holten）。他们的第一个儿子费利克斯（Felix）出生于 1901 年，保罗出生于 1902 年，妹妹贝蒂（Betty）出生于 1906 年。

从年幼的时候起，男孩们的父亲就开始对他们进行严厉的家庭教育，父亲只用法语和他们说话，而母亲用英语和他们交流（据保罗·

狄拉克回忆，小时候的他相信男人和女人说的语言是不同的）。狄拉克后来回顾他的童年时，将其描述为被他那无情且冰冷的父亲所主宰。

狄拉克给这种紧张的家庭关系举了一个例子，他很少与父母一起吃饭——他经常被留给了父亲，而其他孩子和母亲在厨房吃饭。这种环境有时会被用来解释他后来怪异的社交行为。狄拉克曾经写道："我以前并不知道人们会相互喜欢——我曾经认为这种事情只会发生在小说里。"

在学校里，狄拉克被同学们认为是一个空想家，没有兑现他的潜力，而且他与其他小孩的交流也非常有限。但总体来说，他还是个乖小孩——不管是在幼年，还是在他父亲学校的中等教育经历中。他的物理老师意识到狄拉克超过全班其他同学的认知太多，所以直接把他送到了图书馆，给了他一张书单让他自己去参考阅读。之后，狄拉克留在当地的一所商业职业技术学院（Merchant Venturers' College）就读，16 岁时，他比他的同龄人提前了两年开始攻读工程学学位。他发现，当学生所需的专注态度与他自身冷静的专注力非常契合。

虽然，跟随他的哥哥费利克斯进入工程学似乎是一个不错的选择，但没多久就显现出来，他并不适合这个专业。工程学的课程很注重实践，而狄拉克的专长全在他选的辅修课程"数学和物理学"方面，导致他再次进入了图书馆去进行额外的学习。到他大学最后一年的时候，他的脑子里全被爱因斯坦的相对论研究占据，而不是电气工程。

在他父亲的指点下，狄拉克希望转到剑桥大学继续学习数学或物理学。虽然狄拉克已经赢得了一个剑桥大学的奖学金，但是剑桥大学的整体学费还是大大超过了狄拉克的负担能力。在 19 岁的时候，他只剩下一个工程学学位。幸运的是，他的讲师罗纳德·哈塞（Ronald Hassé）为狄拉克弄到了在布里斯托大学（Bristol University）免费学习数学课程的机会，他被允许在两年内完成数学课程的学习。狄拉克后来渐渐发现这一课程的挑战性不足，所以他又选择了物理学课程，正是在物理课上他第一次接触了量子力学。

随着狄拉克的课程临近结束，哈塞帮助狄拉克联系了剑桥大学，狄拉克得以在那里继续进步，作为研究生学习"相对论"。他的导师是物理学家拉尔夫·福勒（Ralph Fowler），福勒并非相对论的专家，但却是量子物理学的重要人物。1923年10月，狄拉克从布里斯托走出了第一步，进入了牛顿的三一学院边上堂皇的圣约翰学院（St John's College）。那时，狄拉克强烈的布里斯托口音让他在大部分都是公学出身的学生当中成为了一个异类。

正是在圣约翰学院——特别是在其欢快喧闹的大厅用餐环境中（使人联想起哈利波特电影）——狄拉克的寡言少语变得名声远扬。在这个讨论范围宽广、话题雅俗共赏的地方，很少有人能听到狄拉克的声音。据说，他最长的一次对话是回答了一句"有点下雨，是吗？"的问话。之后，狄拉克走向门口，往外瞧了一眼，反身回答，"现在没有下雨。"

狄拉克对社交生活和大学社团毫无兴趣。就像在布里斯托一样，与酒吧相比，他更愿意把夜晚的时间献给图书馆。他的休息形式是在周日早上散步，他会步入乡间，试着让数学暂时离开脑际，然后回来，恢复精力在星期一重回战斗。

许多方面的影响开始塑造狄拉克的思想。从福勒的课上，他弄清了尼尔斯·玻尔的原子量子模型，并开始研究这位丹麦物理学家的工作（见第8章）。尽管准确来说他是一位数学家，但狄拉克定期参加了剑桥大学卡文迪许实验室举行的高高在上的物理学俱乐部和研讨会。那时，该实验室在欧内斯特·卢瑟福的麾下（见第6章）。在这里，他遇见了他一生中少有的朋友中的两个：年轻的物理学家帕特里克·布莱克特（Patrick Blackett）和彼得·卡皮查（Peter Kapitza）。

狄拉克的研究生经历还算成功，但没有什么突出的成就。他撰写了一些评价很好的论文，除了有几个月他被哥哥自杀的消息困扰之外，他一刻都不曾停止工作。这足以让他得到了大博览会（Great Exhibition）基金提供的三年额外资助——这个基金曾将卢瑟福带到了英格兰，但他并没有脱颖而出成为明日之星。狄拉克对量子物理学的兴趣与日俱增，福勒对此加以勉励。狄拉克曾听过玻尔和维尔纳·海森堡的演讲，所以当福勒收到一篇来自海森堡的校对稿进行审阅时，狄拉克似乎成了可以咨询的自然人选。

这篇论文稿由德语写就，推出了海森堡的矩阵力学概念。这个概念起初是被应用于解释一维空间里的单个电子行为，为这种电子行为提供一种数学描述。我们在第 8 章看到，海森堡与大部分苦苦研究量子论的物理学家不同，他根本不在乎将他的工作和现实模型匹配。矩阵力学简单地提供一系列矩阵——二维排列的数字——描述电子行为。这是纯粹的数字计算，使用了一种陌生的数学，A×B 不等于 B×A。

矩阵力学的关键，即在处理电子绕原子核运行这个理论时，矩阵力学只使用在实验中的可观测量计算电子在两个能级间的跃迁概率。而且它非常有效。对狄拉克而言，海森堡的物理学研究似乎过于复杂了。但海森堡提出的那些"不可对易"的矩阵引起了狄拉克极大的兴趣，据海森堡的理论，矩阵中被乘的顺序不同将产生不同的结果。海森堡提出矩阵力学并推导出阐述矩阵力学的数学形式时，其矩阵数列早已在数学领域存在，只是并未应用于物理学领域及衍生为物理学理论。为此，海森堡感到非常尴尬，但狄拉克对此则非常有兴趣，因为他与大多数物理学家不同，他非常熟悉数学这个领域。

在一次散步时，狄拉克脑海中突显灵光：他可以利用这两个乘数间的差异做文章。特别是当将位置和动量的表象（representation）相乘时，即是这类情况的典型代表。位置和动量的表象相乘，实际上是用数学方式诠释了电子的量子行为。后来，狄拉克简单修改了海森堡的矩阵力学方程。虽然还是很抽象，但人们用它可以计算出能在现实世界进行检验的预测值。

海森堡对狄拉克的发现进行了温和的回应，尽管他提出了"狄拉克论文中的大部分内容都是零零散散的已知内容"的警告，但狄拉克还是借此登上了国际学术界的舞台。在接下来的几个月时间里，一直到 1926 年，狄拉克都在继续研究如何用数学方法来解释量子力学。这一领域看起来前景无限，该领域尚无一种研究能做出任何有效的预测来证明这种数学解释量子力学的尝试优于建立于玻尔原子模型之上的早期量子理论。

在处理现实情况时，量子力学则必须面对部分问题：许多相关粒子在进行快速运动，这意味着不得不用到爱因斯坦的狭义相对论（见第 7 章）。但在那时，研究量子力学的人几乎忽略了相对论效应。曾把相对论当作物理学初恋的狄拉克意识到了这点，但他也很难将相对论引入到研究中来。

1926 年 5—6 月，狄拉克撰写了他的关于量子力学的博士论文。恰巧这个时间，有消息传来，埃尔温·薛定谔提出了可以替代海森堡研究的方案，即薛定谔的波动方程。与海森堡的方法相比，波动方程建立在一个更为实际的基础上，即对量子粒子行为的描述。

当时的物理学家比较喜欢波，他们从小受到的教育就是波的理论。薛定谔的波动方程使得"解释玻尔提出的原子中电子的固定轨道理论"成为了可能。这些电子波半波长的整数倍要求与轨道相合，就像一根一端固定的绳子，因为绳子的固定部分被迫保持不动，绳子上波的半波长的整数倍应与绳子长度相合一样。

人们尚不完全清楚薛定谔说的这些波代表着什么，但它们使得量子物理学更易被人们理解。最后，随着截止期临近，狄拉克决定忽略薛定谔的研究，提交了他只采用了海森堡方法的博士论文。这在剑桥大学的物理学家中取得了巨大的成功，使得狄拉克取得博士学位成为了定局。

在摆脱了这些例行公事后，狄拉克可以把精力放在研究薛定谔的波动方程上了。再之后的一段时间，狄拉克成功地推广了薛定谔方程，用薛定谔方程可以处理许多随时间变化的情况，而起初这一方程只能用在稳定的状态下。在此期间，薛定谔也成功地得出了这一结论，并领先狄拉克将自己的研究成果发表了出来。此后不久，狄拉克很快就又作出一个独特的贡献。

Ten Physicists

　　狄拉克思考了如何才可以把波动方法应用到成群的量子化粒子上。这些粒子有两种截然不同的类型，现在分别叫做费米子（fermions）和玻色子（bosons）。玻色子的典型代表是光子，无数具有相同量子状态（包括位置在内）的玻色子汇聚成群。而以电子为典型代表的费米子则遵守泡利不相容原理，这个原理说的是没有两个粒子可以精确地处于同一状态。例如，围绕原子的一条电子轨道已经布满了所有可能状态的电子，多余的电子则将被迫加入其他轨道。

　　狄拉克发现，当费米子交换位置时，波动方程会发生改变，但玻色子交换位置时却不会发生这种改变。这个发现的意义比它听上去要重要得多，而且它还为阐明普朗克的公式提供了线索。为了解释物质辐射的方式，普朗克曾第一个确立了光的量子本质，但这只是一种暂时的实用主义的解决方法。它管用，但没有人知道它管用的原因。狄拉克对薛定谔方程应用于粒子交换上的理解使从量子力学推导普朗克公式成为了可能。意大利物理学家恩里科·费米（Enrico Fermi）几个月前使用其他的方法也得到了和狄拉克推理相似的结果，但这并不影响狄拉克工作的重要性。

　　1926—1927年，狄拉克远离了他熟悉的场所，第一次在哥本哈根的玻尔研究所度过了长达半年的时间。在这里，狄拉克和几个研究量子论的物理学家一起，得出了这样的认识——由马克斯·玻恩发表——薛定谔方程（更准确地说是薛定谔方程结果的平方）代表了在某个特定位置找到一个量子化粒子的概率。某种程度上来说这是一个安慰，因为薛定谔最先提出这个方程的时候，是假设方程所对应的粒子位置会随时间变化而延展。

　　虽然狄拉克和玻尔具有显著的性格差异，但他们相处得出乎意料的好。玻尔对文化方面的兴趣很深，语言对他来说非常重要。狄拉克只对科学情有独钟，他认为物理学就是数学，科学之外的东西都无关紧要。虽然他们大多数很享受彼此的陪伴，但还是在一次论文写作上出现了意外。一次，玻尔请求狄拉克帮助他撰写一篇论文。或许是因为玻尔认为自己的书法很糟糕，玻尔总喜欢自己组织语句，让其他人代劳将其记录下来。对其他很多年轻物理学家而言，他们会非常乐于成为玻尔的抄写员，但狄拉克拒绝了。狄拉克在准备离开时说道："在学校里老师总是教我，如果不知道如何完成一句话，就不要提笔写它。"

在哥本哈根长时间的独自工作中，狄拉克认识到海森堡版本和薛定谔版本的量子论并无冲突。相反，狄拉克证明了它们是可以互相转换的不同数学表现形式。就像他在量子物理学上突破时遇到很多对手一样，很快他开始面临另一名科学家的竞争——帕斯夸尔·约尔旦（Pascual Jordan）。

约尔旦一直在思考以量子形式来诠释麦克斯韦的经典电磁学描述。他重点研究了电子产生或吸收过程中涉及的通用电磁过程。例如，我们在第8章看到的，当原子中的一个电子降到一个更低的轨道时，其能量将以一个光子的形式发射出去，而光子可以被电子俘获并增加其能量。

狄拉克提出了一种量子理论描述，描述了光子与电磁场发生相互作用时的产生和毁灭过程。当时光子被认为只是电磁场中的"闪现"——一种解释辐射的量子论。狄拉克和玻尔一家共度了1926年的圣诞节（第一次在家之外的地方），他发现这个欢乐的环境与他自己的家庭生活截然不同。

同一年，狄拉克去了哥廷根，在海森堡的家乡度过了接下来的半年时间。这里是约尔旦和年轻的美国物理学家罗伯特·奥本海默（Robert Oppenheimer）的地盘，他们都庇护在马克斯·玻恩的羽翼之下。

某种意义上，狄拉克喜欢哥廷根更甚于哥本哈根。因为这里有美丽的郊区以供他周日散步。但这里更拘束的学术氛围与玻尔研究所的高压环境相比，似乎让狄拉克的效率变得更低。虽然他对散射现象进行了量子力学的描述（太阳光在大气中的分布使天空变蓝），但他在哥廷根的那段时间并未取得什么大的科学进展。

在这之后，狄拉克决定进行一次较长时间的休假，远离量子学压力去度过一个轻松的夏天。或许他希望能再研究一个量子论的悖论。即，量子化粒子具有一种被称为自旋的量子属性。这里的自旋与我们平常所认为的物体围绕自身轴旋转的概念并不相同。实际上，他的这次休假几乎都在自己的卧室度过，并进行着自己的科学研究。这是他近一年后第一次回到父母的房子，这里的生活条件并不理想。

　　那年夏天，狄拉克并未取得太多科学突破。直到1927年10月回到剑桥后，狄拉克才真正取得了进展。他将爱因斯坦的相对论妥善地引入了量子领域。这次，他把描述电子行为的量子力学与狭义相对论结合了起来，使得这一理论与快速运动的粒子以及不同的参考系相兼容。

　　狄拉克大部分时间是在大学里简陋的房间工作，他不知疲倦地奋斗着，希望通过某种快乐灵感构想出一个方程（因为用旧有认知是无法推导出新方程的）。随着大学学期临近结束，圣诞节的气氛越来越高涨，狄拉克突然迎来了历史性的突破。他研究并推导出了一个可分为四部分的方程。这些方程不仅处理了紧迫的自旋问题，还预测了人们观察到的电子行为的其他方面。当电子低速运动时，该方程还可以坍缩为当时忽略了相对论效应的量子理论得到的预测值。如果请物理学家们列出他们心目中的十佳方程，这个方程将在此行列（但那又是另一本书了）。

　　尽管存在理论物理学家常有的自己的理论被别人提前发表的担心，但狄拉克仍未着急地公开分享他的方程。在回到布里斯托过圣诞节前，他跟另一位年轻的物理学家查尔斯·达尔文（Charles Darwin）（用了他更有名的祖父的名字）就自己的论文进行了较短的交流。直到1928年初，狄拉克才将这篇论文提交给了皇家学会，并于1928年2月出版。狄拉克的论文在当时的物理学界引发了巨大震动，大家惊叹于狄拉克的方程涉及的数学计算如此繁复和精密，同时还惊叹于狄拉克攻克了如此难的一个问题。

　　但是，并非万事皆顺。尽管每个人都在赞美这个方程的强大，但在那个时代，它也具有彻头彻尾的怪异性。这个方程显示，电子不仅可能具有正能级（positive energy level），还可能具有负能量（negative energy）。这个方程似乎在提示电子可以产生一系列远低于零能级的量子跃迁。

当一个方程有效时，忽略其某个令人不快的结果在物理学中并不罕见。例如，麦克斯韦方程组既预测了光电磁波的存在，还预测了一个反转的版本。在这个反转版本中，光可以从接收者到光源发射点进行时间倒流的传播（而时间无法倒流），这个反转被成功地忽略了。同理，如果你用同一原则看待狄拉克的负能量问题，他的方程不得不说是个奇迹。

1928—1929 年，狄拉克结束旅行回到了剑桥大学开始学习。尽管他性格上沉默寡言，但也十分享受和其他物理学家待在一起的美好时光——只要别要求他说太多话，夏季之旅振作了他的精神。然而他恢复的气力并没被用在他的方程上，他的大部分时间都被分流到了一本教科书的写作工作上。直到 1930 年 3 月，他也没能在这个复杂的负能量问题上进行深刻思考，当时他出发去美国进行了长时间的访问。

狄拉克在访问美国的大多数时间都在火车中度过，从纽约到普林斯顿、芝加哥，然后到了威斯康星的麦迪逊（Madison）。正是在这里，狄拉克唐突的坦率性格被媒体进行了最多的报道。在麦迪逊的一次演讲中，在提问时间一个听众向狄拉克问道："我不理解黑板右上角的那个方程。"

狄拉克一言不发，导致会场产生了令人尴尬的暂停，直到被人提醒他才回答："这不是一个问题，这是一句评论。"

离开威斯康星，狄拉克继续着他的旅行，将学术访问与风景欣赏柔和地夹杂在一起。旅途临近结束的 8 月，海森堡加入了他的行列，在加利福尼亚演讲完后，他们搭上了一艘前往日本的轮船。在那里，他们将接受名人一样的对待。他们在日本分别，狄拉克乘坐西伯利亚快车（Trans-Siberian express）前往了莫斯科，然后计划飞往柏林并回家。

也许这段时间狄拉克心情非常轻松，在回到他的半修道院式的生活后，狄拉克立志要攻克负能量问题。那年早些时候，人们已经证明负能级终究不能被当作一种反常被忽略，如果狄拉克希望自己的方程得到认可，就需要解决这个问题。这决定着他的理论的成败。最后他得到了一个解决方法，但也牵涉到了一种连量子理论家都会大为惊诧的状况。

狄拉克认识到，有一种情况可能存在负能量态但却几乎不能被人们观察到。他假设宇宙中充满着无限的电子海，在任何"真正"的电子加入战场前，这种电子海填满了所有的负能级。那么人们不可避免地将观察到具有正能量的电子，因为没有空的负能级供它们下跌。

这个理论显得荒谬，如果它能像其他成名理论一样说得通，就应该留下自己的印迹且可接受实证检验。这样的检验是可能的，因为该理论提出，负能量海里的电子有时会喷发出来，从而在宇宙的负能量基础上留下一个空穴（hole）。一个临近的正常电子将坠入这个空穴，在此过程中它会发射出电磁辐射——光子。

实验者要观察这个过程就必须拍摄到这个负能量空穴的照片。这样的空穴相当于缺失了一个带负电的负能量电子。这等同于存在一个带正电的正能量粒子——它像一个带正电荷的正常电子，有点像质子。起初狄拉克假设这种空穴就是质子，不过该理论无法解释为什么质子比电子要重得多。

很快，人们知道空穴是质子的解释是行不通的。这意味着原子将会不稳定，因为电子掉进负能量质子会使原子发生坍缩（湮灭）。到了1930年，狄拉克完成了一个运行十分美妙的理论，这个理论建立在一个谜一样的基础之上。1930年2月，狄拉克被评选为皇家学会的院士，成为了该学会最年轻的成员之一。

或许，这个荣誉提高了狄拉克的自信心。此后不久，他开始驾驶新买的小汽车翘班去休息并到郊区散步，和以往仅在周日度过休闲生活大不相同。这可能也使得他的思考更为高效，但他还是没能解开这个负能量空穴的问题。在俄罗斯度过了一个短暂的暑假后，狄拉克回到了对宇宙的这个恼人、迷惑的构件的沉思中。而再一次，他获得了成功。他的教科书《量子力学原理》（*The Principles of Quantum Mechanics*）正式出版了。

尽管该书的易懂性不高，但它摆脱了繁杂的图标和多余的文字，紧密遵循着狄拉克的演讲格式，并很快成为了最佳教材（对那些能读完的人来说）。狄拉克的同行们对此书非常喜爱，甚至爱因斯坦也赞美了它。但进入1931年，除了确认空穴绝对不是质子外，狄拉克坚信的模型还是没有得到更多的揭示。

为了休息一下换换脑，狄拉克挪开了视线。他回到了基础的电磁学研究上，开始思考电荷只具有固定单位（电子或质子所带电荷的大小）的意义。通过结合量子论和经典电磁学，他得以证明磁荷也应当是量子化的，且在理论上可以单独存在——北或南的"磁单极子"（monopole），尽管尚没人能观察到。他还发现，由于磁单极子间的吸引力比电荷间的吸引力要大得多，他的理论将为磁极的配对提供一个简单明了的解释。

最令人惊讶的结果是，如果磁单极子确实存在——只要发现一个——就会迫使电荷以其单位量子化，否则别无解释。

磁单极子仍然有待确认，但这一思考过程启发了狄拉克对负能量空穴的思考。当时，只有两种已知的基本粒子——电子和质子（如果不包括光子）。如果磁单极子存在，为什么就不能存在其他的粒子呢？例如，一个可以准确代表空穴的粒子，一个带正电的电子分身？

狄拉克写道："一个空穴——如果有的话——可能是一种新的粒子。对实验物理学来说，未知的具有和电子相同的质量和相反的电荷的粒子，我们可以称这种粒子为反电子。"他预测，人们不会轻易找到这种反电子，因为它们天然倾向于与常规电子结合而消失——一个现在被称为湮灭（annihilation）的过程——但是在实验里产生这种反粒子是可能的。他还提出与反电子对应的应该存在一种反质子。

所有认真关注狄拉克理论的物理学家都没能找到实验证据。但随着1931年的结束，美国物理学家罗伯特·密立根到达剑桥举行了一次关于他的得意主题——宇宙射线——的研讨会。密立根展示了他的博

Ten Physicists

士生卡尔·安德森（Carl Anderson）拍摄的粒子轨迹照片。这些"射线"实际上是来自深空的高能粒子碰撞地球大气的结果，这就像某种天然的粒子加速器，它对粒子加速产生的能量比实验室里任何可用的加速器都要高得多。

安德森记录到高能粒子碰撞经常会产生一个电子和一个相关的带正电的粒子。为了显示这些粒子的轨迹，它们被引导穿越了一个云室——一种充满过饱和水蒸气的设备——任何穿越的粒子都可以使水滴形成可见的痕迹。在密立根的建议下，安德森设置了一个强磁场，使得带电粒子发生弯曲，弯曲的方向可以反映它们带正电还是带负电。这种偏转还可以测量粒子的动量。

从大量实验照片中可以发现，有些电子在初始时间就伴有一种带正电的粒子。当这件事发生的时候，狄拉克正好在普林斯顿进行学术休假，所以他错过了证明他的反电子——或者后来所称的正电子——存在的第一个实验证据。而正电子可能还不是唯一的新粒子。

1932年初，在卡文迪许工作的詹姆斯·查德威克发现了一种卢瑟福在不久前假设的粒子。这就是与质子具有相同质量的中性粒子——中子（见第6章）。到1932年春，卡文迪许有了另一个突破——约翰·科克罗夫特（John Cockroft）和欧内斯特·瓦耳顿（Ernest Walton）用快中子轰击锂分裂了原子。

实验物理学家似乎在高歌猛进，而狄拉克也在拼命追赶。但再一次，学术权力给了狄拉克信任。当75岁的卢卡斯数学教授约瑟夫·拉莫尔（Joseph Larmor）退休的时候，狄拉克被宣布成为了他的继任者。艾萨克·牛顿在29岁坐上了这个位置，而此时狄拉克的年纪也与牛顿相仿。狄拉克很重视科学研究和年龄之间的关系。他察觉到大多数伟大的物理学家在30岁以前就完成了他们最出色的研究工作。他曾跟海森堡开玩笑，当他到达这个年纪时他将"不再是一名物理学家"。

那年夏天，狄拉克再次到俄罗斯旅行，在克里米亚（Crimean）海岸度假。同期，安德森终于得到了一张由宇宙射线产生的正粒子云室照片，质量高到可以跟踪其轨迹。安德森发现它表现得就像一个带正电的电子，他非常惊讶，甚至重新检查了他的电磁铁以确定没人碰过以致其反转了极性。在接下来的 30 天，他发现了另外两个"正电电子"轨迹。

他的第一反应不是去证明狄拉克的理论——安德森根本没有想到这个——而是去忽略这个实验结果。此时，一位具有敏锐观察力的数学家鲁道夫·兰格（Rudolph Langer）首次提议"这就是野生的狄拉克反电子"，而他的提议并未引起学术界的重视。甚至当卡文迪许的一台新云室设备在 1932 年秋天投入使用时，这些结果还是没有引起大家的广泛关注。

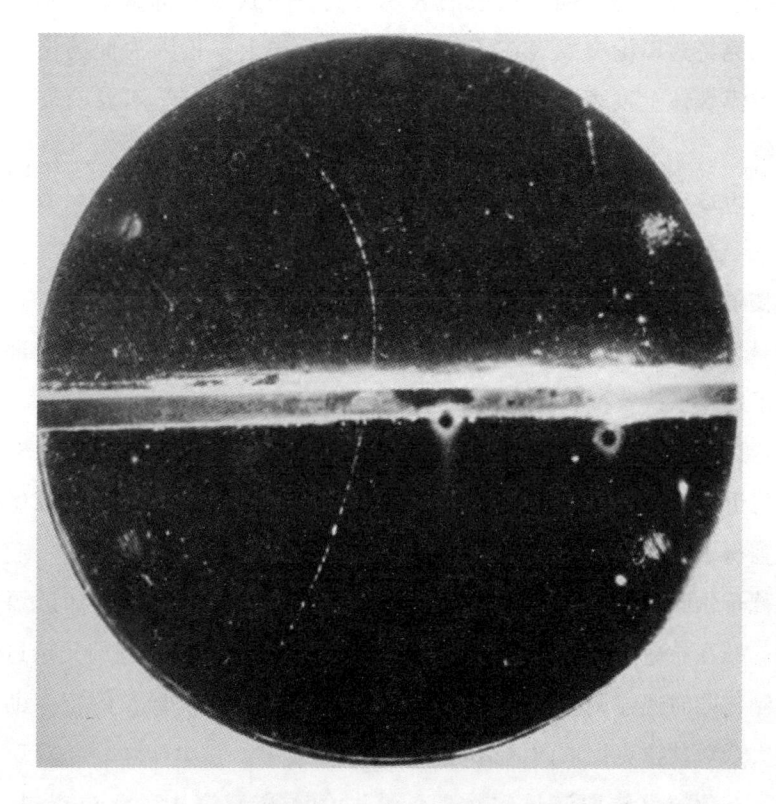

图 9　卡尔·安德森拍摄的史上第一张正电子云室照片，摄于 1932 年。照片中的正电子是那条长长的曲线轨迹，可以看到其穿越了一块 6 毫米的横跨照片中央的铅板。

Ten Physicists

云室的问题是"几乎所有拍摄到的照片都是空白的",直到卡文迪许物理学家帕特里克·布莱克特和同事朱塞佩·奥基亚利尼(Giuseppe Occhialini)在云室两侧都放上了盖格计数器。当有宇宙射线穿过云室时,它们会触发相机快门(空白照片减少),从而提高了实验效率。他们也检测到了正电子,并在一次狄拉克参加的研讨会上描述了这个结果……而狄拉克什么都没说。

当时,狄拉克正在研究一种经典物理学应用,思考一个运动物体和它不同的可能的运动路径——运动路径上的势能和动能差的总和。我们在第10章将看到,这个方法最终启发理查德·费曼理解了电子的量子行为。为了向苏联政府表示支持——狄拉克仰慕其政治——狄拉克将这篇论文发表在了苏联的一份杂志上。正因为他的论文未在主流媒体上发表,导致的结果是他的研究成果在学术界消失了好几年。

1933年初,太多的实验证据忽视了反电子。狄拉克做了计算,认为一个进入大气的宇宙射线粒子与大气发生碰撞的能量被转化为了一对粒子,这是狭义相对论的质能关系的显著例子(见第7章)。直到1934年,物理学界才开始慢慢接受狄拉克的理论,在当时,仍有部分人不愿意承认狄拉克的理论真的预测到了正电子的存在。

这年底,狄拉克收到了对他在科学史上地位的最终认定,一个电话告诉他,他将和薛定谔分享1933年的诺贝尔物理学奖(海森堡一人独得了延期的1932年奖)。狄拉克和母亲(作为他的嘉宾)一起去斯德哥尔摩领奖的旅途中,狄拉克少言寡语,但他的母亲却话语不停。她在旅途中接受媒体采访时,抓住机会批评了狄拉克的父亲过于专制,同时还强调狄拉克"对年轻女人不感兴趣"。母亲的行为助长了大众对狄拉克性取向的猜测。

在狄拉克领取诺贝尔物理学奖时的颁奖感言中,狄拉克提出,"宇宙中的反物质可能与物质一样多,也许,我们这个看起来似乎全部由纯物质组成的太阳系仅仅是个意外。"此时的他,正春风得意。但是,理论物理学顶尖的位置是非常不稳定的。在狄拉克获奖后不久，当时在加利福尼亚工作的奥本海默和他的团队提出了一个量子场理论。量子场理论保留了狄拉克提出的正电子，但否定了狄拉克提出的负能量海。此外，泡利证明了假想的零自旋粒子如果存在，就一定会存在反粒子。这和狄拉克的理论是矛盾的，根据狄拉克的理论零自旋粒子不应该具有反粒子。狄拉克的理论在大家的攻击下正在出现漏洞。

更糟糕的是，狄拉克倡导的量子场论在应用时，会不时跳出来的无穷数问题并没有像开始时设想的那样消失，而是继续困扰这些模型。狄拉克感到自己浪费了两年时间，所以第一次与另一个物理学家——他的朋友彼得·卡皮查进行了合作。他们最初的合作并没有产生什么大成果，但是狄拉克借此提出了一个天才方法——通过迫使某种元素的各种同位素进入一个螺旋路径来对其进行分离。狄拉克饶有兴趣地发现这种高压气旋喷射的方法可以将气体自身分离为两种温差大约为100℃的气流。这个曾不那么重视实验工作的男人开始改变自己的看法，开始发现实验室的优点。

很快，狄拉克受诟病的失败婚恋生活也即将走上正轨。在普林斯顿的学术休假中，狄拉克遇到了一个同路人，匈牙利量子物理学家耶诺·维格纳。在与维格纳共进午餐时，维格纳向狄拉克介绍了自己一个朋友的妹妹玛吉特（Margit），即有名的曼琪（Manci）。她与狄拉克在性格上恰好相反——外向、声音洪亮、善于与人相处。她是一个与很多不同性格的人都可以和睦相处的性格外向者。没过多久，这两个性格上完全相反的人开始慢慢被对方吸引。

在普林斯顿期间，狄拉克集中精力更新了他的教科书，并尝试用不同的方法来表述他的电子方程。在他与曼琪的关系越来越深入的那段时间，他还参与了一次解救同伴的行动。俄罗斯著名科学家乔治·伽莫夫（George Gamow）叛逃离境，这引起了苏联当局的重视，随后他们对狄拉克的俄罗斯朋友卡皮查进行了控制（卡皮查家居国外，当时自己在苏联境内），狄拉克闻此消息后与剑桥的卢瑟福欲计划帮助卡皮查离境与其在境外的家人团聚。

Ten Physicists

曼琪回到了匈牙利，他们的热恋关系饱受狄拉克呆板的写信能力之苦。有一次，在曼琪抱怨狄拉克的回信太简单之后，狄拉克制作了一个表格，对曼琪的信里提及的每个问题进行了言简意赅的回答。这可不是一个表达浪漫的理想办法。

狄拉克的学术休假在1935年6月结束，随后他前往俄罗斯去支持卡皮查，试图说服苏联当局允许他的朋友离境与其在英国的家人团聚。尽管卢瑟福派出的使者和狄拉克付出了很大努力，卡皮查也得到了苏联政府的优待，他却仍未被允许离开俄罗斯。狄拉克和曼琪一起在俄罗斯待了9天，使这次旅行变得似乎不那么失败。

回到英国后，随着新学期的开始，狄拉克的研究进展甚微。他很少的几个朋友离开了他，在全世界各个大学迎接新的挑战。尽管他有曼琪的陪伴，但他还是对这些朋友的离开导致他常规被打乱感到不舒服。狄拉克的生活非常看重规律，例如：一天晚上，曼琪在睡觉时间给狄拉克打电话，狄拉克大为恼怒，因为她侵犯了他的隐私。尽管他与曼琪之间也存在矛盾，但这段长距离恋情还是在继续前进，而狄拉克继续进行着他的日常活动。

唯一一次的中断发生在1936年6月，他的父亲生病了。查尔斯·狄拉克在儿子到达之前辞世，这触发了狄拉克复杂的情感。狄拉克不久后就回到了假期当中，并成功攀登了艰难的厄尔布鲁士峰（Mount Elbrus）。旅程的最后部分是拜访卡皮查、曼琪和玻尔——这是他生命中最重要的三个人。

回到剑桥，狄拉克将注意力转向了尺度的另一极——从量子论转向宇宙学。曼琪去看望她的美国的哥哥时路过了英国，这时，狄拉克做出了一个重要决定，他驱车前往伦敦向曼琪求婚。

这看起来非常完美的一步却很快陷入了混乱。狄拉克的母亲和曼琪在伦敦有过几分钟时间的独处。不久后，他的母亲写信给狄拉克，告诉儿子，她问出的一个问题收到了一个令人惊讶的回答。曼琪说："结婚后，我不允许狄拉克进入我的卧室。""那你为何还决定嫁给他？""我很喜欢他，而且我想要有个家。"

9 保罗·狄拉克

母亲的信让狄拉克困扰不已。这行得通吗？但似乎男人们经常会被爱情冲昏头脑：几天后他还是和曼琪结婚了。

现在，狄拉克终于学会如何给曼琪写信并表达自己的感情了，他回到剑桥为他们寻得了一个家，而她回到布达佩斯为搬家准备。也许是狄拉克母亲的误解，也许是狄拉克母亲试图将儿子绑在自己身边而有了之前给狄拉克的那封信。事实上狄拉克婚后的生活非常幸福。曼琪带着前段婚姻生下的两个孩子，融入了那种大学教师妻子的生活，她给那个乏味的环境带来了新的活力和能量。

在工作上，狄拉克没有取得什么惊天动地的宇宙学突破，但他推出了一个成为科普书籍最爱的热门话题。这个话题就是一些关键数值是如何对宇宙本质产生巨大影响的，特别是一些大数（像可观察宇宙中的质子数目）如何以某种方式相互联系。因为这种形而上学的神神叨叨，他受到了广泛的批评。

狄拉克因为受到批评而不快，从而放弃了他的新兴趣。不久后，卢瑟福去世，卡文迪许的新领导转向了新的研究方向。同时，量子场论的研究陷入了困境。狄拉克希望清理掉困扰这个理论的无穷值之一——电子的自能（self-energy）。电子是一种无量纲的点粒子，其电场的强度随着距离的平方上升。随着距离接近于零，电场应该迅速上升到无穷大。狄拉克想知道他赖以为基础的麦克斯韦电磁理论是否存在错误。尽管他为此研究了几个月，但毫无进展。

第二次世界大战正在逼近，狄拉克没取得什么进展，而曼琪开始对剑桥的乏味气氛表达不满。但因为他们的孩子即将出世，生活还得继续。他们的女儿玛丽（Mary）生于1940年2月。狄拉克的母亲在1941年底死于一次中风。与大多数顶尖物理学家相比，狄拉克对战争本身的投入要少得多，他拒绝研究密码学以对战争提供帮助。唯一与战争可以联系上的是，1940年，政府曾咨询过他有关同位素分离的实验。如果可行的话，他的研究将在建造原子武器的竞赛中发挥巨大的作用。稀少的铀-235同位素需要从更普通的铀-238中分离出来。

1941年，狄拉克想出了一种涵括所有机制的通用理论，可以通过改变某一种同位素的浓度来分离同位素的混合物。例如通过温度梯度法或者离心技术。1942 年，狄拉克被请求加入位于布莱切利园（Bletchley Park）的密码破解工作。此时，曼琪再次怀孕，他不愿意离开剑桥。但是，他的确与英国原子弹计划牵涉得更深了。他再次研究了同位素分离技术以及想出了最终成为工业标准的离心技术。这在当时并没有派上用场，狄拉克在 1942 年和 1943 年预测了铀 – 235 发生链式反应行为的工作。

然而，出于典型的狄拉克性格，他并没有在曼哈顿计划狂热的团队氛围中从事这一工作，而是独自一人在剑桥进行了研究。现在狄拉克的家庭成员数增加到了六，包括他的两个继子、长女玛丽和生于 1942 年 9 月的弗洛伦斯。

狄拉克再一次拒绝了让他离开剑桥从事战争研究的要求。更令人惊讶的是，在 1943 年底，当英国和美国的原子弹项目合并，英国科学家加入到曼哈顿计划中时，狄拉克拒绝搬到美国的洛斯阿拉莫斯。其中缘由也许较为复杂。其一，他在成家前也曾有过国外旅游经历，但在成家后，他决意要确保他的孩子们拥有一个温暖的家庭。其二，他蔑视团队工作，并且预感自己将会不适应洛斯阿拉莫斯的生活。最后，他似乎越来越怀疑这一计划的道德正当性，并在 1944 年停止了所有的参与工作。

狄拉克在战争结束前对物理学最重要的贡献是修改了他的量子力学圣经。在此过程中，他引入了他多年来一直在使用的符号法，这种符号法现在对量子论研究依然很关键。它将成对的量子状态表示为 <A | B>，其统称为括号（braket）。第一部分称为"bra"，即为左矢；第二部分称为"ket"，即为右矢。据说，在圣约翰的高桌餐会上讨论新词语时，狄拉克令人惊愕地作出了这个贡献，"我发明了'胸罩/左矢'"。

随着战争的结束，剑桥大学回归了日常状态，狄拉克落入了习惯的舒适生活中，但是物理学似乎在离他远去。在接下来的几年里，量子世界的中心移到了美国，在那里理查德·费曼（见第 10 章）、朱利安·施温格（Julian Schwinger）和英国的弗里曼·戴森（Freeman Dyson）提出了一个被称为量子电动力学（QED）的理论（同时由日本物理学家朝永振一郎发展），QED理论可以描述光和物质间的相互作用。狄拉克评论道："如果这些新理论不是那么丑陋的话，我也许会认为它们是正确的。"他特指的是"重正化"（renormalisation）——QED所提出的解决办法，可以通过用观察值代替离群值（runaway numbers）来避免无穷数的尴尬。

新一代理论正在接管物理学世界，狄拉克再也没有作出更重要的贡献。1947—1958年，狄拉克于普林斯顿高等研究所的一次学术会中，他的确推进了他的磁单极子理论并修补了量子场论，但再也没出现可以与"狄拉克方程"媲美的贡献了。

就像爱因斯坦晚年一样，狄拉克做了一些有趣的尝试，试图通过新的途径看待物理学问题。但并未对物理学发展产生什么有意义的影响。狄拉克逐渐从公众视野中消失，这一点与爱因斯坦又略有不同。

狄拉克行事较为低调，他曾不愿接受诺贝尔奖。但是人们告诉他，如果他不接受颁奖，将在媒体上掀起轩然大波，引起更大的关注。1953年，他拒绝接受英国皇室的爵士称号，让他妻子恼怒不已。

在他职业生涯的末期，狄拉克在剑桥待的时间越来越少，因为他不喜欢新的应用数学和理论物理学。他在最后几年更多的是在高等研究所度过，只是名义上还在剑桥大学。

狄拉克在1969年9月离开了卢卡斯数学教授位置，1971年接受了佛罗里达州立大学（Florida State University）的访问著名教授一职，这让曼琪可以逃离剑桥的天气和她讨厌的拘谨社交氛围。

狄拉克没有离开他心爱的物理学，而是继续演讲并不时抛出新的思想，尽管它们没有产生什么重要改变。1973年，他短暂回到了英国，接受了英国皇室给他颁发的功绩勋章（Order of Merit），但再次拒绝了爵士称号（他喜欢人们称呼他为"狄拉克先生"）。狄拉克于1984年10月20日去世，享年82岁。

尽管狄拉克提出的方程是物理学领域的巨大贡献，将相对论带入我们对电子行为的理解当中，但他没能甘心接受 QED 的重正化。正是我们的最后一位物理学家理查德·费曼（QED 的建造者之一）继承了狄拉克的研究工作。

理查德·费曼

排除了所有不可能的事物后，剩下的也许令人匪夷所思，但真相或许就隐藏其中。

——理查德·费曼

10　理查德·费曼

名单上第八名的拥有者理查德·费曼，他曾被《纽约时报》誉为"可以认为是第二次世界大战后一代中最聪明、最颠覆传统以及最有影响力的理论物理学家"。他是名单上与现代最近的物理学家，也是名单上唯一一位在第二次世界大战后获得诺贝尔物理学奖的物理学家。

和物理学家们谈论费曼，他们的脸上总会浮现出笑容。不仅仅因为他们将费曼视为一个天才，还因为他们会选费曼为最受喜爱的物理学家。费曼不像大多数传统的顶尖科学家，他是一位睿智的老师。在互联网上搜索一下费曼的视频片段，很快你就能发现在这个他从儿时起就沉迷的神秘领域，他是多么的具有传播天赋。他具有一种将复杂理论简单化的能力，同时还拥有一种富有磁力和吸引力的声音。

虽然，当下仅有少数的科学家有机会聆听过费曼的讲座，但更多的人在那本名为《费曼物理学讲义》(*The Feynman Lectures on Physics*)——通常因为原版书的封面颜色被称为"红宝书"——的合集里见识过他手术刀般精准的物理学剖析。坊间流传着许多与费曼相关的闲闻趣事，心理学家可能会将费曼在年轻物理学家心中引发的英雄崇拜情结部分

Ten Physicists

归功于他非典型的活泼外向性格以及他夸张的英勇行为——从撬保险箱到演奏邦戈鼓（bonges）。

一些故事可能是真实的。但毫无疑问，曾多次抱怨科学史上的故事太过无趣的费曼，很擅长装饰他自己的传奇。就像物理学家默里·盖尔曼（Murray Gell-Mann）说过的一样，"他在自己身上围绕了一层神秘色彩，他花了大量时间和精力制造自己的轶事。"所以某些关于费曼生活的传言也许是来源于他自己的想象。

费曼出生于1918年5月11日，他的父母梅尔维尔（Melville）和露西尔（Lucille）很高兴能生了一个儿子，梅尔维尔特意让年幼的理查德尽量记住了皇家学会的座右铭"nullius in verba"，大致可以翻译为"不经自己验证，不相信任何人"的话。梅尔维尔鼓励理查德不要理睬传统的标签，去理解他所观察事物背后真正的本质。

不论是受到了这句话的影响或者只是出于简单的好奇心，年幼的理查德通过一个收音机的研究开始了他的科学探索生涯。当时的收音机里面塞满了电子管（真空管），比现在的印刷电路板更容易拆卸，其结构也更容易让人理解。费曼充分利用了这点，摆弄着这种任何一个现代小孩都会被禁止接触的高压设备。那时候他住在远洛克威（Far Rockaway），纽约市皇后区的长岛延伸出的一个小地方，这个地方充满了探索自然和人工世界的机会。

也许正是这种被允许的自由以及他的父亲早期鼓励他对周围的一切事物都要保留好奇心，激发费曼拥有了与大多数现代科学家的狭窄专长相比要宽广的视野。例如，在读研究生时，费曼因为兴趣参加了本科生的生物课程学习。在作一个关于猫神经系统的报告时，他开始概述不同肌肉的名字。其他生物学学生指出他们已经牢记这些名字，无需重复。费曼评论道："如果他们真的学习并记住了所有的肌肉的名字，也难怪他们在学了4年生物学后还可以被我这样快地赶上。"

这件事发生在普林斯顿大学。费曼之前已在麻省理工学院（MIT）获得了他的本科学位。他本来要在麻省理工学院和哥伦比亚大学之间进行选择，但哥伦比亚大学的犹太名额已经满员。（费曼是无神论者，但种族是犹太人。）他在麻省理工学院开始学的是数学，因为这是他在中学时最爱的学科，他在中学时解决了当地代数比赛上的复杂难题。但费曼发现大学的数学太不切实际，就转到了工程学，但后者又太简单，最终他定下心来选择了物理学的学习。

费曼有一种狭隘的地方观念，在本科毕业后不愿意离开麻省理工学院。但当时的物理系主任把他推到了普林斯顿大学。作为另一所常春藤联盟大学，以牛津剑桥大学为模板建立的普林斯顿大学也对费曼有点担心。既因为他对物理学和数学之外的世界一窍不通（令人想起爱因斯坦进入苏黎世的瑞士苏黎世理工学院时的情况），还因为他的种族带来的怀疑。普林斯顿大学物理系的主任问："费曼是犹太人吗？我们虽然没有针对犹太人制定什么具体的规定，但不得不合理限制他们在我们系的比例，因为安置他们很困难。"当时，犹太学生要生活在单独的大学联谊会（兄弟会）里。在麻省理工学院为其担保"费曼的外貌以及生活行为并不太像一般的犹太人"后，费曼被普林斯顿大学接收了。

在普林斯顿大学刚安顿下来——普林斯顿大学有出色的物理系——费曼就开始寻找一个合适的博士题目，并决定把题目放在量子力学上面。很快，他遇到了困难，他对这个小学科的复杂数学本质感到不适。他越沉浸在这个主题中，就越感到迷茫且不知道前进的方向。

他要面对的主要问题是探索电子的本质。这些带负电荷的粒子在20世纪30年代还是一个相对新颖的概念，正如我们在第9章发现的：电子被假想为没有大小的点粒子，这会导致描述它们的数学发生崩溃（出现无穷数结果）。随着电子的半径趋向于零，电子的各种特征（包括自能这种电子的电荷作用于自身的结果）将会变得无穷大。正如保罗·狄拉克当时在他的《量子力学原理》中所述，"此处似乎需要某种关键的新物理学理论。"

费曼想知道这个问题是否可以得到干脆的解决，就如尼尔斯·玻尔（见第8章）在发现原子中的电子困守于固定轨道时向世人宣告的一样。如果一个电子不被允许与自身发生作用会怎么样？为解决这个问题，费曼和他的学生约翰·惠勒（John Wheeler）教授分享了他们的猜想。麦克斯韦的电磁方程组同时允许"超前"（advanced）和"推迟"（retarded）的光存在（即超前波和推迟波），推迟波相当于我们观察到的普通光子，超前波则是时间倒流由接收者发向发送者的光子。费曼和惠勒提出这些超前波确实存在，它们抵消了电子无限生成的自作用。

当然，这是高度推测性的观点，要全面描述物质与光的相互作用的本质还面临着巨大的挑战。讽刺的是，提示的方向来自于狄拉克的一篇论文，它启发费曼进行了跳跃式的思考。

费曼发明了一种可视的量子化粒子表现形式。它是从世界线（world line）的概念上发展而来。这是一种粒子位置在时间上的轨迹线。图表上的一个维度是时间，另一个维度是空间（为使图表更易学习，费曼将三维空间压缩为一维）。在费曼相对论问题时，这些时间线非常有用。

费曼想象了诸多不可能的情况。他知道，量子化粒子不像宏观物体（比如一个球）具有从 A 到 B 的确定移动路径。相反，它应被视作会经过所有可能位置的路径，每一条路径都具有一个不同的出现概率且这个概率无限接近于零（无限小）。他想象着画出每一条可能存在的世界线，而这些结果将完整描述出一个粒子的行为。

尽管在物理学上不可能做到这点，但从数学计算上可以准确地将这些无限递减的数值集中起来并得出一个有限的结果。费曼认为，许多世界线还会彼此抵消或者过于接近不可能而被忽略。虽然细节尚未确定，但似乎他的博士论文正在步向成功。

当美国参加第二次世界大战时，费曼被邀请加入了一个新的科学家精英团队，研究如何利用原子核链式反应制作炸弹。他的第一直觉是说"不"。像爱因斯坦一样，费曼厌恶战争。但考虑到德国拥有诸多优秀的本土物理学家并率先开始了这种炸弹的研发，同时，德国完成了当时世界上第一次原子核裂变反应实验。以上原因足以使费曼接受了这个提议。

起初，费曼对这个项目的参与程度类似于狄拉克对分离铀-235的思考。核爆炸必须要使用这种分离技术，利用原子量的微小差异分离出活性的同位素和其更稳定的表亲铀-238。这是关键的第一步，但费曼的参与并不积极，他还兼用空闲时间完成了他的博士论文，并在1942年6月得到了博士学位。

这也许让人费解，在战争的压力下这个年轻的物理学家还有时间完成自己的学术任务。事实上，费曼希望尽快获得博士学位很大程度上是为了他的妻子艾琳·戈林鲍姆（Arline Greenbaum）。费曼要获取研究生基金需要接受不能结婚的条件限制，而拿下博士学位则将不会被限制。同时，他和艾琳已订婚很长时间。艾琳还患上了不可治愈的淋巴腺结核病，医生判断艾琳只能再活一两年。这也是费曼急需获得博士学位并与艾琳结婚的主要原因。

费曼的婚姻受到了来自父母的压力。他们认为费曼太年轻，不必那么快地着急结婚。此外，去医院探望艾琳会伤害费曼自己的健康状况，也许会对自己的儿子带来悲剧。但费曼无意放弃，艾琳被费曼转移到了普林斯顿大学附近的一所医院，并被带进了费曼自制的一辆救护车中结婚。他们无法发生身体上的关系，但费曼确保艾琳得到了一段正常的婚姻。

到了这一年年末，费曼博士加快了核炸弹研究进程。美国政府认识到分离铀-235的技术难度后，开始组织不同的研究团队分头研究其分离技术。费曼参与了最成熟的一个研发团队，他们使用变化的电场以重量对铀原子束进行分群。这种方法是有效的，缺点是进程缓慢。

我们现在知道，简单的使气态铀扩散穿过微孔筛的方法更利于实现铀的分离。费曼的才能正在被浪费，他被要求搬到新墨西哥州南部的洛斯阿拉莫斯一个废弃的牧场学校，加入曼哈顿计划这个研究制造原子弹的巨大队伍。曼哈顿计划的取名源自于美国陆军工程兵部队总部所在的地址。费曼厌恶军队的严肃作风，相比之下他更喜欢之前的大学学者的自由式生活。在曼哈顿计划进行中，他不得不时常与军人打交道，这总是令他感到不快。

费曼没法每天来回普林斯顿大学看望他的妻子艾琳。他曾要求将他的妻子安置在洛斯阿拉莫斯附近的医院以方便自己对她的照顾作为自己进入曼哈顿计划的一个必要条件。不幸的是，洛斯阿拉莫斯正是因为其地理位置偏远而被选中，这里并没有合适艾琳接受治疗的医院。最近的适合艾琳治疗的医院在阿尔布开克（Albuquerque），费曼需要驾车超过95公里才能抵达那里。这也是唯一的解决办法了。

加入曼哈顿计划后，费曼立刻证明了自己是个多面手。对于一个众多工作人员都是由专注于某个专长的学者组成的队伍来说，费曼具有多面手的特性就显得非常有价值。他能作出理论贡献，还能熟练地修理喜怒无常的电子机械计算器，这些计算器被用来处理大量的数字，以预测在建造一个原子弹的过程中什么有效什么无效。

费曼很快被任命为领导这个使用计算器的理论计算小组组长。很快，理论部门的主任汉斯·贝特（Hans Bethe）发现费曼成立了一个理想的尝试新想法的决策咨询班子。费曼不像团队里的其他年轻成员，他经常质疑和批评贝特的建议。从贝特的角度来说，费曼这种独立精神和洞察能力是他可以胜任这个领导位置最合理的原因。即使他比大部分同事年资更轻。

毫无疑问，费曼完全投入到了他的工作中。费曼最喜欢的休息活动是挑战洛斯阿拉莫斯的安全制度。那里大部分安保人员的工作都是装装样子并不十分奏效，而蔑视权威的费曼决定去找出漏洞并利用它们暴露出的一切弱点。

他喜欢偷偷穿过围栏的一个洞离开基地，然后从大门重新进来，造成护卫基地人员的混乱。因为基地的安保人员会对进入基地的人员进行登记造册，费曼的行为会造成名册上出现多个名为"费曼"的人的进入信息而没有出走信息。这会使安保人员困惑于基地名册上出现的费曼是一人还是多人。

费曼在那段时间最著名的代表作是攻克秘密文件的安全存储区。这些文件被储存在一个平常的档案柜里，用挂锁锁住。费曼认为这种安保措施十分可笑，他通过开锁并倾斜档案柜使底层的抽屉被开启来明示了这一点。

当他需要查询信息时，他不会去请求钥匙管理员的同意，而是自行解锁抽出文件。使用完这一信息后再将文件归还原处，这令文件管理者大为尴尬。曼哈顿计划中的军方人员可不是好惹的，费曼反复破解本应该保密的档案柜惹毛了他们。他们为其加上了新的保险装置，人们需要输入三个两位数密码才能打开密码锁并打开档案柜。

初看起来，费曼似乎被挫败了，他的撬锁技能失去了作用。但在接下来的时间里，费曼对这个新的密码锁进行了几个小时的研究。他想到了两个破解办法。首先，他发现这些锁不够灵敏。尽管，理论上 3 个密码数的每 1 个都存在 100 个可能值，但锁对密码数值前后的 5 个数字都能产生反应——这样只剩下 20 个值。

这还是出现了 $20 \times 20 \times 20$ 种（8 000 种）可能的密码组合，想要系统性地逐个尝试太繁琐。费曼在这种锁的机制中发现了一个机械漏洞。费曼发现，拨动第 2 和第 3 个密码盘到正确数值位置时，他的手指可以感觉到插销的抖动。这样他只需要尝试剩下 20 种密码（第 1 个密码数）。他养成了一种习惯，无论什么时候他在一个有抽屉打开的办公室时，他都会背对着这个抽屉站着。他发现自己可以操控密码盘，他只需要感觉插销的抖动即可破解密码，如果感觉到了就回头瞥一眼记住密码数。"保险"装置在他的系统测定法前失效了。

随着原子弹项目逐渐接近高潮，艾琳的健康日益恶化。费曼给艾琳写了大量的信，与此同时，几乎每个周末都会驾车前往阿尔布开克看望他的妻子。但这不能改变艾琳的身体状态，她在 1945 年 6 月去世。

几周后，费曼被电话中的"宝贝即将出生"这个消息召回了洛斯阿拉莫斯的基地。费曼立即回归，前往 320 公里以南的阿劳戈多（Alaogordo），见证了他们的第一次核试验。他们在沙漠中建造了一座 34 米高的塔，塔顶上放置了一个钚原料的炸弹。

这个代号为"三位一体"（Trinity）的核试验发生在 1945 年 7 月

16日。钚原子弹在塔上放置了13个小时，观察者们停留在位于9公里外的一个混凝土堡垒里，他们非常担心爆炸会将他们的装置击毁。试验证明这种担心是多余的，试验进行得非常顺利。当时一个在场的物理学家奥托·弗里施（Otto Frisch）记录道：

> 地平线上的这一事物看起来像个小型太阳，但还是太过耀眼无法直视……这是一个惊人的景象，任何一个见过原子弹爆炸的人都将永远无法忘怀。万籁俱寂，几分钟后爆炸声传来，虽然我塞住了耳朵，但声音还是很大，接着是长时间的隆隆声，像是非常远的地方传来的嘈杂交通声。

30天后，原子弹被扔到了广岛和长崎。

曼哈顿计划的结尾让费曼充满了复杂的感情。这个计划成功了，它成为了终结第二次世界大战的主要因素，但代价却是成千上万条生命。而现在费曼可以回到基础物理学的研究了，但是他不得不切断对艾琳的回忆。最后，他决定陪同汉斯·贝特，回到纽约州的康奈尔（Cornell）大学。

第一年非常困难，费曼的父亲在1946年去世让他异常悲伤。随后一段时间，他渐渐地被科学探索的乐趣吸引了回来。在之前博士论文的基础上，费曼帮助发展了量子电动力学理论，这项理论让他得到了诺贝尔物理学奖。我们通常将其称为QED。年轻的英国物理学家弗里曼·戴森这样说过QED的早期形式，"它是一种统一原理，要么能解释一切，要么什么都解释不了。"

如曼哈顿计划所表现出来的一样，现代物理学正在逐渐远离由伟人领衔的单打独斗（事实上牛顿的研究也并非单打独斗，虽然他并不承认）。QED在量子层面描述光与物质的相互作用也不是费曼一个人的工作。它构建在保罗·狄拉克的研究基础之上，还有两个人以不同的方式有效地发展了QED——朱利安·施温格和朝永振一郎（Sin-itiro Tomonaga）。这两个人和费曼一道分享了诺贝尔物理学奖。

费曼、朱利安·施温格、朝永振一郎，他们对 QED 不同的研究方法被贝特的另一个门生统一了起来。就是那个首先看出 QED 在不成功便成仁边缘行走的弗里曼·戴森。戴森认为每种方法都有其各自的优点，但费曼的方法显得更加易懂，因为它使用了后来广为人知的费曼图（Feynman diagrams）。

描述电磁相互作用的 QED 理论对我们在日常生活中体验的大量物理学现象进行了解释。如费曼本人曾言，"QED 几乎是所有的物理学的基础。"从多个角度考量，QED 都取得了很大的成功。大部分物理学理论都使用了一个可以产生近似观察结果的模型，而 QED 产生的结果可以惊人地无限接近测量值。它就像——按费曼的意思——你拥有了一种预测伦敦和纽约间距离的技术，他的测量结果就像"测量人类一根头发的宽度"那么精确。

QED 的预测能力绝不是直觉式的。它们描述了一个量子世界，其中的粒子会经过每一条可能的路径（包括环绕宇宙一周）从 A 到达 B。费曼通过费曼图将这个费解的概念变得通俗易懂。在他的费曼图中，每个粒子都伴有一个箭头，就像一个随时间旋转的表针。箭头的方向表示粒子的状态，我们称其为相位，而它的大小表示的是该条路径的概率。

这种方法听起来似乎全是图像，但它还是牵涉到了数学——费曼使用了路径积分合计了所有可能出现的路径。当所有可能路径上的所有粒子的箭头结合起来时，许多会相互抵消，而结果正如预期——粒子以一条直线从 A 到 B。

QED 理论揭示了光与物质相互作用的所有行为，例如光的反射和折射。它显示了当带电粒子相互作用时会发生什么。而且，最令人印象深刻的是，它预测了某些情况下真正奇特的事物——传统物理学会认为这些事物不存在。

举两个简单的例子。如果你在晚上站到一个光线昏暗的房间，看一扇玻璃窗，你会通过光的反射从玻璃窗中看到自己。但站在玻璃窗外面的人可以通过光的折射看见你，因为光穿过了玻璃。大多数的光穿过了玻璃，小比例的光反射了回去。QED 不仅预测了光反射和穿透的概率，它还揭示了玻璃的厚度与多少光子可以被玻璃反射和折射的关系。

相似的是，QED 解释了某些平面（例如 CD 的播放面）奇特的反射方式。如果你想象一个光子射向如镜子一样的反射表面并被弹开，经典物理学会告诉我们，它以直线射入，并以相同的入射角度（高中物理学所教）实现反射。所以你不会期望在其他地方找到光子。如果你去掉镜子的中央部分，不应该存在反射——也没有反射。但依据 QED 的理论，光子会走每条路径，包括以更小的角度击中一块剩下的镜子，然后以更陡峭的角度反射回来。你看不到这些奇怪的反射光子，是因为它们被那些旋转箭头所代表的不同相位抵消了。但是如果挡住一部分镜子，使其变为折射光栅，从而消除掉一系列的相位。结果是光会再次发生反射，以出乎意料的角度弹离。这发生在了现实中——可以在 CD 上的彩虹反射光线中看到，它们来自其表面的小洞。这些小洞编码了声音，起到了折射光栅的作用。

QED 所能做的远不止解释奇特的反射现象。它为物质与光通过电子吸收或发射光子进行的相互作用提供了一个更真实的模型——一切表现在费曼精致的费曼图里。

这个方法并非绝对完美。它还是存在会产生讨厌的无穷数的毛病。经过长时间的深思后，它被狄拉克所痛恨的一种过程所解决——重正化。预测的结果非常精确，但这种重正化从未得到真正的认可，在今天仍是一个问题。

在 QED 已是囊中之物后，费曼开始寻求改变自己的环境。康奈尔大学对物理学似乎还不如对艺术重视，此外，费曼发现这里的天气冷得令人压抑。最后费曼选择了加州理工——帕萨迪纳（Pasadena）的加州理工大学。在康奈尔，费曼有点像花花公子，但到了帕萨迪纳时，费曼迎娶了一个新婚妻子玛丽·洛乌·贝尔（Mary Lou Bell），当他遇见她时，她还是康奈尔大学的历史系学生。

玛丽·洛乌似乎是被有意选为艾琳的反面。艾琳鼓励费曼用自己的方式思考并成为自己,而玛丽·洛乌希望费曼遵从20世纪50年代早期的学术生活里严格的社会结构。她希望成为一个真正的教授夫人,但他们夫妻之间最好不要一直谈论她不太感兴趣的物理学。

费曼与洛乌对待社交的态度就可以看出其显著的差别。费曼热衷于聚会,喜欢即兴敲鼓娱乐。费曼习惯在边上放着一杯啤酒,身边有一群对科学感兴趣的聪明的年轻人围绕着他。玛丽·洛乌更愿意让费曼独自举行鸡尾酒聚会,说着温文尔雅的话语,最好是房间里唯一的科学家。一个关于玛丽·洛乌的故事,可以看出她是如何的自以为是。尼尔斯·玻尔打电话来希望和费曼聊几句。玛丽·洛乌打发走玻尔,说费曼现在没空,之后告诉费曼,她让他省去了会见"某个老头子"的麻烦。

大约就在这一时期,费曼将注意力转向了最直接地将量子力学怪现象带往宏观世界的物理学分支:低温物理学。在极低的温度下,量子效应可以被更直接地观察到,而最典型的代表就是超流体——失去黏性的流体,一旦运动起来,可以无限期持续下去。

早在20世纪初期,就有人做过关于超流体的研究。但直到20世纪30年代,人们才开发出产生大量液氦的方法,而超流体的真正本质才得以发现。

我们在第9章介绍过,量子粒子有两种分类——以光子为代表的玻色子和以电子为代表的费米子,我们根据它们的自旋值的不同进行区别。在一个特定系统中,某个量子态的玻色子可以存在任意多个,但某个量子态的费米子只能存在一个。总体而言,单独的"物质粒子"是费米子,但当它们联结在一起时又可以成为一个玻色子。例如,氦-4同位素是一个玻色子,而氦-3是费米子。但在低温状态下,一对氦-3原子可以联结在一起形成一个统一系统变成玻色子。

当这类"物质玻色子(matter bosons)"(费米子聚合而成)在低温下放在一起时,实际上可以当作单个的联合实体,得到一种被称为玻色-爱因斯坦凝聚物(Bose-Einstein condensate)的奇特性质。费曼写了一系列关于超冷液氦的论文,他借用图表在粒子水平上解释了这

Ten Physicists

一物理现象。

1956年，费曼的婚姻——已经出现困难多时——终于触底，他和玛丽·洛乌离了婚。有一阵子，他对和异性交往小心翼翼。在瑞典访问的时候，他遇到了一位比自己小16岁的年轻的英国女人——格温妮丝·霍华德（Gweneth Howard）。他们很快就相处甚佳，但他们并未讨论婚嫁，费曼只是问她是否能回到加利福尼亚当他的管家。当时是1958年，多数人会认为费曼的这种提议不太合适。但格温妮丝独立而大胆，准确来说，她正在环游世界而钱也已花光。尽管有些担心，她还是接受了这份工作，在1959年6月搬到了费曼在加州阿尔塔迪纳（Altadena）的房子。

那时，费曼回归了和各种各样女人约会的习惯。格温妮丝很大程度上过着自己的生活，虽然她偶尔会与费曼出去度过一个彼此都很享受的夜晚。他们在第二年结婚，这段婚姻一直维持到费曼去世。与玛丽·洛乌相比，格温妮丝似乎更像第二个艾琳。她具有同样的性格力量，格温妮丝鼓励费曼充分利用自己的能力，不用顾及别人的看法。

这一时期，费曼在深入地研究弱核相互作用（弱力或弱核力），这是原子核内的中子分裂产生一个质子的机制，它可以在贝塔衰变（β衰变）的过程释放出一个电子和一个反中微子（因为质子数增加结果使得元素发生了变化）。这是卢瑟福首先发现并命名的过程（见第6章）。

现在费曼已是新一代物理学家中的长者，但他仍有能力有效地质疑公认的观点。他推进了对弱核力控制的原子核方面知识的理解，并与默里·盖尔曼一起合作将这种β衰变原理扩展到了其他粒子过程当中。

费曼与当时的其他科学家不同的是，他时常跳出自己熟悉的狭窄专业范围进行新领域的思考。在和格温妮丝婚后不久，费曼在美国物理学会（American Physical Society）做了一次演讲，这次演讲的内容至今仍经常被撰写纳米技术论文的科学家们引用。在题为"底部还有充足的空间"（plenty of room at the bottom）的演讲中，他声称，人们在 2000 年将回过头来思考为什么人类直到 1960 年才在纳米技术上取得进展。实际上，我们仍然在思考，只不过现在一些问题已经得到了更好的理解。

费曼提出先制造小型设备来建造微型机器，接着可以用其制造超小型技术，继续往更小的尺度建造更多这样的操作机，直到可以在纳米尺度操作单个分子来操纵物质为止。现在我们知道，进入这个领域远比他的演讲更困难，因为在极小尺度下开始起作用的力会使得传统的工程设计变得不可用。我们将需要更多的"新型工程学"——基于生物学机制相同原理的学科——但是费曼的远见还是启发了思考，他还设立了一个 1 000 美元的奖金，颁给第一个制造出长度小于 1/64 英寸（0.4 毫米）且可以工作的电动机的人——很快就有人赢得了这个奖金。

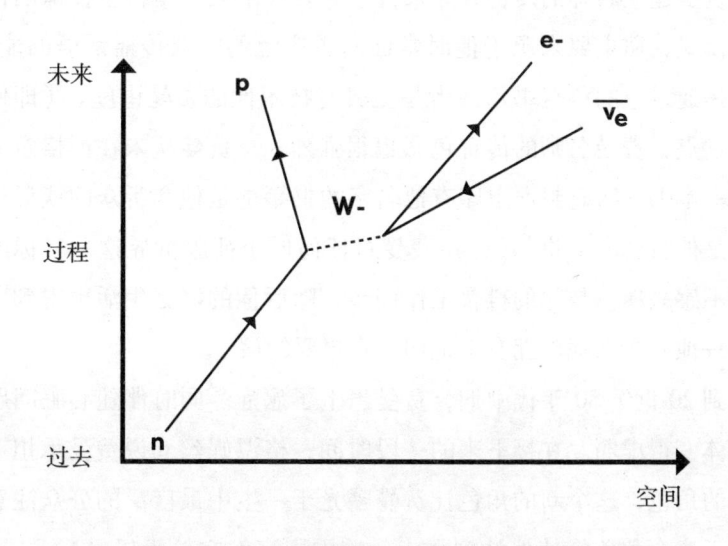

图 10　费曼图之一，由费曼发明，用来帮助进行量子电动力学（QED）牵涉到的计算。这张图显示了一个中子（n）的衰变过程。一个中子经由贝塔衰变（β 衰变）变为一个质子（p）、一个电子（e-）和一个反中微子。这种特别的放射性衰变是由 W-玻色子交换引起的，这是一种产生弱核力的玻色子。

Ten Physicists

在进行了弱相互作用（弱力或弱核力）的研究后，费曼花了点时间投入到分子生物学研究中。这是一个募集了众多物理学家成为生物学家的全新领域。他研究了 DNA（脱氧核糖核酸），但并未在该领域作出有意义的突破。英国剑桥大学的弗朗西斯·克里克（Francis Crick）和詹姆斯·沃森（James Watson）在不久后成功破解了这种分子的结构。

从 20 世纪 60 年代起，费曼通过他的物理学讲座建立了名师的声誉。许多人将这些讲座视为终极的大学水平物理学基础的导论。然而，和往常一样，现实中的费曼走上名师之路也并非往常的传统正途。美国作家詹姆斯·格雷克（James Gleick）记录道："实际上，即使是中等水平的物理学家，也需要承担一部分学生或者类似的日常教学任务，（而费曼则没有承担这些传统教学任务）。"

费曼建立名师的声誉并非来自培养研究生或向本科生授课的传统学术模式，而主要来源于他时常面向更广泛的听众传播话语的能力，无论是通过他的科普书籍或者是更具有技术性的费曼讲座。（即使是基于这点，费曼名师的传奇色彩也很强烈——费曼从未在严格意义上写过一本书。所有封面上印有他名字的书籍都是他和听众的谈话记录或者是他自己的演讲抄录。）费曼对任何低于征服世界这一目标的事情都不感兴趣。与他的科普工作同步，随后他的家庭生活也得到了突进——他和格温妮丝拥有了他们一直想要的孩子。

到 20 世纪 80 年代中期，费曼患上了癌症。同时伴随心脏问题使他身体变得虚弱。在接下来的一段时间，格温妮丝劝说费曼承担了一个新的角色，这个新的角色让费曼曝光于一生中最广泛的公众注意力之下。这个角色将使他站到强大的美国国家航空航天局（NASA）的对立面。

NASA 航天飞机的任务式飞行开始于 1982 年，当时的航天飞机技术已相当成熟。1986 年 1 月的第 25 次飞行任务格外引人注目，因为"挑战者号"机组成员中有一位来自新罕布什尔州（New Hampshire）康科德高中的教师——克里斯塔·麦考利夫（Christa McAuliffe）。她将是 NASA 的"太空教师"计划（Teacher in Space programme）的第一位参与者。遗憾的是，这次飞行任务以失败告终。航天飞机在升空后的第 73 秒爆炸，机上所有成员死亡。此次事件迅速登上了美国新闻界头条。

NASA 代理负责人威廉·格雷厄姆（William Graham）曾在 20 世纪 60 年代听过费曼的讲座，故邀请费曼参加了此事件的"事故调查委员会"。虽然费曼对航空航天领域并无太多经验，但格雷厄姆相信费曼的洞察力将是无价之宝。格雷厄姆的邀请并未打动费曼，但格温妮丝劝诫费曼，他非常规的思考方式正是这次调查所需要的。

费曼的一贯行事作风很快造成了他与委员会的其他主体成员（军人和公务员）间的关系格格不入。他很快对组委会缓慢的调查进展和粗略的实地调查感到沮丧。所以费曼进行了自己的调查。费曼和一名工程师直接对话后得到了一条新线索——调查航天飞机发射时用来封住火箭发动机连接处的巨大 O 型密封橡胶圈在低温下的反应，并发现了其中问题。

在意识到此次事件的既得利益者倾向于对潜在的问题秘而不宣的态度后，费曼抓住机会破坏了一次委员会组办的电视直播会议。这次电视直播会议的内容原计划是回顾当前调查委员会的枯燥发现。在摄像机的镜头下，费曼突然站立发言。他用一个夹子夹住一块 O 型密封圈橡胶，浸入他面前的一杯冰水里。委员会成员对此迷惑不解，在摄像机的镜头下，他将这块橡胶取了出来并挪开夹子。实验结果是这块橡胶并未迅速弹回原来的形状，而是花了几秒钟才恢复之前状态。而对航天飞机来说，这几秒钟是致命的。失去弹性的 O 型密封圈将不能维持密封状态，结果是致命的失效，这直接导致了航天飞机的发射事故。

费曼生命中的最后 10 年都在与癌症进行抗争，他还试图前往失落的国度"唐努乌梁海"（Tannu Tuva）（旧称：唐努图瓦）。这个故事由英国广播公司（BBC）的一个纪录片进行了生动的讲述，这部纪录片在他于 1988 年 2 月 15 日去世的前几周完成。这部纪录片的结尾是

Ten Physicists

费曼和他的朋友拉尔夫·莱顿（Ralph Leyton）正在敲击邦戈鼓，费曼敲出了一首神经质的曲子，最后失控地大笑。到生命最后，他都是一位表演者和一个诙谐者。

11 选哪张名单？

前面的文章已经介绍了名单上列举的全部人物，现在我们可以回到《观察家报》抬出的那张名单，并探讨其所列成员及排名了。牛顿、爱因斯坦、伽利略和麦克斯韦的列选，大多数物理学家都一致赞同。但其他物理学家的列选则存在部分争议。

我们来列举一下名单外可能的增选成员。很多人希望量子理论先驱维尔纳·海森堡和埃尔温·薛定谔能够加入这个名单。他们的矩阵力学和波动力学（见第8章）驯服了量子物理学，为其赋予了一种可以做出预测的机制。此外，还有经常被低估的意大利核物理学家恩里科·费米。费米不仅仅建造了世界上第一台核反应堆，他还预测了中微子的存在，并在实际上发现了弱作用力（自然的基本作用力之一）。

史蒂文·温伯格希望增选路德维希·玻尔兹曼和克里斯蒂安·惠更斯。惠更斯作为牛顿和路德维希·玻尔兹曼同时代的地位相等的人物，他将统计学应用到了物理学中，改变了热动力学和原子群的分析方式并得到了学术界的高度评价。加上之前名单上的物理学家，总计产生了15名且排名不分先后。

Ten Physicists

- 艾萨克·牛顿（1643—1727）
- 尼尔斯·玻尔（1885—1962）
- 伽利略·伽利雷（1564—1642）
- 阿尔伯特·爱因斯坦（1879—1955）
- 詹姆斯·克拉克·麦克斯韦（1831—1879）
- 迈克尔·法拉第（1791—1867）
- 玛丽·居里（1867—1934）
- 理查德·费曼（1918—1988）
- 欧内斯特·卢瑟福（1871—1937）
- 保罗·狄拉克（1902—1984）
- 维尔纳·海森堡（1901—1976）
- 埃尔温·薛定谔（1887—1961）
- 恩里科·费米（1901—1954）
- 克里斯蒂安·惠更斯（1629—1695）
- 路德维希·玻尔兹曼（1844—1906）

温伯格还评论这张名单也许太过"盎格鲁中心主义"。我们必须要基于他们对物理学边界的推动作用作为优先考虑的条件。从这个机理考虑，我们应该去掉玛丽·居里。如果将其列选，则更多的是基于"居里是物理学学术界中最杰出的女性模范"的考虑。居里理应得到她的诺贝尔奖，然而，她的工作更多是化学上的突破而非物理学。与其他顶尖物理学家相比，居里并未取得与他们类似的"在理解世界"上的主要突破的成就。

我们理解为什么史蒂文·温伯格希望在名单上加入惠更斯和玻尔兹曼。虽然他们毫无疑问地令人们印象深刻，但他们对物理学界的总体影响还是存在局限性。这让我们得到了一张新的12人的名单，我们将按照下列进行排名：

1 艾萨克·牛顿（1643—1727）

2 阿尔伯特·爱因斯坦（1879—1955）

3 伽利略·伽利雷（1564—1642）

4 詹姆斯·克拉克·麦克斯韦（1831—1879）

5 尼尔斯·玻尔（1885—1962）

6 迈克尔·法拉第（1791—1867）

7 欧内斯特·卢瑟福（1871—1937）

8 保罗·狄拉克（1902—1984）

9 埃尔温·薛定谔（1887—1961）

10 恩里科·费米（1901—1954）

11 维尔纳·海森堡（1901—1976）

12 理查德·费曼（1918—1988）

……干脆去掉最后两个，得到十大名单。如果这样，大部分物理学家可能会对费曼惋惜。但这部分物理学家可能更多是基于"英雄崇拜情结"的考虑，而非对他的贡献进行真实的评估。

有人会问，从1901年以来有诸多科学家获得过诺贝尔物理学奖，但名单上忽略了很多获奖者。这部分原因是由于20世纪前期的物理学家实际上是独自进行的研究，他们基本上是靠个体为后世开创道路。而20世纪20年代之后，物理学突破逐渐演变为团队研究。从初期的小型团队研究逐渐发展为现在的大型团队研究（大型强子对撞机的大规模科学探索活动拥有数以百计的团队研究成员）。在理解宇宙的发展历程中，要选出一个关键贡献者则变得越来越难。与过去相比，现在的理论物理学家也常常进行团队研究。

我们可以设想下，100年后这张名单会如何演变？毫无疑问，我们也许会拥有另一个爱因斯坦（某个以完全不同的方式看待我们面临的问题的人）。如果某人提出了一种全新的看待物理学基础的方法，如将引力和其他力实现统一，或者提出新理论并成功代替宇宙大爆炸理论成为宇宙起源的最佳公认理论。那么我们将拥有一个新的竞争者。但是，到目前为止，这个人物还未出现。成为牛顿、爱因斯坦或伽利略的一个重要要素是你是否具有前瞻性的思考方式。正是对思考方式的改变才让这些人物变得如此重要。

　　回顾这张名单，随着时间的推移，还能发现一个有趣的变化。我们早期的物理学家都有强烈的宗教信仰，名单上距离当今时间越近的物理学家则越少受到宗教的影响。这是科学界发展的一个总体趋势，尽管数学和物理学拥有的信教者比其他学科更多。

　　在原名单中，麦克斯韦及他以上的人都拥有宗教信仰。其他人大部分是无神论者。爱因斯坦在他言简意赅的话语中会引用到"上帝"，但这只是接近于"组织宇宙动向"的代称，而不是某个独立的神。玻尔和费曼则是公开的无神论者。狄拉克在这方面是个例外，直到中年都强烈反宗教的他却在晚年拥抱了宗教。

　　诚实地讲，即便是我们修改过的新名单也会引发大家的争论和异议。如果你有不同意见，可以随时在推特上与我们分享你的想法（@brianclegg and @RhEvans41），我们非常愿意倾听。这样一张名单的价值远比"史上百佳喜剧栏目"或者"十大白酒"更大。因为它可以引发争论并鼓励我们所有人思考"应当如何评价物理学家的价值"。我们相信物理学家的工作是地球上最重要的工作。

　　总而言之，这些我们正在谈论的人物，他们的专长和知识使得他们理解并掌握了宇宙的构造。

从地心说到日心说、从绝对时空观到相对时空观、从光子/电子到玻色子/费米子、从经典力学到量子力学、从放射性理论到核物理学、从电磁感应到量子电动力学。400年来，物理学迎来了巨变，伟大的科学家们推动着世界科学的发展，改变着人类对宇宙的认知。

本书由罗德里·埃文斯（左）和布莱恩·克莱格（右）合著。

罗德里·埃文斯，英国物理学家，红外天文学物理学教授。英国伦敦帝国学院（Imperial College London）物理学学士、卡迪夫大学（Cardiff University）天文物理学博士。他在美国托莱多大学（University of Toledo）、索思摩学院（Swarthmore）任教，并在现代天文物理学的发祥地芝加哥大学耶基斯天文台（University of Chicago's Yerkes Observatory）完成博士后工作。

布莱恩·克莱格，英国理论物理学家，英国顶尖科普作家之一。他的著作曾被选进英国的《泰晤士报》（*The Times*）杂志的周榜（book of the week），赢得国际视觉传播协会号角奖（IVCA），并被译为多国语言在全世界范围内出版发行。

果壳书斋　　科学可以这样看丛书（39本）

门外汉都能读懂的世界科学名著。在学者的陪同下,作一次奇妙的科学之旅。他们的见解可将我们的想象力推向极限！

1	量子理论	〔英〕曼吉特·库马尔	55.80元
2	生物中心主义	〔美〕罗伯特·兰札等	32.80元
3	物理学的未来	〔美〕加来道雄	53.80元
4	量子宇宙	〔英〕布莱恩·考克斯等	32.80元
5	平行宇宙（新版）	〔美〕加来道雄	43.80元
6	达尔文的黑匣子	〔美〕迈克尔·J.贝希	42.80元
7	终极理论（第二版）	〔加〕马克·麦卡琴	57.80元
8	心灵的未来	〔美〕加来道雄	48.80元
9	行走零度（修订版）	〔美〕切特·雷莫	32.80元
10	领悟我们的宇宙（彩版）	〔美〕斯泰茜·帕伦等	168.00元
11	遗传的革命	〔英〕内莎·凯里	39.80元
12	达尔文的疑问	〔美〕斯蒂芬·迈耶	59.80元
13	物种之神	〔南非〕迈克尔·特林格	59.80元
14	抑癌基因	〔英〕休·阿姆斯特朗	39.80元
15	暴力解剖	〔英〕阿德里安·雷恩	68.80元
16	奇异宇宙与时间现实	〔美〕李·斯莫林等	59.80元
17	垃圾DNA	〔英〕内莎·凯里	39.80元
18	机器消灭秘密	〔美〕安迪·格林伯格	49.80元
19	量子创造力	〔美〕阿米特·哥斯瓦米	39.80元
20	十大物理学家	〔英〕布莱恩·克莱格	39.80元
21	失落的非洲寺庙（彩版）	〔南非〕迈克尔·特林格	88.00元
22	超空间	〔美〕加来道雄	59.80元
23	量子时代	〔英〕布莱恩·克莱格	45.80元
24	阿尔茨海默症有救了	〔美〕玛丽·T.纽波特	65.80元
25	宇宙探索	〔美〕尼尔·德格拉斯·泰森	45.00元
26	构造时间机器	〔英〕布莱恩·克莱格	39.80元
27	不确定的边缘	〔英〕迈克尔·布鲁克斯	42.80元
28	自由基	〔英〕迈克尔·布鲁克斯	预估49.80元
29	搞不懂的13件事	〔英〕迈克尔·布鲁克斯	预估49.80元
30	超感官知觉	〔英〕布莱恩·克莱格	预估39.80元
31	科学大浩劫	〔英〕布莱恩·克莱格	预估39.80元
32	宇宙中的相对论	〔英〕布莱恩·克莱格	预估42.80元
33	哲学大对话	〔美〕诺曼·梅尔赫特	预估128.00元
34	血液礼赞	〔英〕罗丝·乔治	预估49.80元
35	超越爱因斯坦	〔美〕加来道雄	预估49.80元
36	语言、认知和人体本性	〔美〕史蒂芬·平克	预估88.80元
37	修改基因	〔英〕内莎·凯里	预估42.80元
38	麦克斯韦妖	〔英〕布莱恩·克莱格	预估42.80元
39	生命新构件	贾乙	预估42.80元

欢迎加入平行宇宙读者群·果壳书斋QQ:484863244

邮购：重庆出版社天猫旗舰店、渝书坊微商城。各地书店、网上书店有售。